火柴游戏

（第2版）

吴振奎　编著

◎火柴画变几何图

◎火柴摆算式

◎火柴图形的面积与剖分

◎用火柴作（摆）图、计算与论证

◎折火柴与杂题

◎尼姆游戏与类似的游戏

HITP
哈爾濱工業大學出版社
HARBIN INSTITUTE OF TECHNOLOGY PRESS

内 容 简 介

本书是一本可以供自己及家人和朋友一起玩的游戏书，书中的游戏包括用火柴摆成的三角形组合、方形组合、阿拉伯数字及汉字图形等，此外还有一些火柴算题．通过游戏的方法使数学的学习不再乏味．

图书在版编目（CIP）数据

火柴游戏/吴振奎编著．—2 版．—哈尔滨：
哈尔滨工业大学出版社，2022．3（2024．3 重印）
ISBN 978－7－5603－8442－9

Ⅰ．①火…　Ⅱ．①吴…　Ⅲ．①智力游戏
Ⅳ．①G898．2

中国版本图书馆 CIP 数据核字（2022）第 032718 号

策划编辑　刘培杰　张永芹
责任编辑　张永芹　钱辰琛
封面设计　孙茵艾
出版发行　哈尔滨工业大学出版社
社　　址　哈尔滨市南岗区复华四道街 10 号　邮编 150006
传　　真　0451－86414749
网　　址　http://hitpress.hit.edu.cn
印　　刷　三河市金兆印刷装订有限公司
开　　本　787 mm×1 092 mm　1/16　印张 14.5　字数 240 千字
版　　次　2022 年 3 月第 1 版　2024 年 3 月第 2 次印刷
书　　号　ISBN 978－7－5603－8442－9
定　　价　38.00 元

◎再版小记

这本书自20世纪80年代初版以来，已先后修订三次，印刷五版，印数从十几万、几万、几千……呈几何级数递减下滑，这是时代变迁的写映，然而无奈(随着手机、电脑的普及，人们对纸质书籍兴趣日淡，是福？是祸？难说).

其实在当年，人们在休闲时，在旅途上，在工作、劳累之余，甚至朋友聚会中，也会玩一把火柴游戏，以休息、消遣、娱乐与助兴.

时过境迁，想不到如今，移动火柴的算式及图形问题居然成了小学奥数的重要题型，此外，它们常出现在手机上、网络里，当然这些问题对学生们增长知识、开拓思维、扩大视野会有大益，但愿这绝非是仅仅为了考试、为了升学.

作　者

2022年1月

◎前言

至味不慊，至言不文，

至乐不笑，至音不叫.

——《淮南子·说林训》

火柴也许已经成为历史，即将被尘封；曾感动过几代人的安徒生著名童话故事《卖火柴的小女孩》似乎离我们也已渐行渐远，因而被淡忘且愈感陌生. 但火柴作为火种曾给世界带来的光明与温暖，在人类历史上已经涂上浓重的一笔. 很难想象在那些年代，假如没有火柴是怎样痛苦与不便.

火柴并没有完全，而且恐怕永远也不会完全退出历史舞台，火柴出现的历史(包括研发过程)人们至今未曾忘怀，恐怕也难以忘怀.

此外，火柴除了引燃火种，还能用它做出许多游戏来，这也许算是人类在开发智力上的一大发明. 特别是在那些没有电视、电脑、手机的时代，倘若你是在漫长孤寂的旅途中，或许是在阴雨绵绵的无聊日子里，它——也许是打发时光、聊以自慰、寻觅快乐的最好的游戏方式.

而今，也许通信事业的发展可以抹去我们离别的忧伤，但却使人们的情感变得浅薄；影视传媒的肆虐虽然丰富了人们的文化生活，但也扼杀了品茗、听雨、观花、看戏的经典与雅致；网络的便捷确实拉近了人们的距离，但却让友谊逐渐淡漠；数码摄录的风行让生活变得多彩，同时也变得肤浅与夸张(至少不那么深刻)，摄像头的泛滥让人觉得安全的同时，也多少让人觉得并不自在(它随时会暴露你的隐私).计算机的普及让一切变得简单便捷的同时,也让人们滑向松懒与随意(疏远了思考、推理与计算)……面对手机、电视、电脑的随处可见,你有何感想?无动于衷?还是……

好了,还是回到我们的火柴游戏吧!火柴游戏不仅道具简单、玩法多样,且存取方便,即便是电子游戏风靡的今天——因为它是生动、真实、具体的.此外,这类游戏还能启迪您的智慧,开阔您的思维,增长您的智商,培养您的机敏.一句话,您会变得更加聪明,因为这里面有知识、有技巧、有艺术、有文学,还有数学、物理、化学、生物……因而常使一些大师、名流流连忘返,甚至痴迷:如英国著名数学家哈代就曾专门研究过火柴游戏,美国前总统卡特也爱摆弄火柴算式.直至最近,国外仍有不少关于“火柴游戏”的文章发表.据传也有人为此编写程序,希望能在电脑、手机上把玩.

说到这里我们会联想到至今仍在流行的电子游戏——俄罗斯方块.

1984年6月,在莫斯科科学计算机中心工作的帕基特诺夫利用空闲时间编写了一个游戏程序,用来测试计算机的性能.由于帕基特诺夫本人爱好拼图,他从中获得灵感,设计出俄罗斯方块.1985年,他把该程序植入个人电脑上,从此该游戏得以流传.截至2009年,该游戏已发售了1.25亿份,有50多种语言版本.

这本书(初版于20世纪80年代)收集了一些常见的火柴游戏,包括用火柴摆字、图、算式及抓取火柴等,这些游戏常常可以使读者从中获得乐趣,受到启迪,开阔眼界,增长知识——倘若真的能达到这一目的,将不致枉费笔者的劳动与心血,也是对笔者最大的安慰,这也正是我们所期待的.

作　者

2014年10月于天津

◎ 目录

第一部分 问题

第二部分　答案

第一部分
问　题

字与画

第1章

1.1 火柴摆字

1.1.1. 弯道变“回”字

24 根火柴摆成一个弯道(图 1),请移动 8 根使之变成一个“回”字.

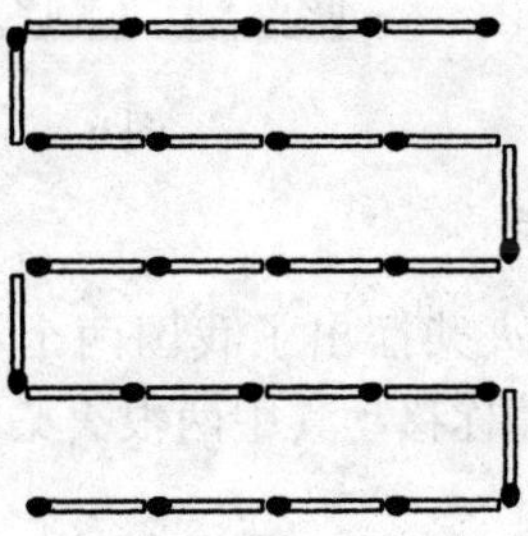

图 1

1.1.2. “井”变“品”,“品”变“田”

用 12 根火柴排成一个“井”字(图 2),请移动 3 根使它变成一个“品”字;再移动 3 根,则“品”字又变成“田”字.

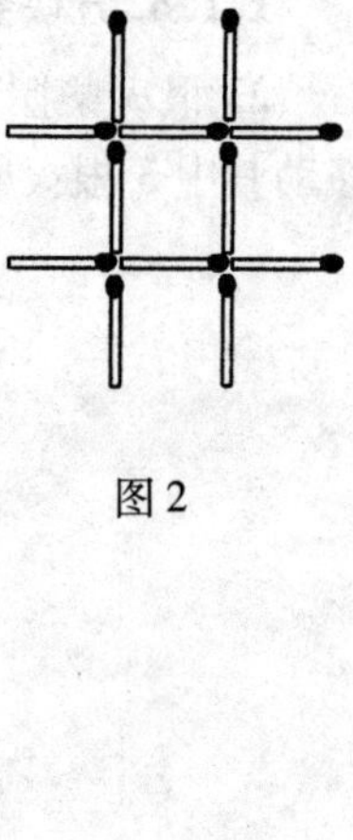

图 2

1.1.3. 字变字(一)

下面是由火柴摆成的一些字,若每个字上各挪动一根火柴可变成什么字(图3)?

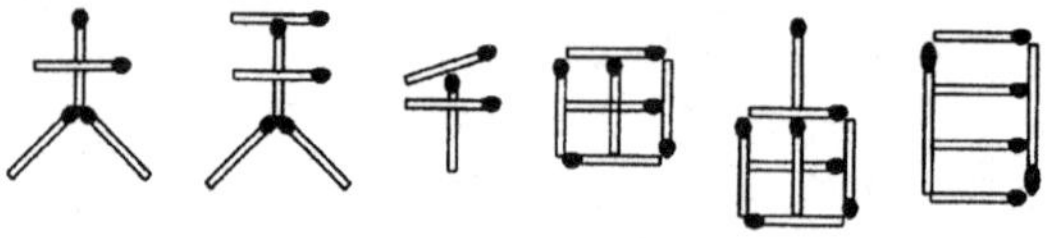

图3

1.1.4. 字变字(二)

10根火柴摆成一个凸字(凸字侧转),移动两根使之变成“引”字,移动3根使之变成“目”字(图4).

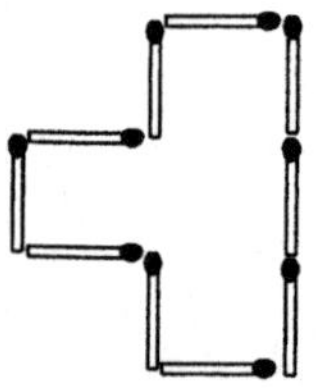

图4

1.1.5. 添两根组汉字

用3根火柴摆成的图形如图5,请你再添2根火柴使它组成一些汉字.

图5

1.1.6. 网变字

16根火柴摆成下面的图形(图6)(含12个全等的等腰直角三角形).拿去3根使它变成3个汉字,此外还保留原来6个三角形.

图6

1.1.7. 省名变省名

12根长短不一的火柴摆出了我国两个省的简称:台湾省、甘肃省(图7).请你移动其中两根火柴,使它们组成另外两个省的简称.

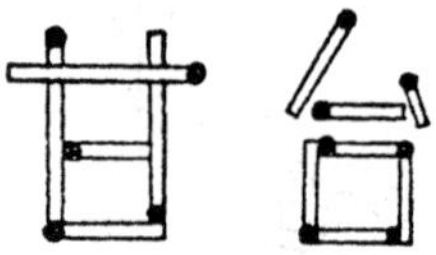

图7

1.1.8. 方块变省名

23根火柴摆出6个小正方形和一个矩形(图8).请你移动其中3根火柴使它变成我国一个省名.

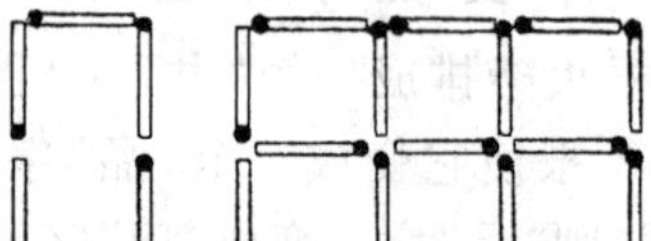

图8

1.1.9. 汉字变数字

用 21 根火柴摆成的地名玉田(在河北省境内)两个字,请你移动其中 6 根而使它变成"1986"4 个数字(图 9).

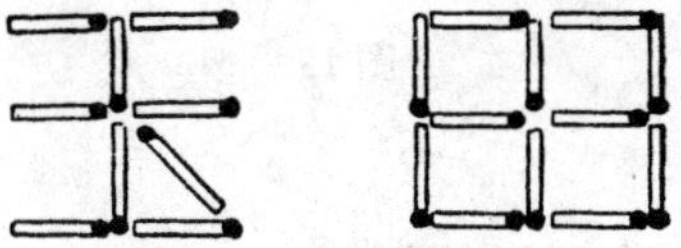

图 9

1.1.10. 变成成语

图 10 是 24 根火柴摆成的 3 个汉字,请你移动其中 4 根火柴,使之变成成语"一日千里".

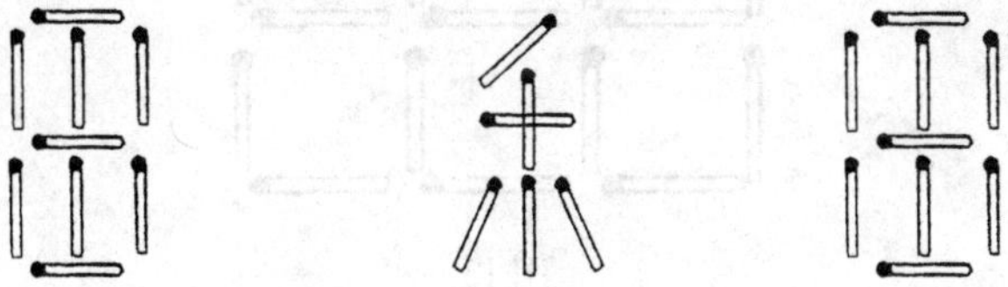

图 10

1.1.11. 栅栏变电影名字

17 根火柴摆成一个栅栏(图 11),请你只移动其中 2 根火柴使它组成一个电影名字.

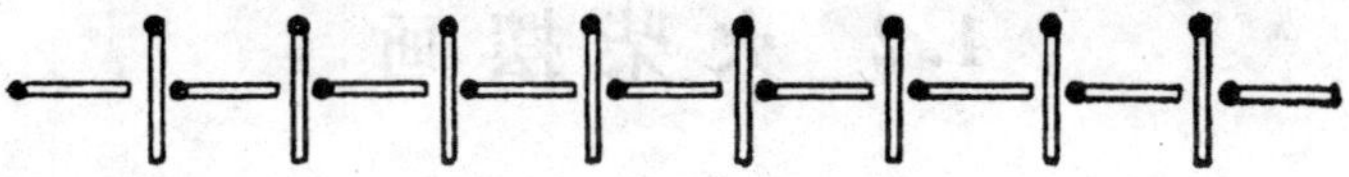

图 11

1.1.12. 电影名字

请你用 6 根火柴摆成一个双字的国产电影名.

1.1.13. 摆英文字母

用 3 根火柴(不许折断)可以摆成多少个英文字母?

1.1.14. Book 变其他词

用 19 根火柴摆成的英文单词 Book(书的意思),请你拿掉其中的 4 根火柴,使它变成另外的英文单词(图 12).

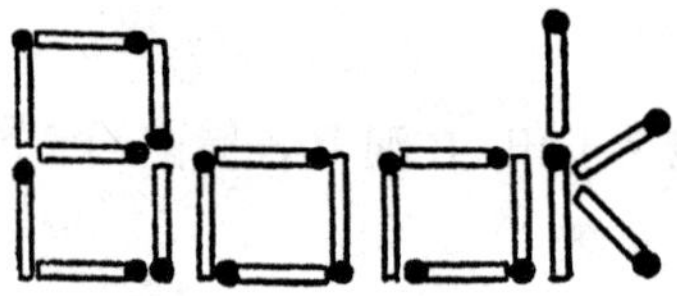

图 12

1.1.15. 图变数字

20 根火柴摆出下面一个图形(图 13).

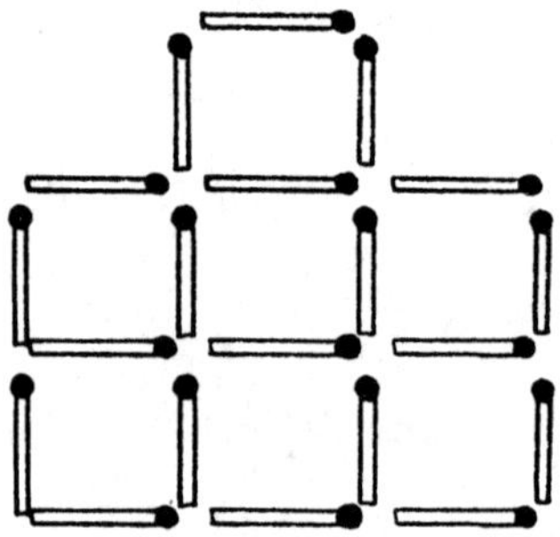

图 13

移动其中 5 根变出四个数字 1 999.

1.1.16. 摆出 11

用 3 根火柴摆出 11.

1.2　火柴摆画

1.2.1. 黄牛调头

13 根火柴可以摆成一头黄牛(图 1). 请你移动其中的两根火柴而使黄牛调头.

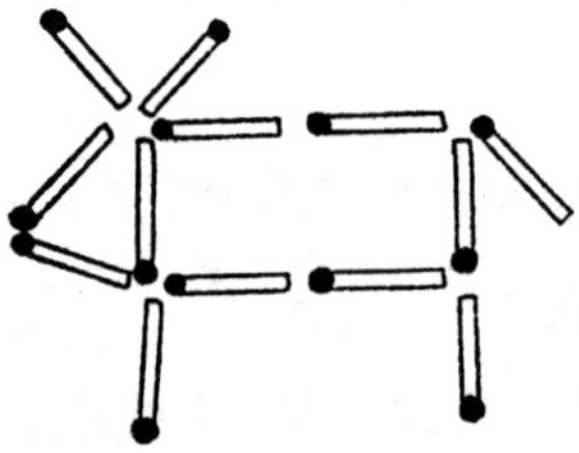

图 1

1.2.2. 小猪转向

13 根火柴摆成一头小猪(图 2),请你只移动其中一根,而使小猪转向.

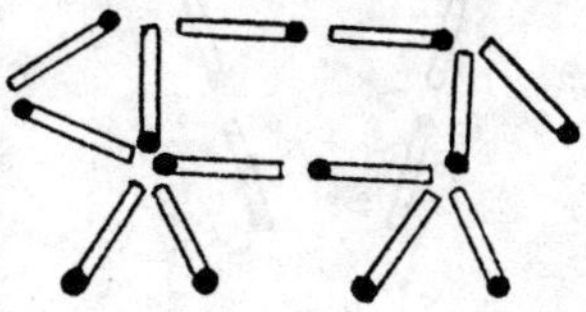

图 2

1.2.3. 大鹿变小鹿

17 根火柴摆出一个大长颈鹿图形(图 3),请你只移动其中两根火柴使大鹿变成小鹿.

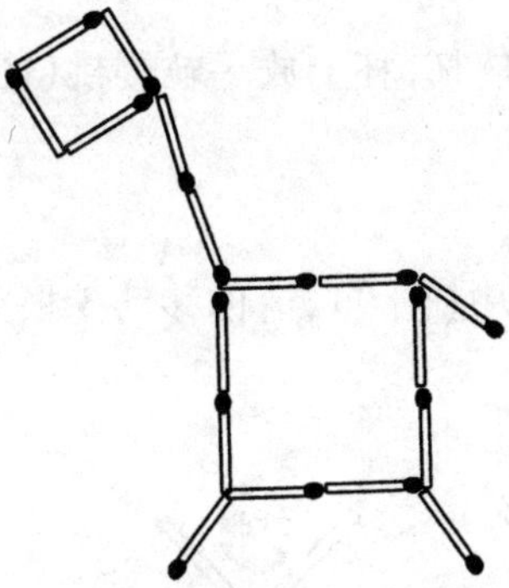

图 3

1.2.4. 燕子翻身

用 8 根火柴摆成如图 4 的燕子图形,请你只移动其中 3 根使它翻身.

1.2.5. 金鱼回游

用 8 根火柴摆成如图 5 的金鱼,请你只移动其中两根而使金鱼改变游向?

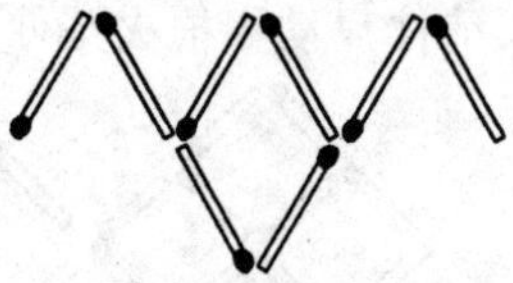

图 4

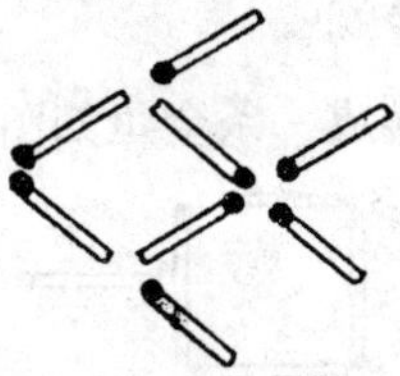

图 5

1.2.6. 杯口朝上

图 6 是 14 根火柴摆成的两只倒扣的茶杯,请你只移动其中的 5 根使它们杯口朝上.

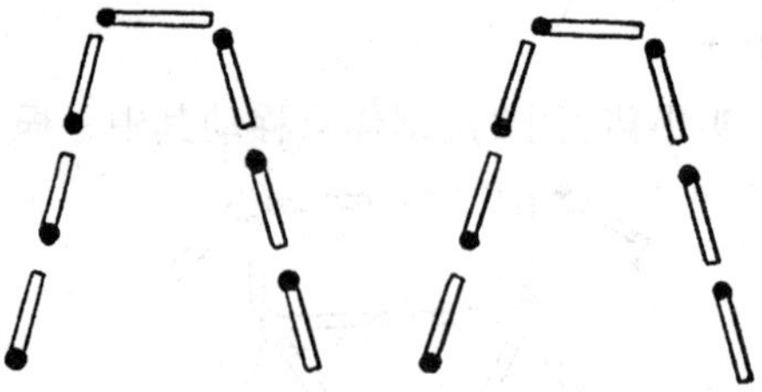

图 6

1.2.7. 转杯倒币

图 7 是用 4 根火柴摆成的高脚酒杯,内含一枚硬币. 请你只移动 2 根火柴让酒杯转置使硬币出杯.

1.2.8. 移出樱桃

3 根火柴摆成一只玻璃杯,杯上放一粒樱桃(图 8),现在欲使樱桃不在杯内,火柴怎样移动?

1.2.9. 救出蜜蜂

一只蜜蜂被困在蝇拍中(图 9),请你移动 3 根火柴让蝇拍掉个头,救出蜜蜂.

图 7

图 8

图 9

1.2.10. 小猪变乌龟

用火柴摆成的小猪(图 10),请你只移动其中两根火柴,使小猪变成乌龟.

1.2.11. 金鱼变蝴蝶

用 16 根火柴摆成一条金鱼如图 11. 请你只动 4 根火柴使金鱼变成蝴蝶.

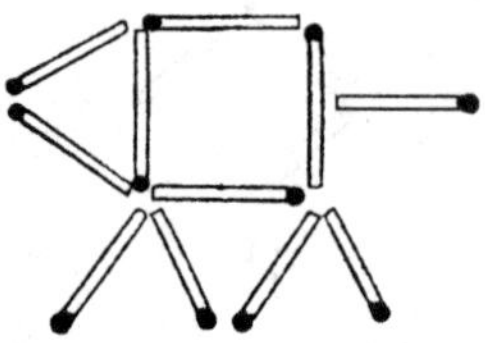

图 10

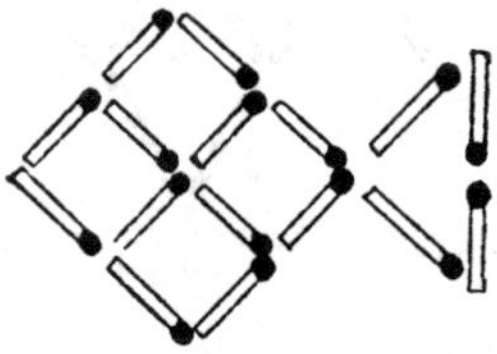

图 11

1.2.12. 板凳变房屋

10 根火柴摆成一个倒放的长板凳(图 12),请你移动 4 根使它们变成一间屋子.

1.2.13. 巧移房门

用火柴搭成的一座房子,其中房门在山墙上.请你只移动两根火柴,把侧门改成正门(图13).

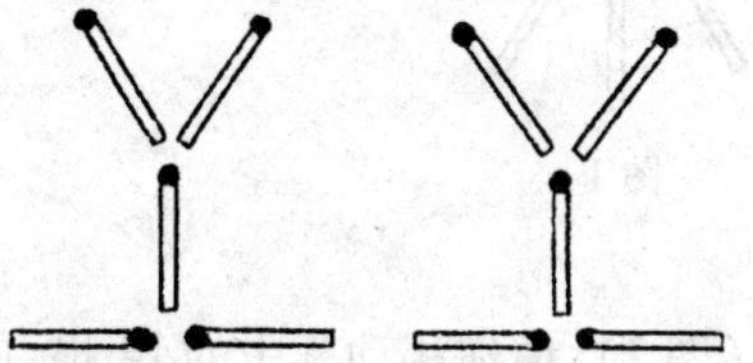

图12

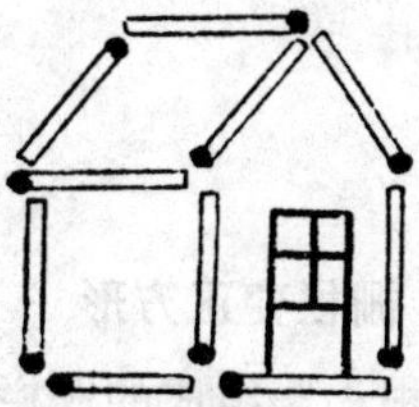

图13

1.2.14. 动4根变房屋

用6根火柴摆成下面的一个图案(图14),请你只移动其中4根火柴而使图形变成一座房屋.

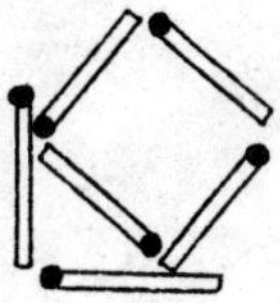

图14

1.2.15. 一棵松树变两棵

如图15,8根火柴摆成一棵塔松,请你移动其中的4根火柴,使一棵变成两棵形状相似的塔松.

1.2.16. 椅子正放

10根火柴摆成一把倒立的缺一条腿的椅子,请你移动其中的两根把椅子扶正(图16).

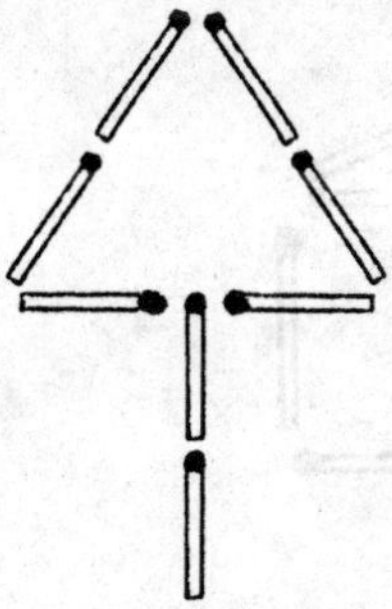

图15

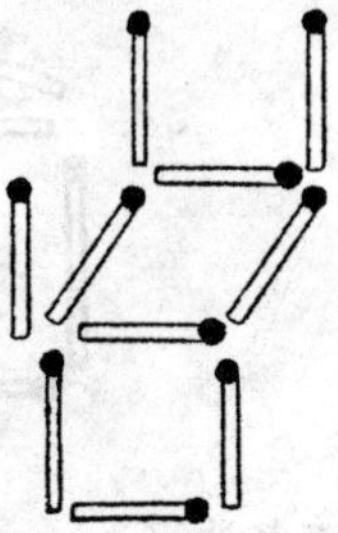

图16

1.3 火柴画变几何图

1.3.1. 花变正方形

12根火柴可以摆成如图1的一朵菊花,请你移动8根,使它变成4个正方形.

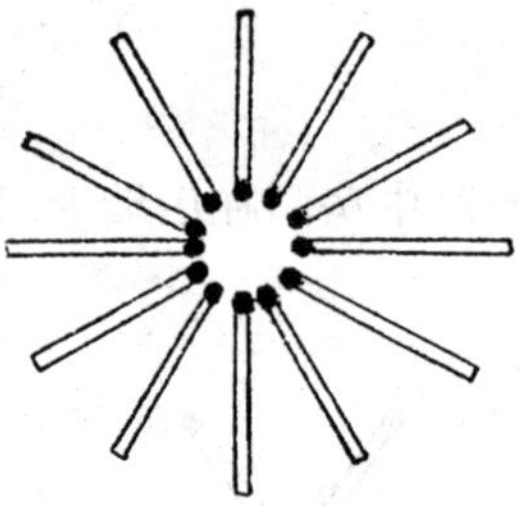

图 1

1.3.2. 栅栏变正方形

用 26 根火柴组成的栅栏图形(图 2),请你移动其中的 14 根,使它们形成 3 个正方形.

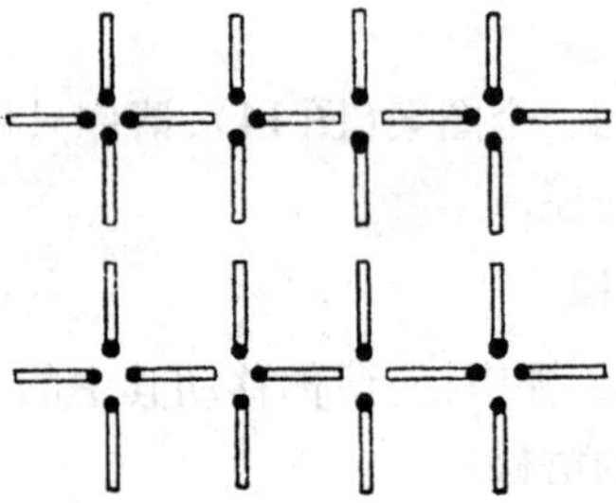

图 2

1.3.3. 房子变成正方形

下面是由 11 根火柴摆成的房子图形(图 3),(1) 挪动 2 根使之形成 11 个正方形;(2) 挪动 4 根使之形成 15 个正方形.

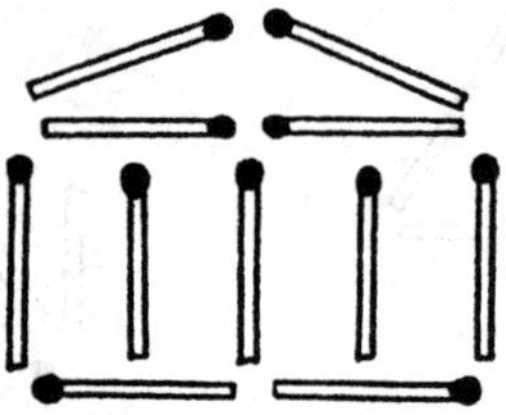

图 3

1.3.4. 箭头变多边形

图 4 是由 16 根火柴组成的箭头图形,(1) 挪动 8 根,使之形成 8 个全等的三角形;(2) 挪动 7 根,使之形成 5 个全等的四边形.

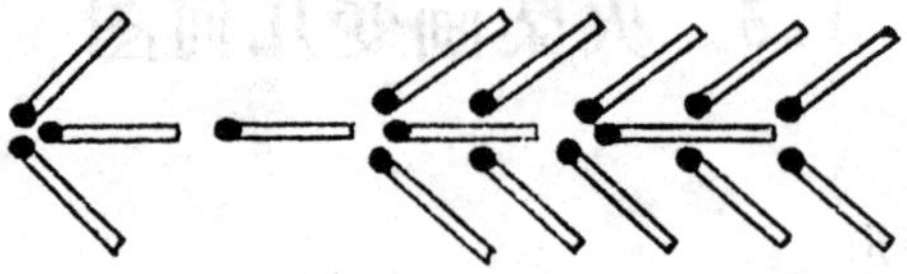

图 4

1.3.5. 螺旋线变正方形(一)

图 5 中是 24 根火柴摆成的螺旋线,请移动其中 4 根使之变出 3 个正方形.

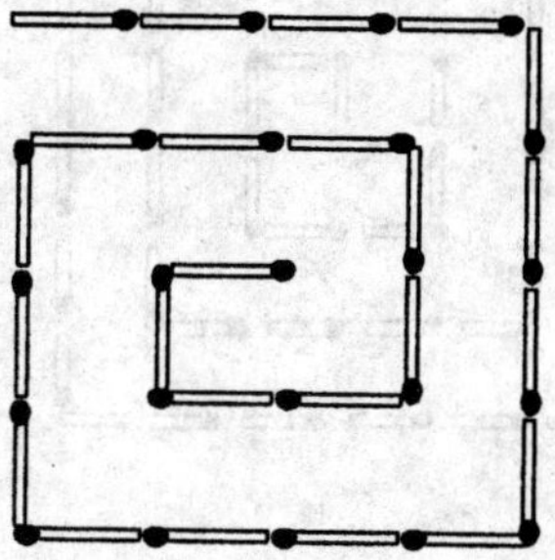

图 5

1.3.6. 螺旋线变正方形(二)

(1)将下面图 6 中火柴移动 3 根,使其变成 3 个正方形;(2)将图 7 中火柴移动 4 根,使其变成 3 个正方形;(3)将图 8 中火柴移动 5 根,使其变成 4 个正方形.

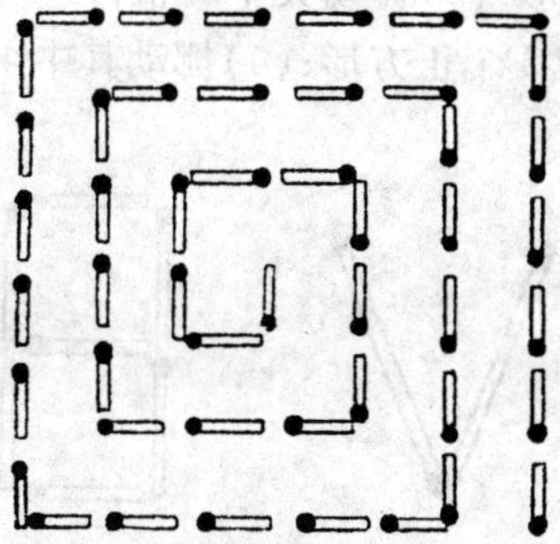

图 6

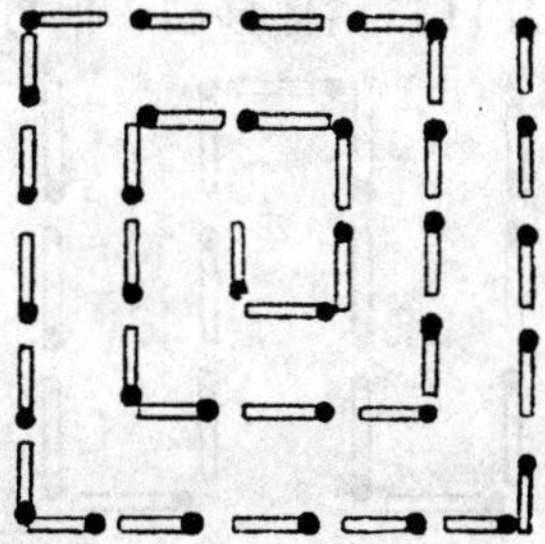

图 7

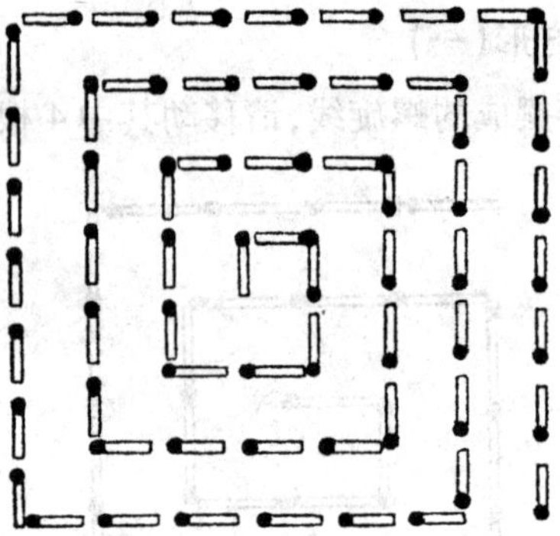

图 8

1.3.7. W 变三角形

4 根火柴摆成一个英文字母 W，请你再摆上 3 根火柴，将它变成有 9 个三角形的图形（图 9）.

1.3.8. 田字变正方形

用 12 根火柴可以摆成田字形的 4 个小正方形（图 10）：（1）现拿走其中的 2 根，使它们组成两个正方形；（2）挪动其中 3 根，使它们组成 3 个正方形；（3）挪动其中 4 根，使它们组成 3 个正方形；（4）挪动其中 4 根，使它们组成 10 个正方形.

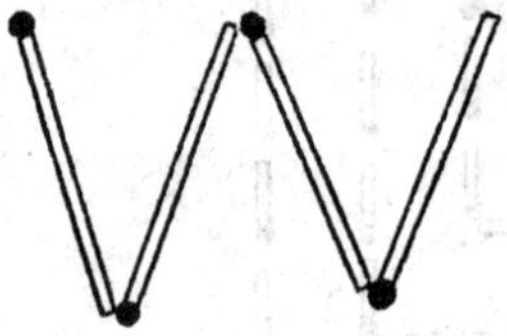

图 9

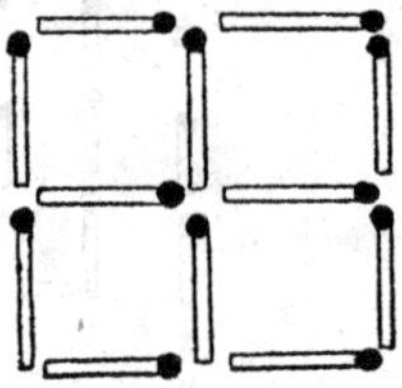

图 10

1.3.9. 井变正方形

15 根火柴摆成两口井（图 11），请你移动 4 根将它变成两个正方形.

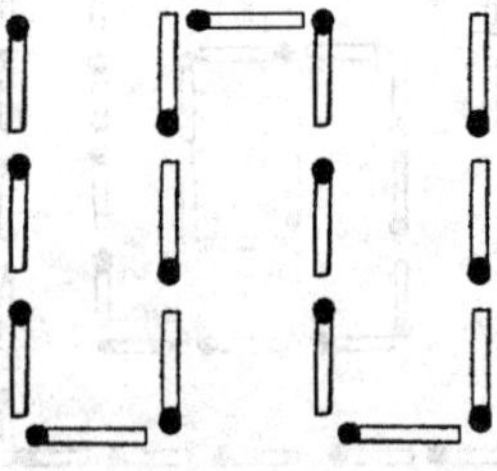

图 11

1.3.10. 正三角形变倒三角形

10 根火柴摆成一个正三角形(图 12).

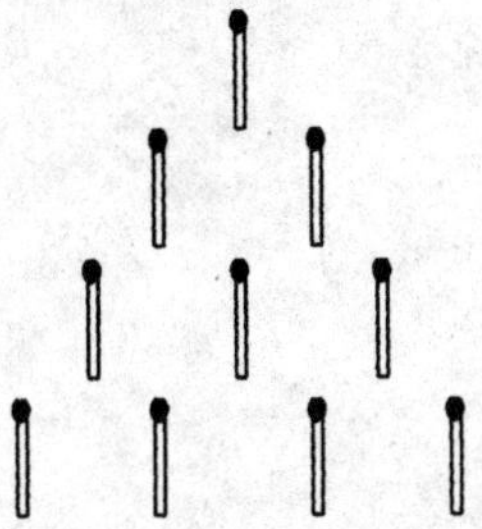

图 12

请移动其中 3 根变成倒三角形.

1.3.11. 还剩 8 个正方形

36 根火柴摆出 13 个正方形而形成一个胖“十”字形(图 13).

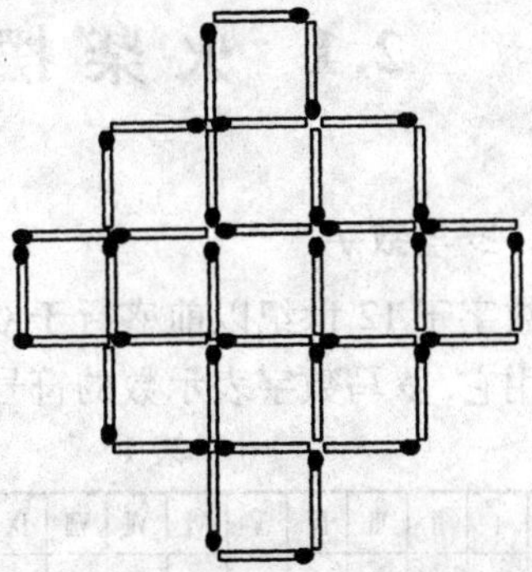

图 13

移去其中 4 根火柴,使之变成仅含 8 个小正方形,且十字形不变.

1.3.12. “井”字变方块

12 根火柴摆成一个“井”字形(图 14),请你移动其中 4 根,使之变成 3 个同样大小的正方形,且给出全部 5 种移法.

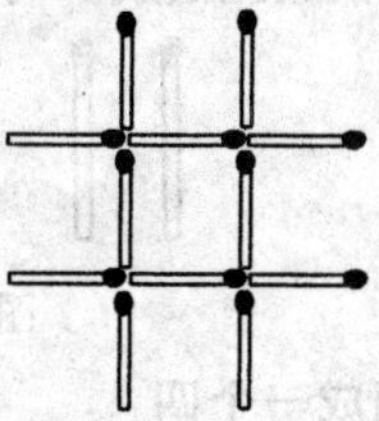

图 14

1.3.13. 摆出交点

用 6 根长火柴摆成交点数分别为 6,7,8 的图形来. 5 根长火柴行吗?

数与式

第2章

2.1 火柴摆数

2.1.1. 罗马数字

罗马数字于12世纪以前盛行于欧洲,有的国家直至16世纪还使用它.罗马数字表示数的符号如表1所示.

表1

罗马数字	Ⅰ	Ⅱ	Ⅲ	Ⅳ	Ⅴ	Ⅵ	Ⅶ	Ⅷ	Ⅸ	Ⅹ	L	C	D	M	…
阿拉伯数字	1	2	3	4	5	6	7	8	9	10	50	100	500	1 000	…

请问用3根火柴可以表示多少种罗马数字?

2.1.2. 5+5?9

用5根火柴可以摆成一个"9"字,再加5根火柴还能成9吗?再加6根还能摆成9吗(图1)?

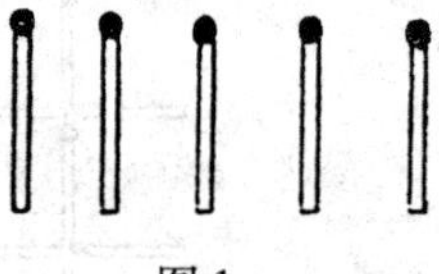

图1

2.1.3. 组成一个四

能否用3根火柴组成一个"四"字?

2.1.4. 变为 2 倍

图 2 摆放着 3 根火柴，请重新排列，使它变为原来形式的两倍，但不能折断或弄弯火柴.

2.1.5. 6 变 72

6 根火柴摆成一个 6 字（图 3），请你只动 3 根使它变为 72.

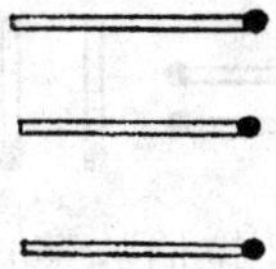

图 2

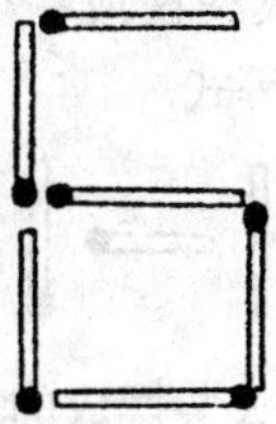

图 3

2.1.6. 比 3 大比 4 小

请用 3 根火柴摆成一个比 3 大比 4 小的数.

2.1.7. 值等于 1

4 根火柴摆成一个算式，使它的值等于 1. 要是用 3 根火柴又如何摆（当然不允许把它们摆成一竖行或一横行组成“1”或“一”）？

2.1.8. 最大的数（一）

用 3 根火柴能摆成多少种数？其中最大的是几？

2.1.9. 最大的数（二）

用 4 根火柴摆成一个最大的数.

2.1.10. 变成 101

图 4 由火柴摆成的图形中，请移动 3 根火柴使其组成“101”字样.

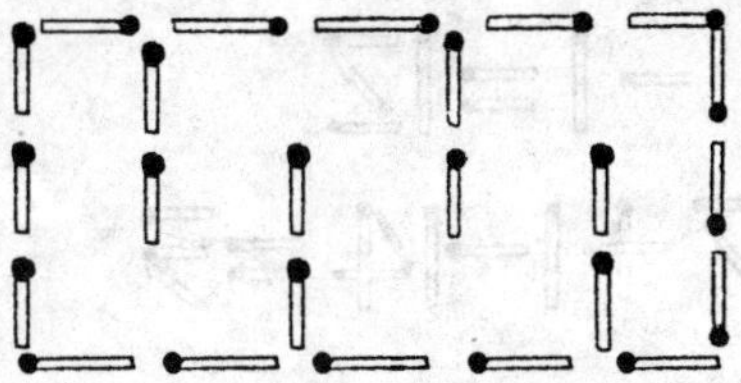

图 4

2.1.11. 一米和一公里

普通火柴棒长为 40 毫米左右. 你能用 5 根火柴拼成一米，8 根火柴摆出一公里来吗？

2.2　火柴摆算式

2.2.1. 只移动一根

(1)下面是由 9 根火柴摆成一个罗马数字的算式，它显然不成立. 请你只移动其中一根使它变为等式.

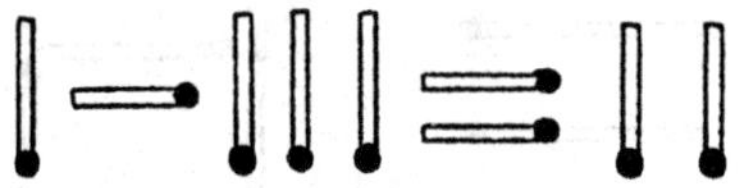

(2)下面是用 11 根火柴摆成的算式(阿拉伯数字)，它显然不对. 请你只移动一根使它成为正确的算式.

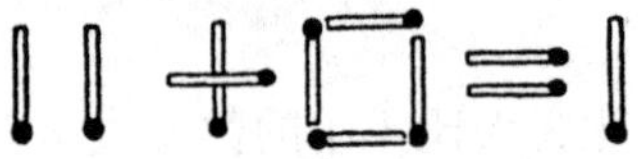

2.2.2. 只动一根就行

请将下面用火柴摆成的错误的算式中，各移动一根火柴使等式成立：

(1) 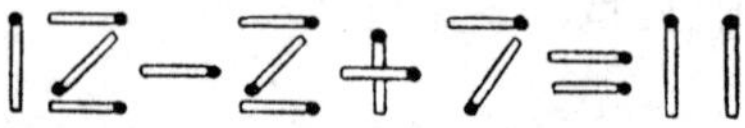

(2) 

(3) 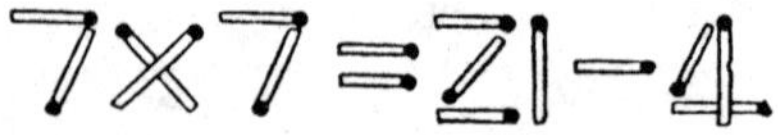

(4) 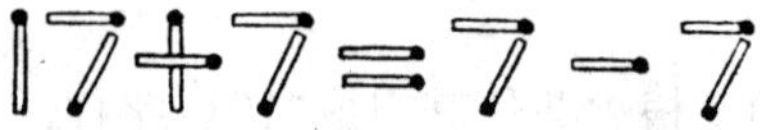

(5) 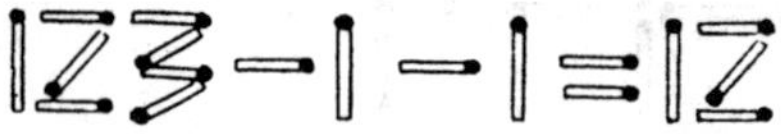

(6) 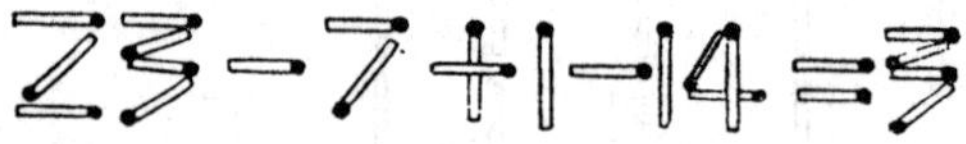

(7) 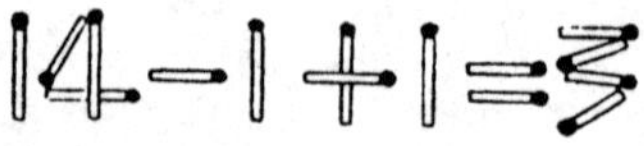

(8) 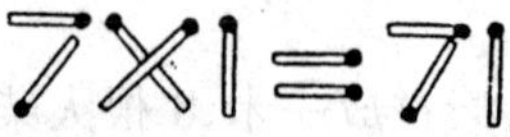

(9) 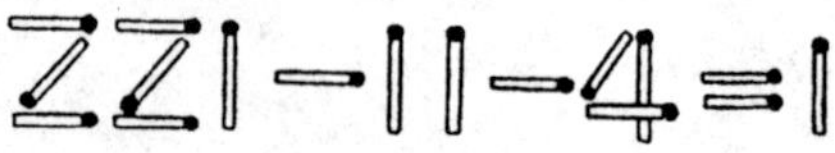

(10) 11+27+17=71

(11) 8−5−2=8

(12) 1+7−13=44

(13) 23−7+1−1+1=3

2.2.3. 只挪动一根就行

下边是用火柴摆成的罗马数字组成的式子，它们显然都是不成立的，现在请你在每个式子上移动一根火柴而使这些式子都成立：

(1) X−II=II

(2) X+I−III=I+IX

(3) IX−IX=V

(4) XIV−V=XX

(5) XV+XV=I

(6) VIII+IV=XVII

请注意，这里"X"均表示罗马数字10，当然如果需要，你也可把它看成是乘号"×".

2.2.4. 动一根仍合理

下边是用火柴摆成的算式：

11+1=12

请你只移动其中一根，仍使它变得合理.

2.2.5. 再添一根就行

下面用火柴摆成的算式显然不正确，请你再添一根火柴使算式成立.

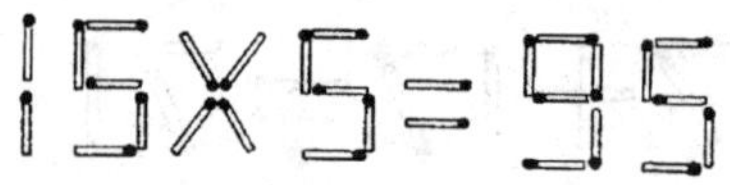

2.2.6. 只动两根使积尽量大

下面用火柴摆成的等式：

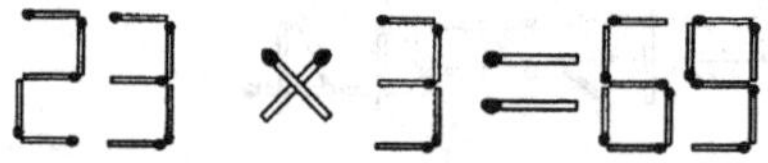

挪动其中两根仍是一乘法等式，但希望积尽量大.

2.2.7. 再加一根

下面是用火柴排列的罗马数字的算式，它显然不成立. 请你再加一根火柴而使式子成立.

2.2.8. 只动一根变等式

下面火柴等式显然不成立，请你只移动一根使之变等式：

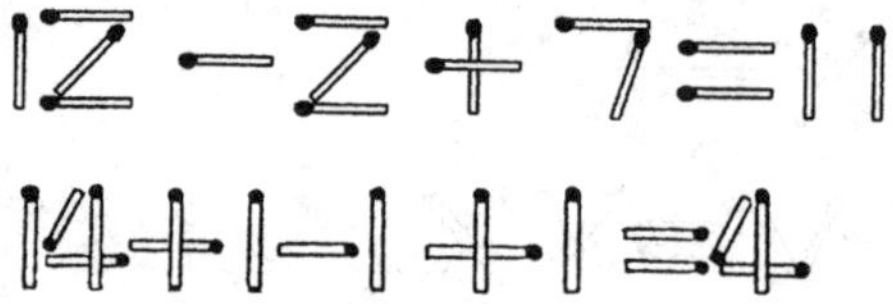

2.2.9. 最多移两根

下面用火柴摆成的算式显然都不成立，请你至多在每个算式上移动两根火柴使算式全成立.

(1) 

(2) 

(3) 

(4) 

2.2.10. 移两根成等式

下面是用火柴摆成的罗马数字的算式，但它不正确，请你移动其中的两根使它变成等式.

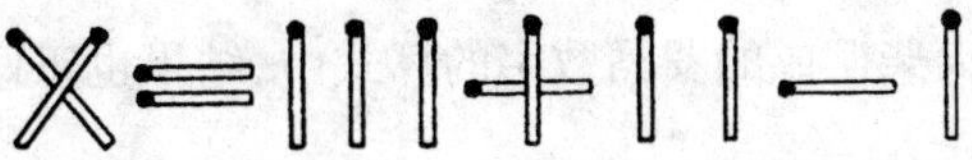

2.2.11. 移动两根使等式成立

下面是用火柴摆成的算式,它显然不成立,现请你移动其中的两根火柴而使等式成立.

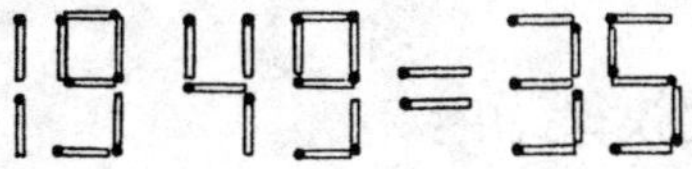

2.2.12. 2 005 变 2 006

下面用火柴摆成的算式中结果为 2 005:

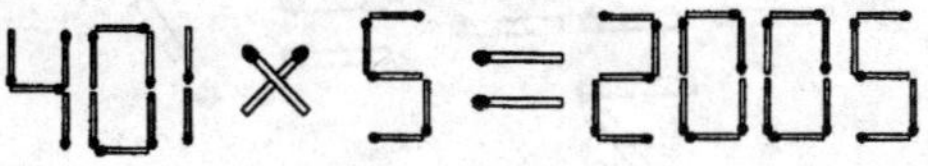

移动其中 6 根变成一个积为 2 006 的等式.

2.2.13. 4 种答案

下面是火柴摆成的算式,但它不成立(不正确):

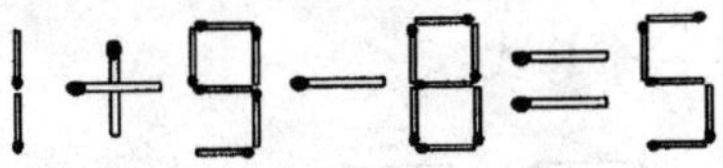

移动其中两根,使式子成立.

2.2.14. 使等号成立

下面是用火柴摆成的两道算式,它们显然都不正确:

(1) 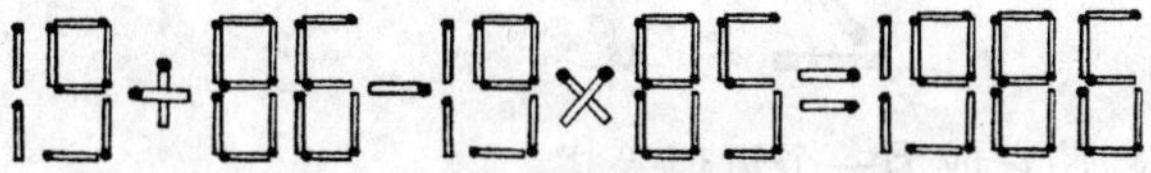

(2) 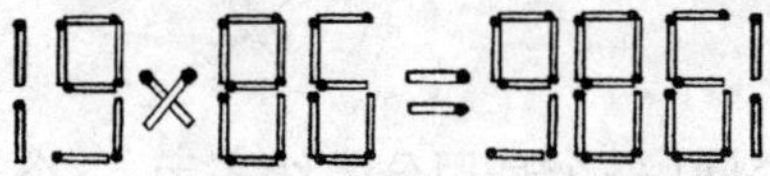

在式(1)中移动两根,式(2)中移动 3 根火柴使等式成立.

2.2.15. 最大和最小

下面是用火柴摆成的算式,请移动其中一根使它的值变得最大和最小.

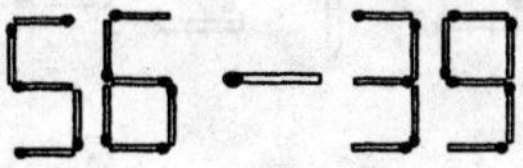

2.2.16. 都是 18

下面用 18 根火柴摆成的罗马数字的算式中,结果也正好是 18:

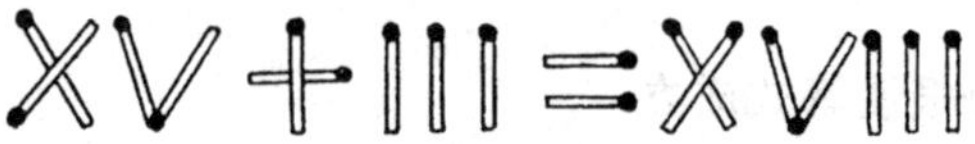

请你仍用 18 根火柴,摆出另一个算式使结果也恰好为 18.

2.2.17. 移两根就行

下面用火柴摆成的错误算式中:

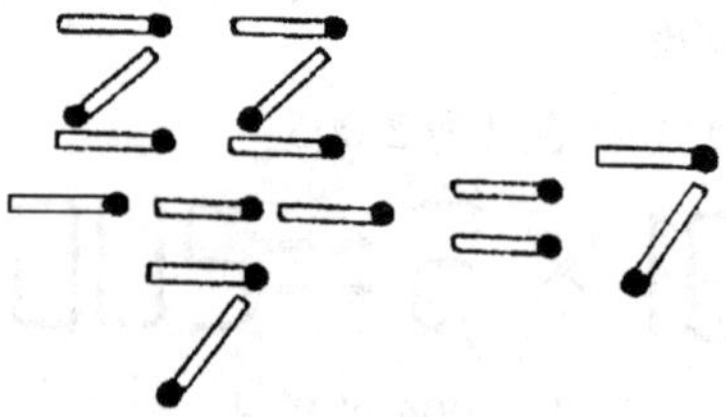

只需移动两根即可使等号成立,请你试试看.

2.2.18. 等式变约等

下面是由火柴摆成的一个算式:

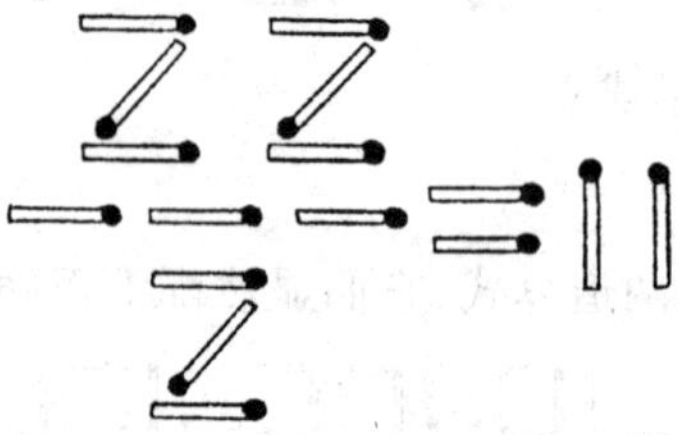

请你只挪动一根,使它成为一个近似等式.

2.2.19. 变成等式

下图用火柴摆成的式子与上题类同(一个是用分数线表示,一个是用除号表示),请你只移动其中 3 根火柴使它变成等式.

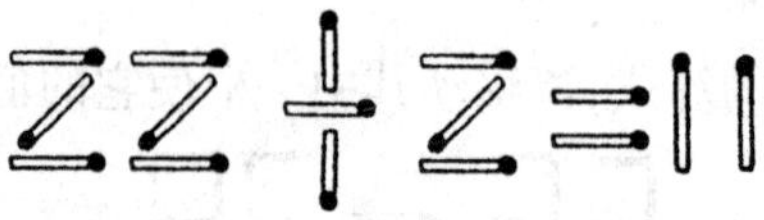

2.2.20. 1/7 变成 1/3

下面是用 7 根火柴摆成的算式 1/7（它是罗马数字）：

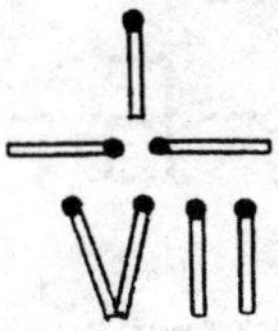

请你只移动一根使它的值变为 1/3.

2.2.21. 动一根变等式

下面是用火柴摆成的式子（式左为罗马数字），请挪动其中一根使之变为等式：

2.2.22. 不等式变等式

7 根火柴组成一个由罗马数字排列的不等式：

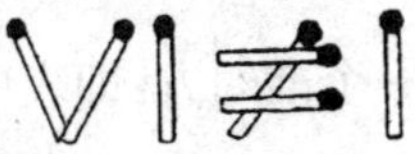

请你只移动一根使它变成等式.

2.2.23. 改变不等号方向

下面是用火柴摆成的不等式：

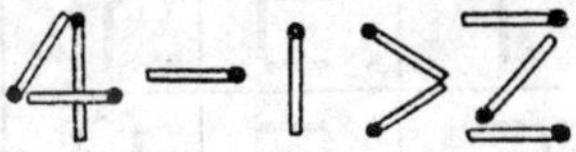

请你移动其中两根，改变不等号方向.

2.2.24. 拿掉三根仍成立

下面是用 1 ~ 9 的字块和火柴摆成的算式，得数是 100，请你从中拿走三根火柴而使得数仍是 100.

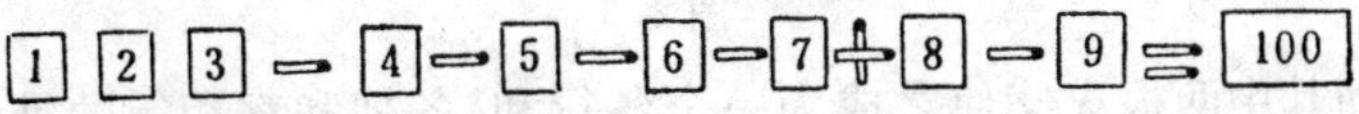

2.2.25. 一题多解

（1）下面是用 12 根火柴布列的算式，它显然不对.

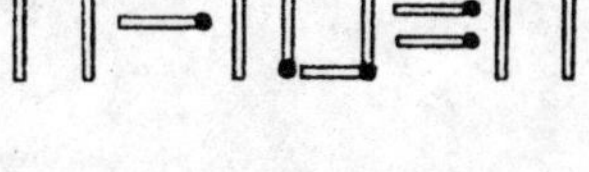

请你用四种方法使得每次只移动一根即可使算式正确.

(2)下面是26根火柴摆成的算式.请你:①拿走其中一根火柴;②移动一根火柴;③添加一根火柴,使等式成立.

2.2.26. 准幻方(一)

图1是一个用火柴摆成的方阵(数阵):

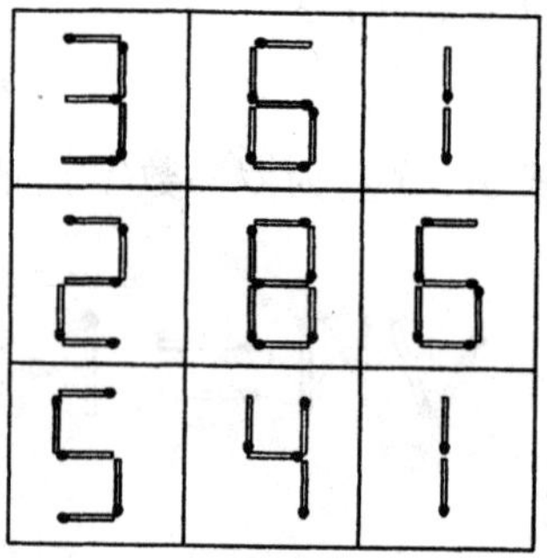

图1

现挪动其中一根使之成为一个准幻方:即表中每行和相同、每列和亦相同.

2.2.27. 准幻方(二)

图2是一个用火柴摆成的方阵(数阵):

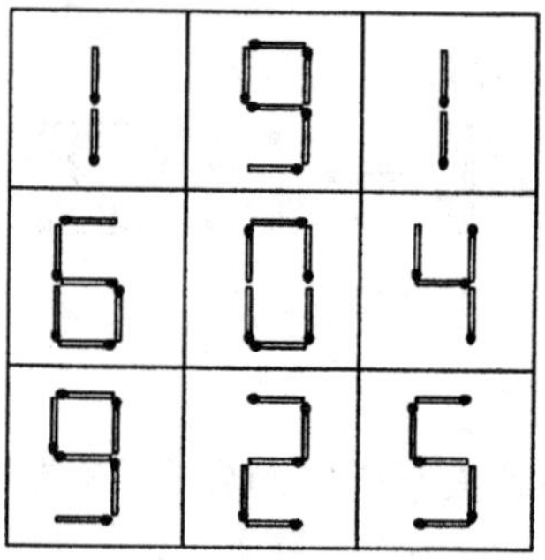

图2

现挪动其中两根火柴使之成为一个各行和、各列和都相等的准幻方的数阵.

图与形

第 3 章

3.1 火柴摆三角形

3.1.1. 2 个变 4 个

6 根火柴可以摆成两个同样大小的正三角形(图 1). 请你移动 3 根使它变成 4 个大小一样的三角形.

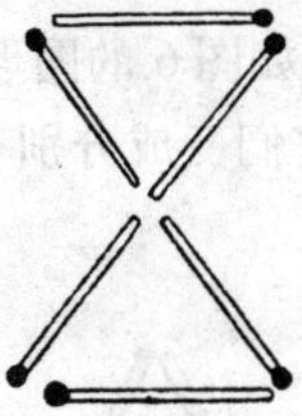

图 1

请你再用 9 根火柴摆出两个正三角形和 3 个正方形来.

3.1.2. 三角形变六边形

用 6 根火柴可以摆出图 2 中的一个三角形, 挪动其中 3 根使之变成六边形.

3.1.3. 3 个变 4 个

(1) 用 9 根火柴可摆出图 3 中的 3 个三角形, 请移动其中3根使之变成4个三角形.

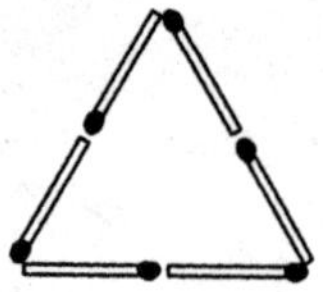

图2

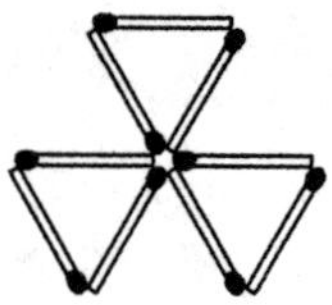

图3

(2)9根火柴摆成了3个并排的三角形(图4),请你移动其中两根摆成4个三角形和两个平行四边形.

图4

3.1.4. 变出3个梯形和2个三角形

图5是用13根火柴摆成的图形(6个三角形):

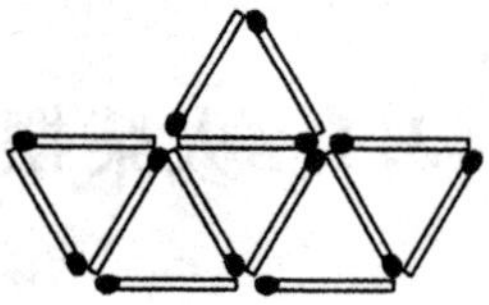

图5

请你移动其中的3根使之变成3个梯形和2个三角形.

3.1.5. 5个变7个

15根火柴可分别摆成如图6的图形,它们各有5个全等的三角形.请分别移动其中的3根火柴,使它们变成分别有7个全等三角形的图形.

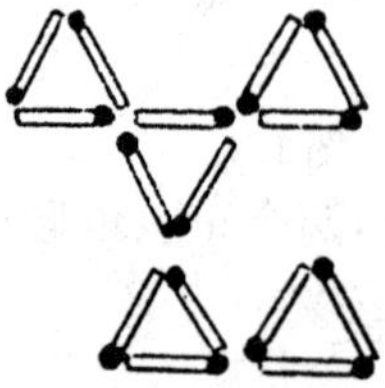

(1)

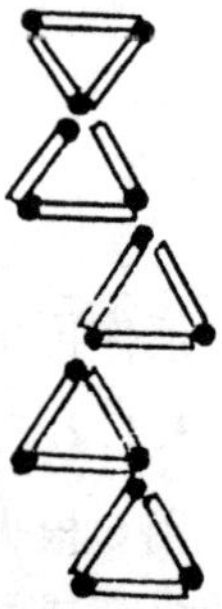

(2)

图6

3.1.6. 巧变三角形

用 18 根火柴可以摆成 9 个全等的三角形(图 7),请按表 1 中要求拿走部分火柴而改变图形:

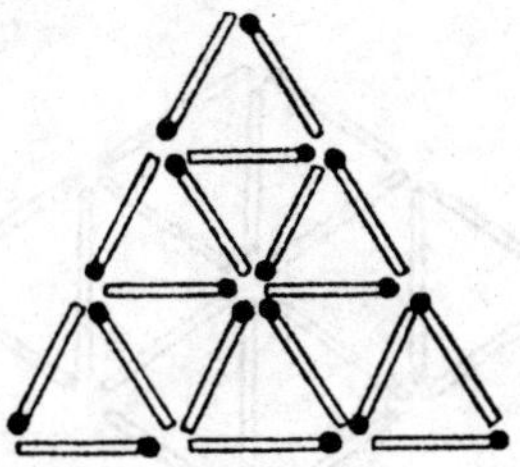

图 7

表 1

序号	拿走火柴根数	图形变化
(1)	1 根	8 个全等三角形
(2)	2 根	7 个全等三角形
(3)	3 根	6 个全等三角形
(4)	4 根	5 个三角形
(5)	5 根	4 个三角形
(6)	6 根	3 个三角形
(7)	6 根	3 个菱形或等腰梯形

3.1.7. 连续变化(一)

12 根火柴摆成图 8 的形状,请(1)移动两根变成 5 个正三角形;(2)再移动两根变成 4 个正三角形;(3)再移动两根变成 3 个正三角形;(4)再移动两根变成两个正三角形.

3.1.8. 连续变化(二)

用 12 根火柴摆成如图 9 的两个正三角形,请你每移动两根火柴增加一个三角形,直到出现 6 个三角形为止,你能摆出吗?

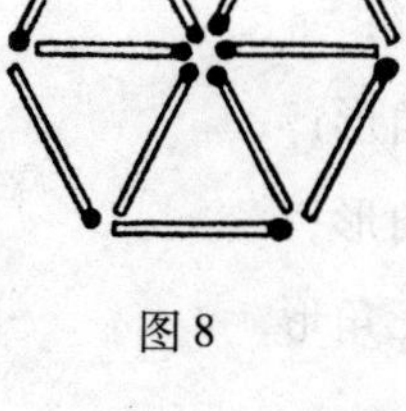

图 8

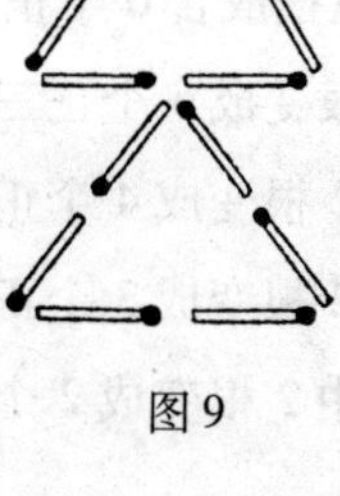

图 9

3.1.9. 4 个正三角形(一)

用 16 根火柴摆成的图形(图 10),请你从中拿去 4 根使它仅剩下 4 个正三角形.

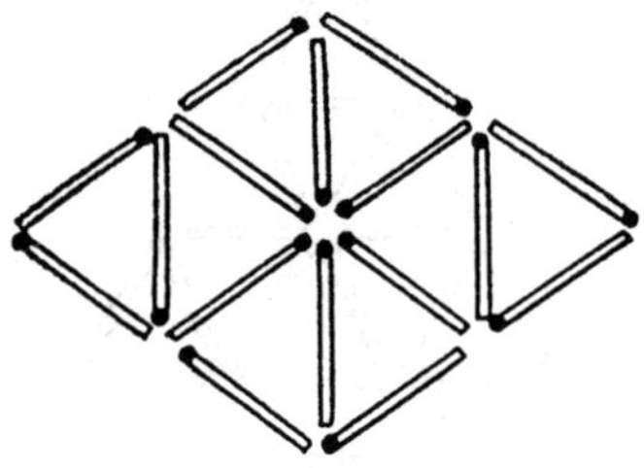

图 10

3.1.10. 4 个正三角形(二)

15 根火柴可以摆成两个正三角形(图 11),请你移动其中 3 根,使它们构成 4 个正三角形,你会摆吗?

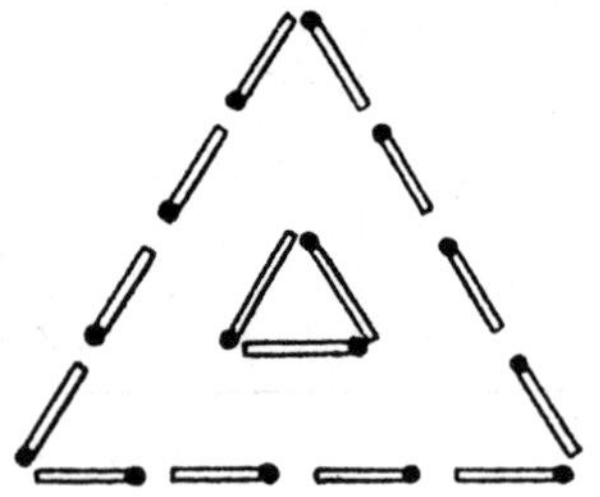

图 11

3.1.11. 正六边形变正三角形(一)

用 12 根火柴可以摆成含 6 个正三角形的正六边形(图 12),现拿走(1)3 根火柴;(2)4 根火柴;(3)5 根火柴后,使它们组成 3 个正三角形;(4)挪动其中 4 根使之形成 3 个正三角形(其中两个要全等).

3.1.12. 正六边形变正三角形(二)

用 12 根火柴可以摆成含 6 个正三角形的正六边形(图 13):

(1)移动其中 2 根变成 5 个正三角形;

(2)再移动其中 2 根变成 4 个正三角形;

(3)再移动其中 2 根变成 3 个正三角形;

(4)最后移动其中 2 根变成 2 个正三角形.

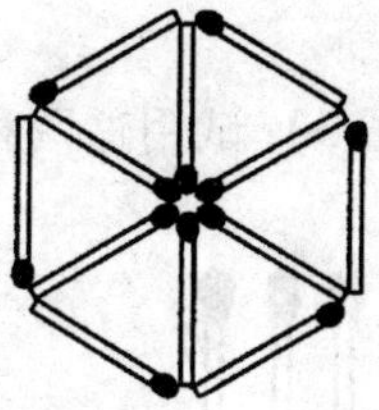

图 12

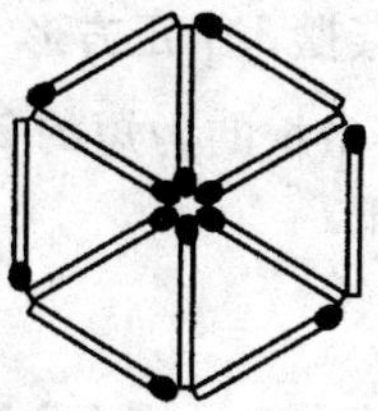

图 13

3.1.13. 6 个全等的图形

用 13 根火柴可以摆成 6 个全等的矩形(图 14),今取走一根火柴使余下者另摆成 6 个全等的图形,不能将火柴折断或重叠.

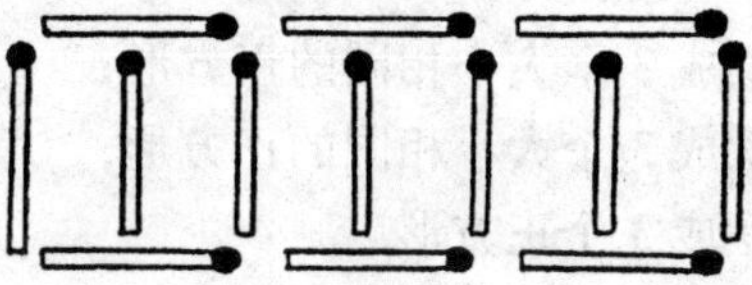

图 14

3.1.14. 7 个等边三角形

请用 9 根火柴搭成 7 个等边三角形.

3.1.15. 可摆多少个三角形

(1)用 6 根火柴摆出 4 个三角形和 1 个正方形.

(2)用最多不超过 10 根火柴,可摆出多少种不同的三角形?

3.2 火柴摆正方形

3.2.1. 变成两个正方形

(1)用 12 根火柴摆出 4 个小正方形(图 1),请你移走两根火柴,剩下两个正方形.

(2)用 17 根火柴摆成六个小正方形(图 2),现拿走其中 6 根后,使它们成为 2 个正方形.

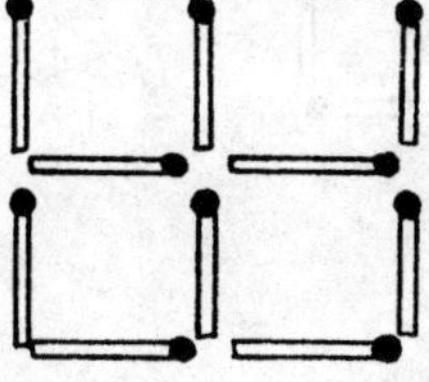

图 1

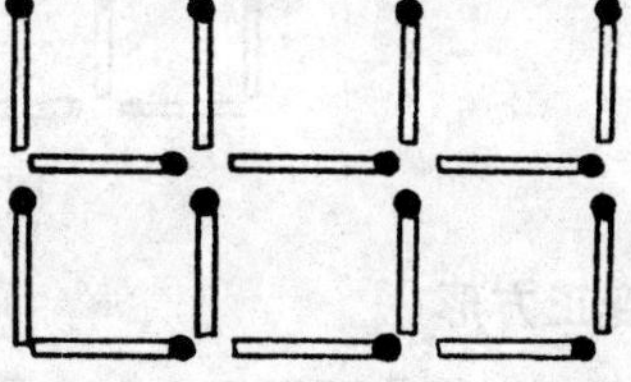

图 2

3.2.2. 两种火柴摆 3 个正方形

有两种火柴,其中长的为短的 2 倍(图 3). 试用这两种火柴各 4 根摆成 3 个同样大小的正方形.

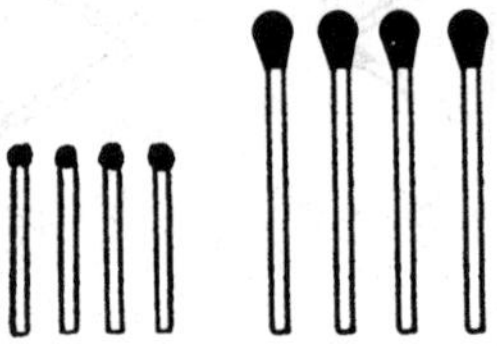

图 3

3.2.3. 3 个正方形(一)

(1)请用 8 根火柴摆成 3 个大小相同的正方形;

(2)请用 6 根火柴摆成 3 个大小相同的正方形;

(3)请用 4 根火柴摆成 3 个正方形.

3.2.4. 3 个正方形(二)

用 15 根火柴可摆成 6 个正方形(图 4),(1)现拿走其中 3 根,(2)取走 2 根,使它们成为 3 个正方形.

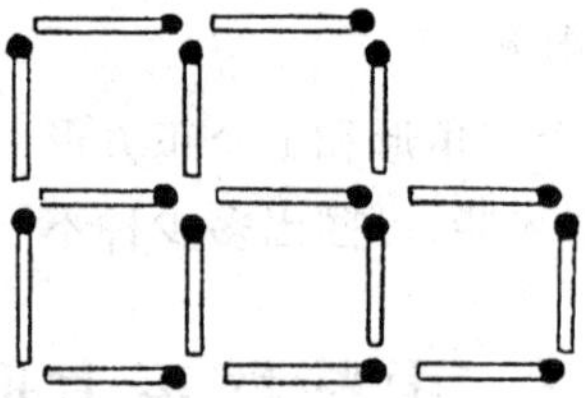

图 4

3.2.5. 3 个正方形(三)

用 17 根火柴可摆成 8 个正方形(图 5),现(1)拿走 6 根,(2)拿走 5 根,使它们组成为 3 个正方形.

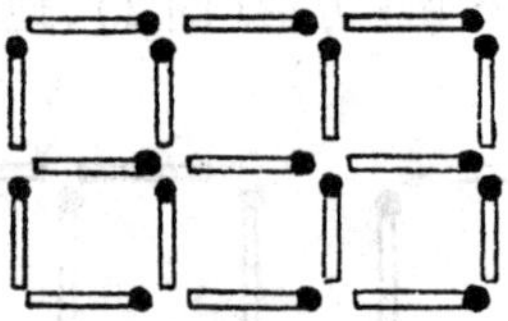

图 5

3.2.6. 变正方形

12 根火柴可以摆成下面 5 个正方形(图 6):

(1)去掉2根变成2个正方形;
(2)移3根变成3个正方形;
(3)移4根变成3个正方形;
(4)移4根变成10个正方形.

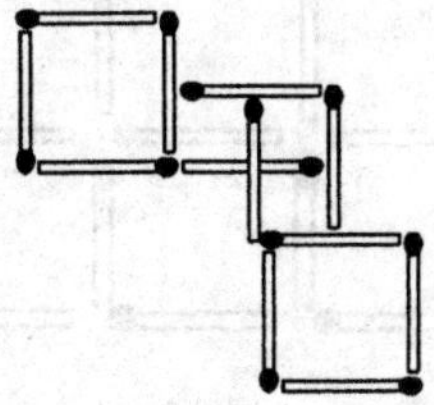

图6

3.2.7. 3个正方形(四)

(1)图7是由8根火柴组成,请拿掉其中2根使之形成3个正方形.

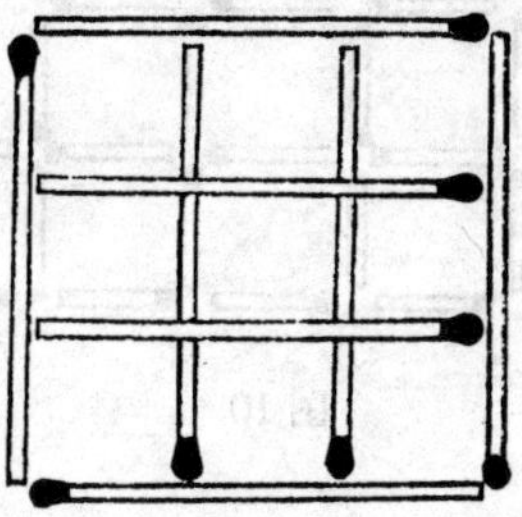

图7

(2)图8用24根火柴摆出9个小正方形,请你移去6根,使它仅剩下3个正方形.

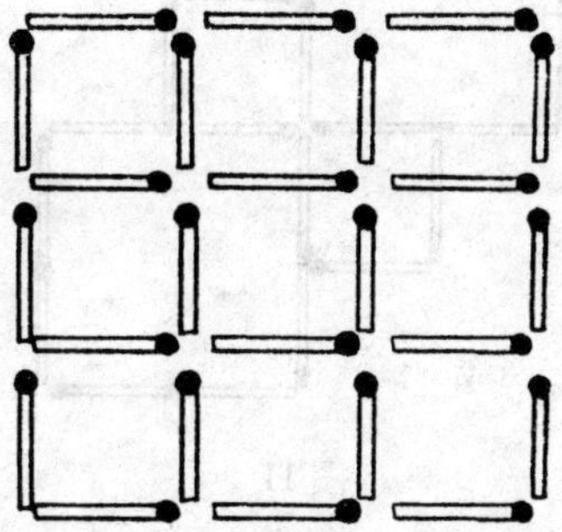

图8

3.2.8. 4个变4个

16根火柴可摆成并列的4个正方形,请分别移走其中的1,2,3,4根火柴(剩下15,14,13,12根),使之仍组成4个正方形.

3.2.9. 4个正方形

(1)用16根火柴摆出5个正方形(图9),请你移动3根后变成4个正方形.

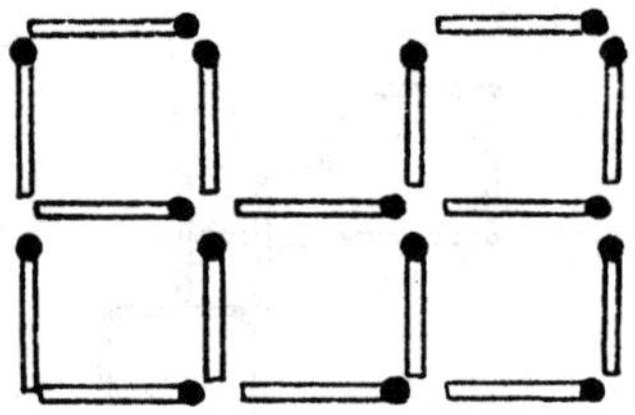

图9

(2)从图10中取走10根火柴,使其剩下4个正方形.

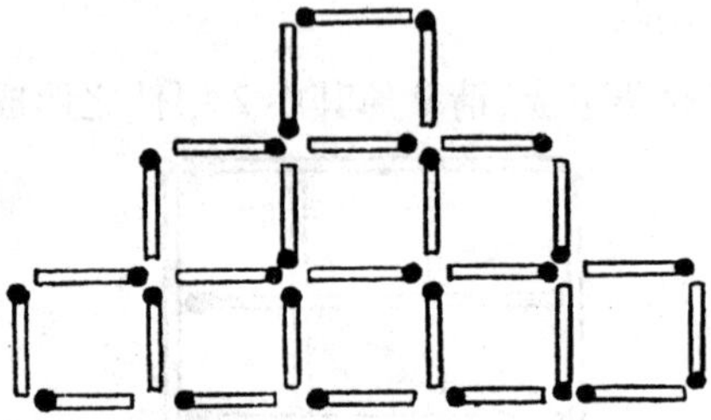

图10

3.2.10. 3个"L"形

10根火柴摆出如下4个正方形(两大两小如图11).

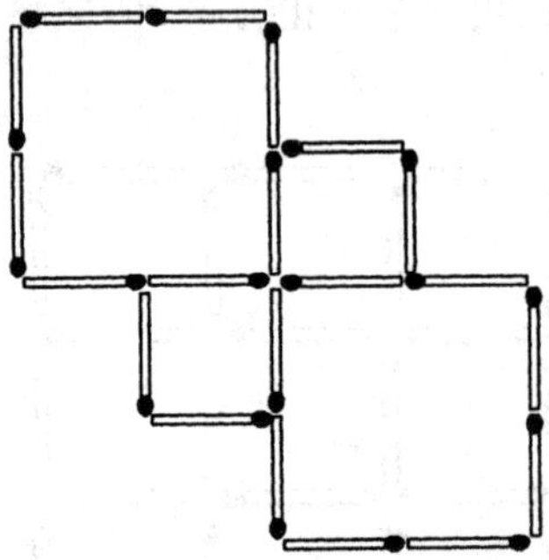

图11

请移动其中4根火柴,使之变成3个形状一样的"L"形图形.

3.2.11. 变出4个、5个正方形

(1)18根火柴摆出如图12形状,请移走其中两根火柴,变出4个正方形.

(2)19根火柴摆成7个正方形(图13),请你挪动其中3根,使之变成5个同样大小的正方形.

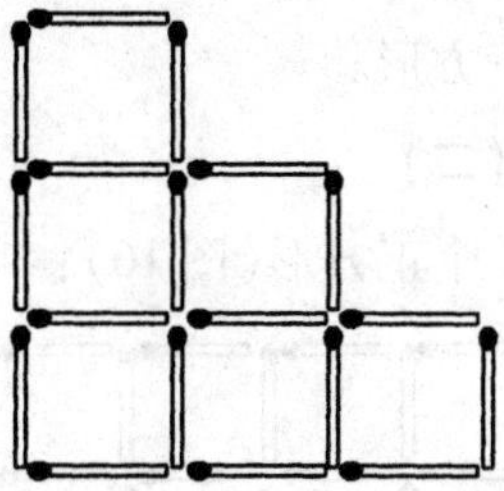

图 12

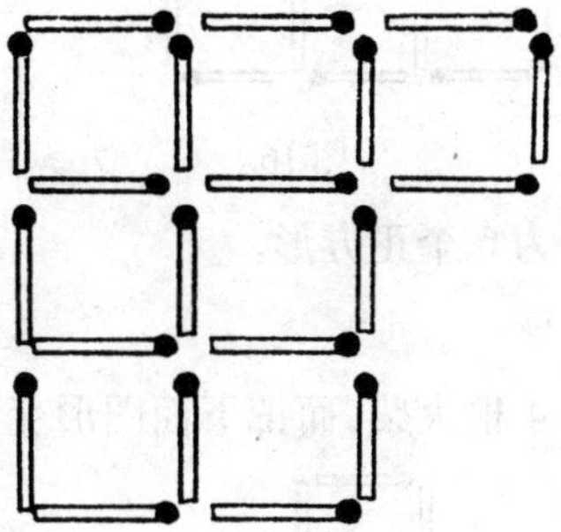

图 13

3.2.12. 5 个正方形(一)

将图 14 中火柴摆成的图形移动其中的两根火柴,使之变成(1)5 个大小一样的正方形;(2)6 个正方形.

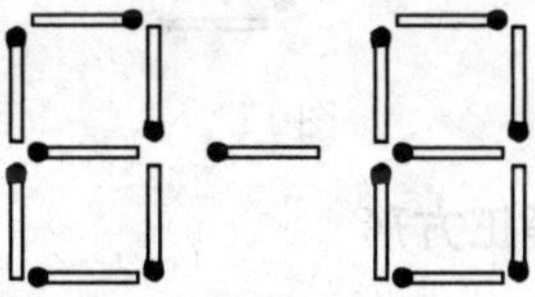

图 14

3.2.13. 变成 5 个正方形(二)

图 15 是由 22 根火柴摆成的图形,请你从中抽掉 4 根使它变成有(1)5 个相等的正方形;(2)5 个不等的正方形的图形.

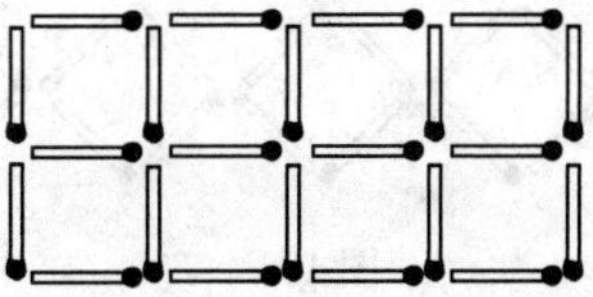

图 15

3.2.14. 变成 6 个正方形(一)

试用 9 根火柴搭成六个正方形.

3.2.15. 变成 6 个正方形(二)

用 29 根火柴可以摆成 11 个正方形(图 16):

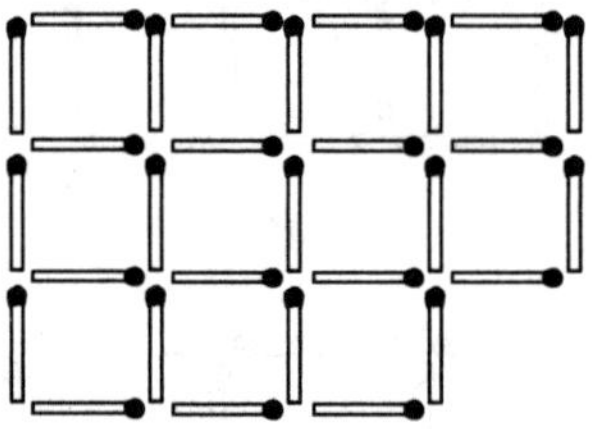

图 16

现拿去 6 根,使它们成为 6 个正方形.

3.2.16. 变成 8 个正方形

请你只移动图 17 中的 4 根火柴,而把下面图形变成 8 个相等的正方形.

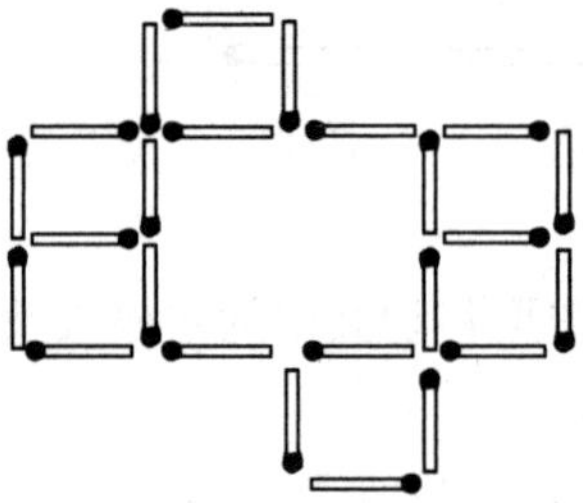

图 17

3.2.17. 24、16 根火柴摆正方形

(1)用 24 根火柴摆成 6 个、7 个、8 个、9 个、16 个、27 个、50 个全等的小正方形,如何摆?

(2)用 16 根火柴摆出 3 个、4 个、5 个、6 个、7 个、8 个正方形(不一定全等).

3.2.18. 5 个变 15 个

20 根火柴可以摆成 5 个正方形(图 18).

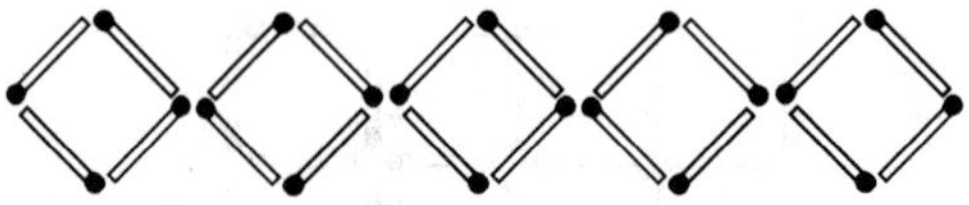

图 18

请你移动其中 8 根,使它变成 15 个正方形的图形.

3.2.19. (1)11 个变 9 个;(2)7 个变 5 个

(1)32 根火柴摆成下面的 11 个小正方形(图 19).

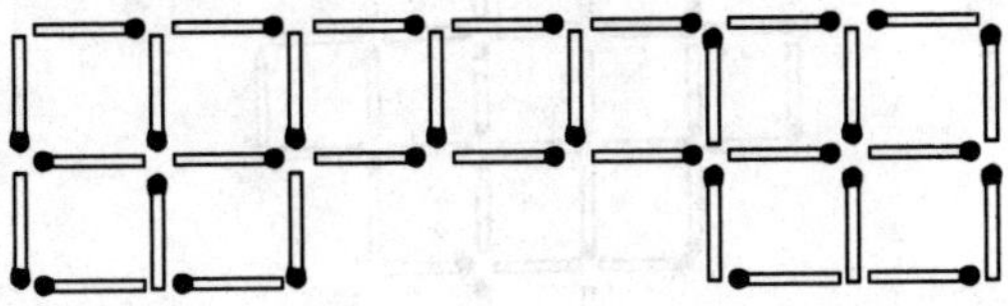

图 19

请你移动其中 4 根后,使原正方形个数变成 9.

(2)20 根火柴摆出 7 个正方形,如图 20,请你移动其中 3 根火柴,使正方形个数变为 5 个.

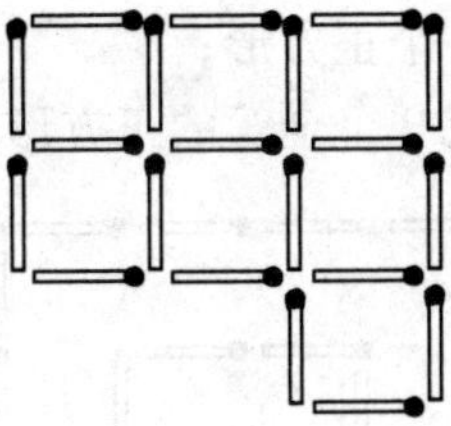

图 20

3.2.20. 13 个变 6 个

36 根火柴摆成 13 个小正方形(图 21),请你拿走其中的 8 根,使它变成 6 个正方形.

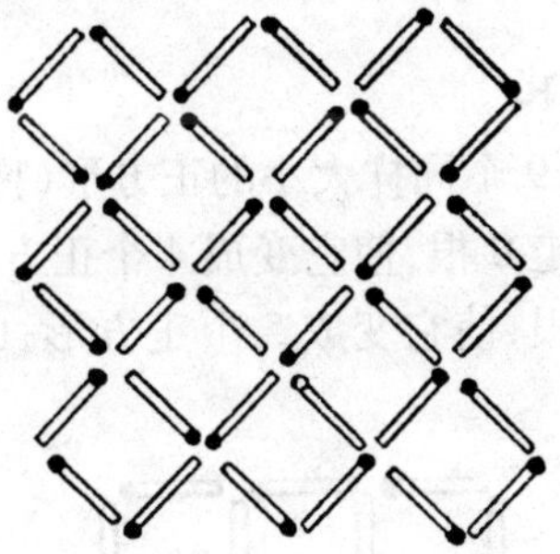

图 21

3.2.21. 18 个变 9 个

图 22 是用火柴摆成的由 13 个同样大小的正方形组成的图形,这里大小正方形总计 18 个(九宫格中大小正方形共 $1^2+2^2+3^2=14$ 个,再加外面 4 个小正方形,计 18 个正方形).

请你拿走 4 根火柴,使正方形变为 9 个.

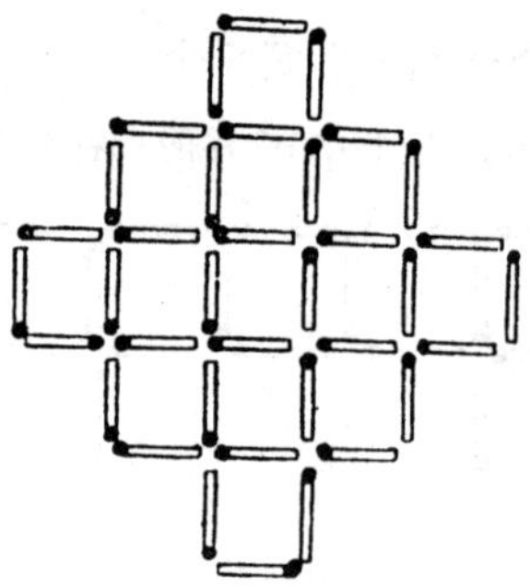

图 22

3.2.22. 正方形的变化

24 根火柴可摆成如回字形的两个大小不等的正方形(图 23):

(1)移动 4 根,使它变成 3 个正方形;

(2)再移动 8 根,使它变成 9 个全等的正方形.

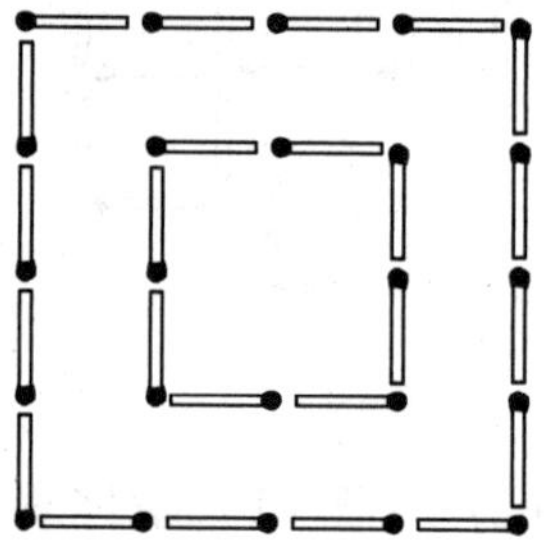

图 23

3.2.23. 小正方形的变化

用 24 根火柴可以摆成 9 个同样大小的正方形(图 24),(1)现拿走 8 根,使它变成两个正方形;(2)拿走 8 根,使它变成 4 个正方形;(3)拿走 8 根,使它变成 5 个正方形;(4)拿走 4 根,使它变成 5 个正方形;(5)拿走 6 根,使它变成 3 个正方形.

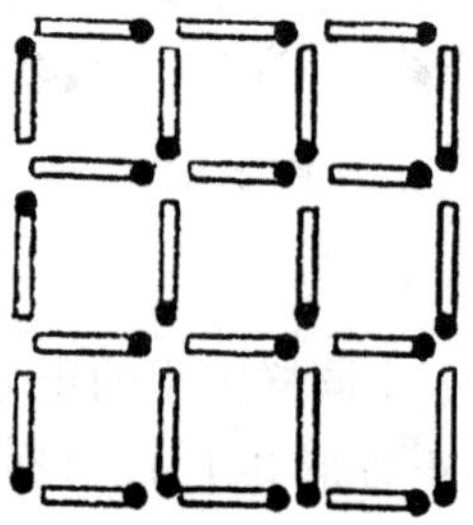

图 24

3.2.24. 正方形内放小球

请用 8 根火柴摆出三个正方形,然后将 4 粒小球放在其中,要求每个(大小)正方形内小球数皆为奇数.

3.2.25. 正方形变斜方形(平行四边形)

用 10 根火柴可摆成 3 个正方形(图 25),现拿掉 1 根,试用其余火柴:(1)摆成一个正方形和两个斜方形(平行四边形);(2)摆成三个全等的平行四边形.

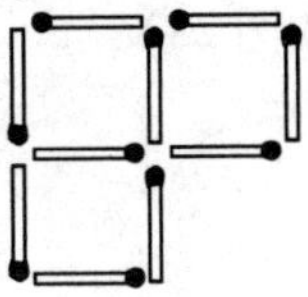

图 25

3.2.26. 最多能摆多少个正方形

用 8 根火柴最多能摆多少个正方形?

3.2.27. 摆出 6 个正方形

请用 14 ~ 27 根火柴各摆出 6 个正方形.

3.2.28. 没剩正方形(一)

由 31 根火柴组成图 26 的图形.

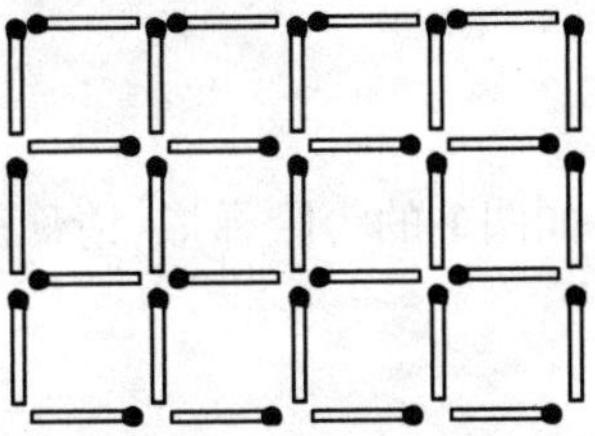

图 26

试问至少拿去几根火柴,才能使图中不剩下一个正方形?

3.2.29. 没剩正方形(二)

图 27 是用火柴摆成的 16 个小正方形(图中总共有 $1^2+2^2+3^2+4^2=30$ 个大、小正方形).

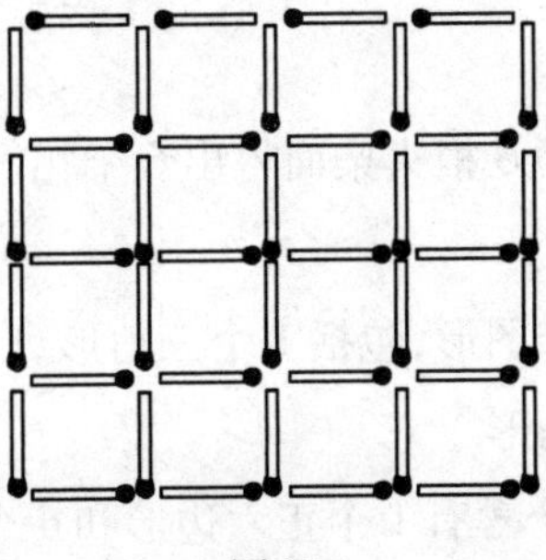

图 27

请问至少拿掉几根火柴，才能使图中大、小正方形一个也不剩？

3.2.30. 能摆多少方格

用17根火柴搭成一个2×3的方阵，有6个方格(指边长为1根火柴的方格如图28).

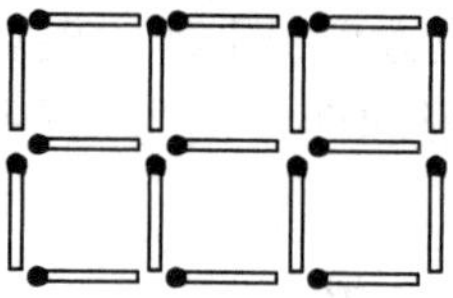

图28

如果给你1 000根火柴，你能搭出几种不同的方阵来？它们最多能有多少个方格？最少能有多少个方格？

3.3 火柴摆多边形

3.3.1. 9个梯形

5根火柴可以摆成一个如图1的等腰梯形，请你用30根火柴组成9个同样大小的梯形.

3.3.2. 7个矩形

9根火柴摆成下面(T字)图形(图2)：请移动其中3根变出7个矩形.

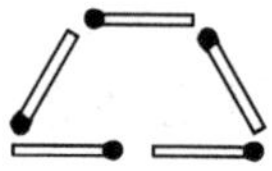

图1

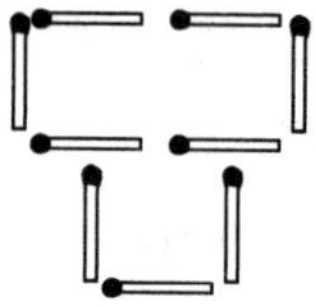

图2

3.3.3. 6个四边形

你能从图3中移动其中6根火柴而得出6个相等的四边形吗？

3.3.4. 5根火柴

请用5根火柴摆出1个图形，包括1个三角形、1个正方形和1个五边形.

3.3.5. 变成6个正三角形

18根火柴可以摆成1个含有1个正六边形和6个正三角形的图形(图4).请你只移动其中两根使它变成有6个正三角形的图形来.

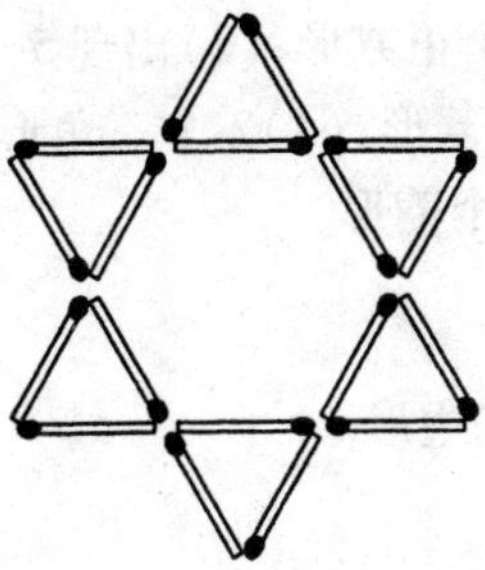

图 3

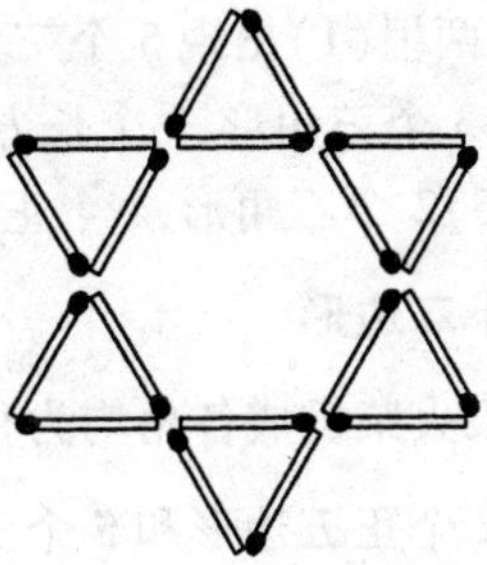

图 4

3.3.6. 6 个平行四边形

试用 12 根火柴摆成 6 个平行四边形.

3.3.7. 变成 4 个菱形

12 根火柴可以摆成下面的正六边形(图 5),请你移动其中 3 根,使其变成 4 个菱形.

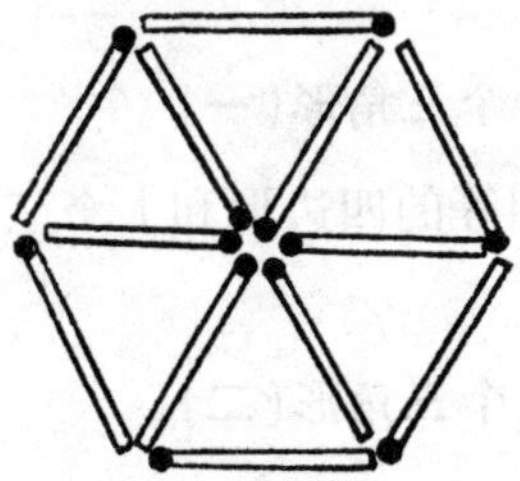

图 5

3.3.8. 5 个变 9 个

20 根火柴可以摆成 5 个菱形(图 6),请你移动其中 8 根,使它变成 9 个菱形.

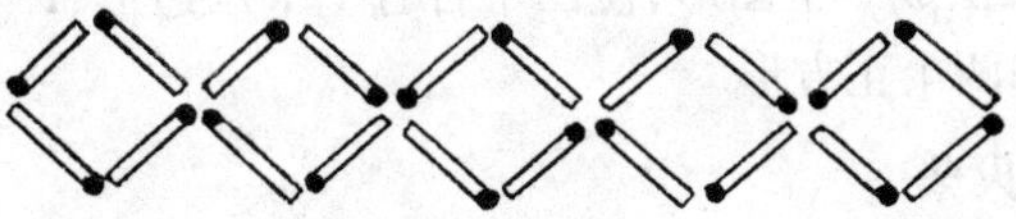

图 6

3.3.9. 变成三角形,正方形,…

用 16 根火柴摆成下面图形(图 7):

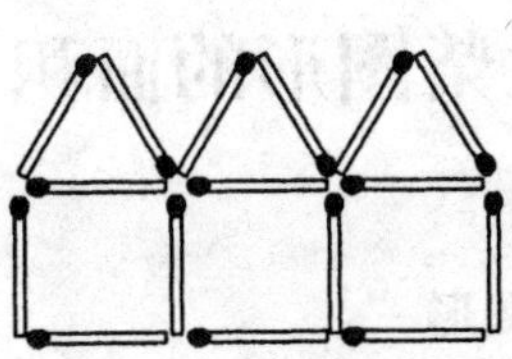

图 7

移动其中两根(1)出现5个三角形和2个正方形;(2)出现5个三角形和1个长方形;(3)3个三角形,1个长方形和1个菱形;(4)2个三角形,1个梯形和3个正方形;(5)2个三角形,3个正方形和1个菱形.

3.3.10. 十二边形

请用12根火柴摆成各角均为直角的十二边形.

3.3.11. 2个正五边形和5个三角形

请你用12根火柴摆成有两个正五边形和5个相等的三角形的图形.

3.3.12. 3个正方形和2个三角形

请你用9根火柴摆出含3个正方形和2个三角形的图形.

3.3.13. 3个四边形和2个三角形

用12根火柴摆成3个相等的四边形和2个相等的三角形(要求摆出一个平面图形).

3.3.14. 6个四边形和1个三角形(一)

用18根火柴摆成6个相等的四边形和1个三角形,且三角形面积为四边形面积的一半.

3.3.15. 6个四边形和1个三角形(二)

用18根火柴摆成1个三角形和6个四边形,四边形有两种规格,每种3个.你能摆出来吗?试试看.

3.3.16. 一图多形

试用8根火柴摆成一个图形,使图中含有1个八边形、1个八角形(十六边形)、8个三角形和两个正方形.

3.3.17. 8根火柴

请你用8根火柴摆出(1)含两个正方形和8个三角形的图形;(2)4个三角形和两个正方形;(3)含1个正方形和16个三角形的图形.

3.4 火柴图形的面积与剖分

3.4.1. 剩下两个一样的图形

用18根火柴组成了下面的图形(图1),请你拿去其中4根,而剩下两个一样的图形.

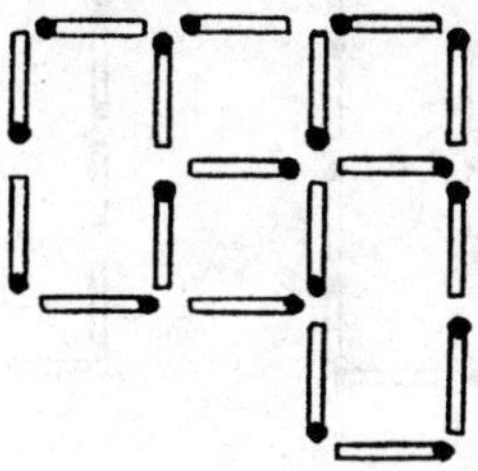

图 1

3.4.2. 分身有术

请用 8 根火柴将下面用火柴摆成的图(图 2,古埃及人面狮身图)分成 4 块形状一样的图形,且分成的小图形与原来图形相似.

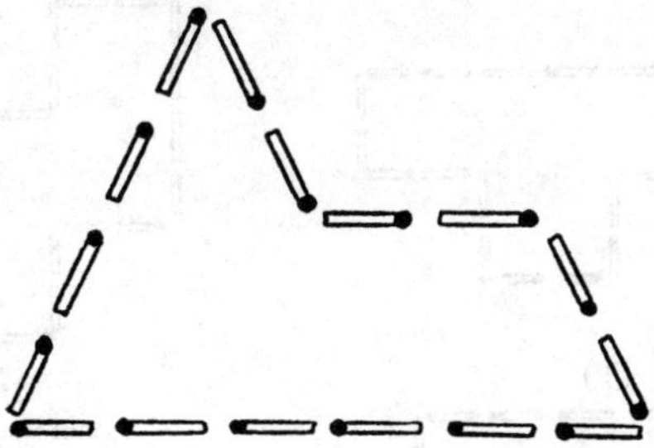

图 2

3.4.3. 添 5 根、分 4 块

10 根火柴摆成下面的图形(图 3). 请你再添 5 根火柴把图形分为 4 个相等的图形,且它们与原图形相似.

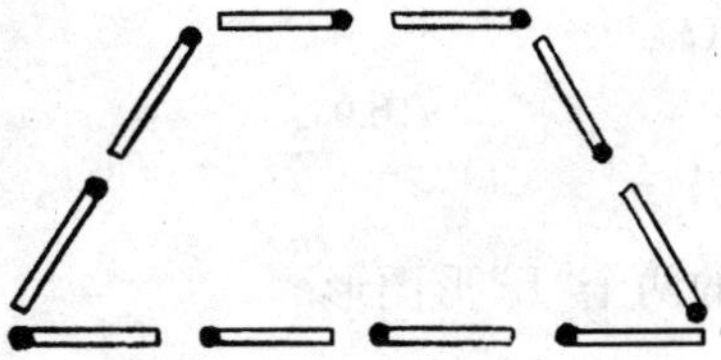

图 3

3.4.4. 移 4 根、分 4 块

图 4 是用火柴摆成的,请你只移动 4 根使它分成 4 块形状一样的图形.

3.4.5. 一分为四(一)

图 5 是用 16 根火柴组成的正方形. 请你用 11 根火柴将它分成 4 个等积(面积相等)图形,且使每一部分均和其余三部分相接.

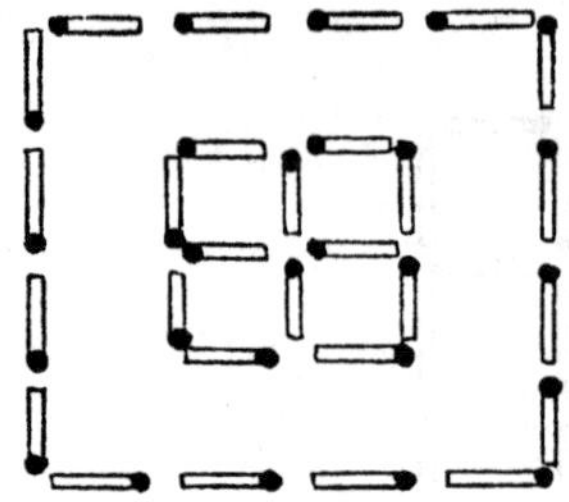
图 4

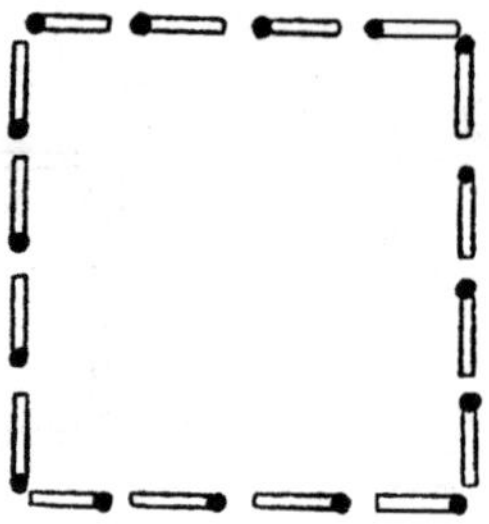
图 5

3.4.6. 分成 4 块

下面是用火柴摆成的图形，请在图 6(1) ~ (3) 中各用 8 根火柴、在图 6(4) 中用 10 根火柴将每个图形均分成 4 个形状完全一样的图形，且这些分割后的小图形形状和原图形一样.

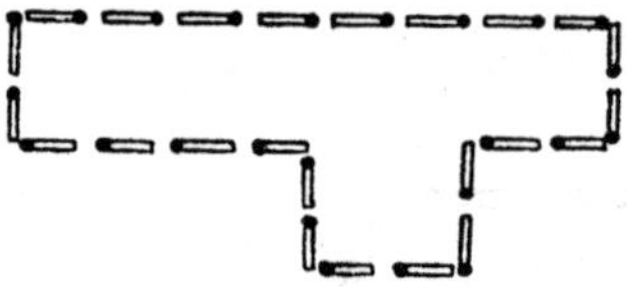
(1)

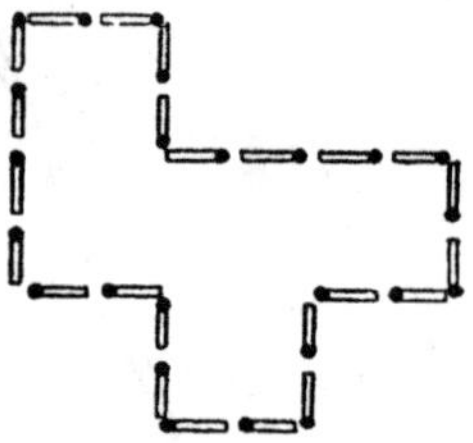
(2)

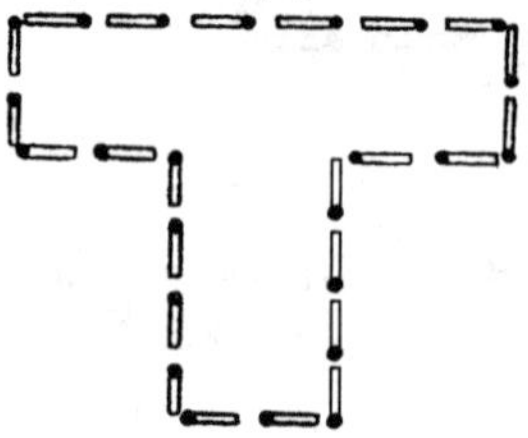
(3)

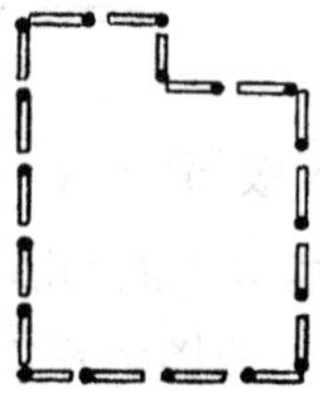
(4)

图 6

3.4.7. 一分为四(二)

图 7 是用火柴摆成的两个“L”形图形.

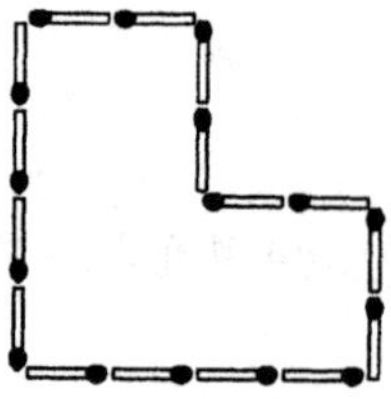
(1)

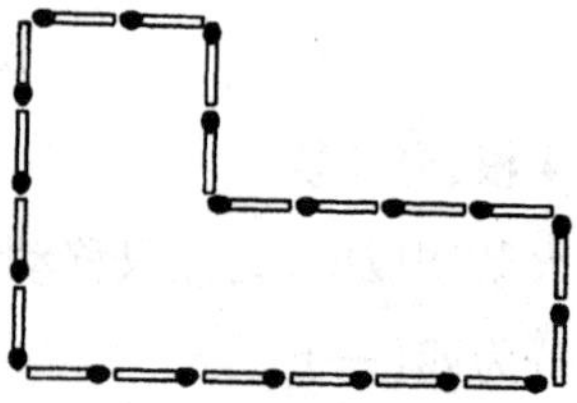
(2)

图 7

在图7(1)中加8根火柴使之变出4个相同的“L”形图形;在图7(2)中加10根变出4个相同的“L”形图形.

3.4.8. 一分为三、为四

下面是用火柴摆成的两个图形图8(1)(2),请用一些火柴将图8(1)剖分成3个形如图8(3)的图形;将图8(2)剖分成4个形如图8(4)的图形.

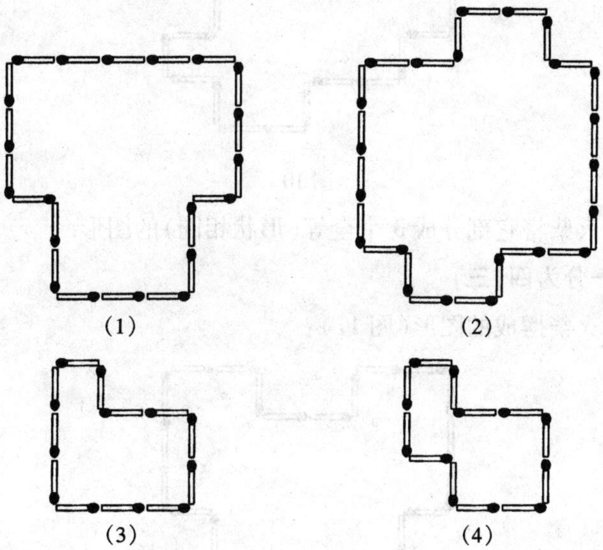

图8

3.4.9. 一分为二(一)

请用一些火柴将下面火柴摆出的图9(1)(2)剖分成两个形如图9(3)的图形.

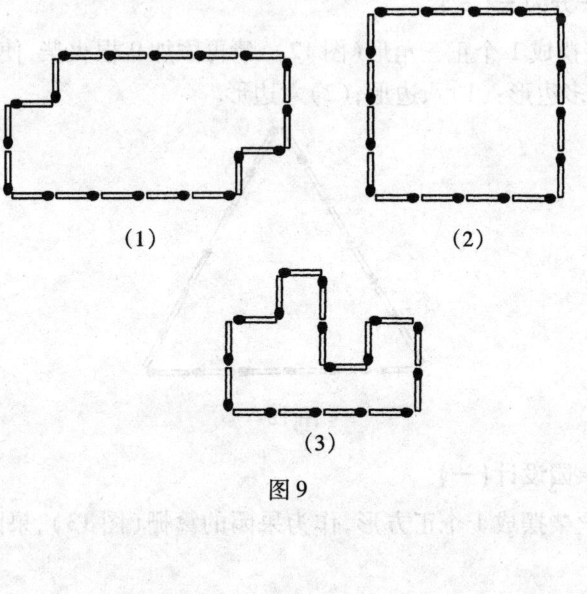

图9

3.4.10. 一分为三(一)

下面是用火柴摆成的图形(图 10):

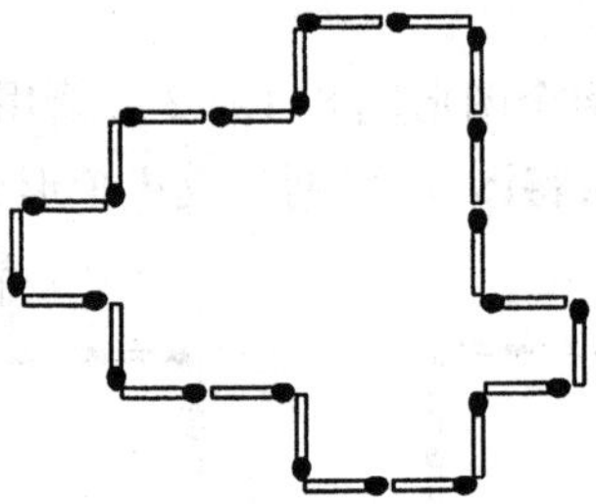

图 10

请用 7 根火柴将它剖分成 3 个全等(形状相同)的图形.

3.4.11. 一分为四(三)

下面是用火柴摆成的图形(图 11):

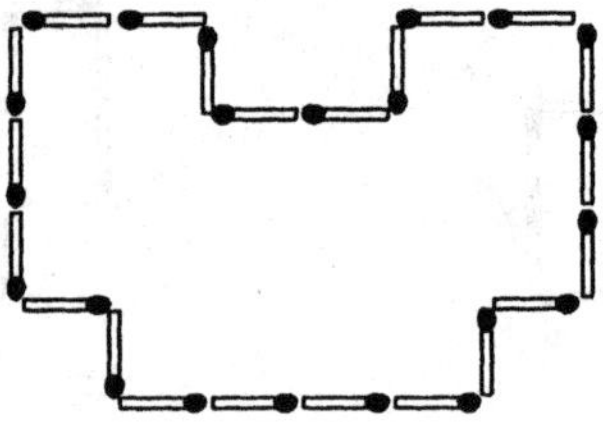

图 11

请用 13 根火柴将它剖分成 4 个形状相同的图形.

3.4.12. 一分为三(二)

18 根火柴摆成 1 个正三角形(图 12). 请再添加 9 根火柴,使三角形分成 3 个形状一样的多边形:(1)八边形;(2)六边形.

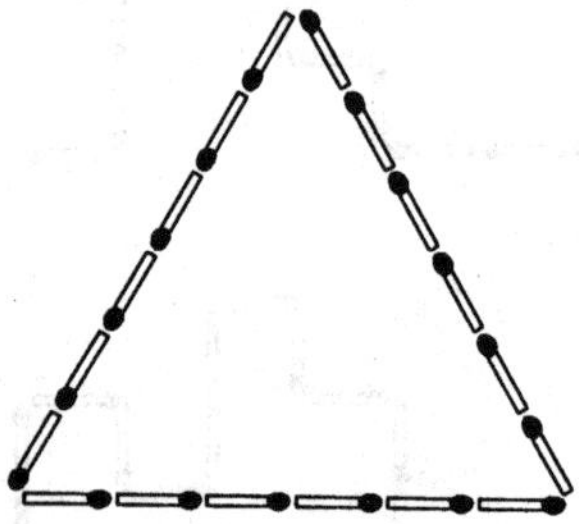

图 12

3.4.13. 果园设计(一)

用 16 根火柴摆成 1 个正方形,作为果园的篱栅(图 13),果园一部分地面有所房子(即图中用 4 根火柴摆成的阴影正方形). 请用 10 根火柴将果园中全部空地分成 5 块全等的图形.

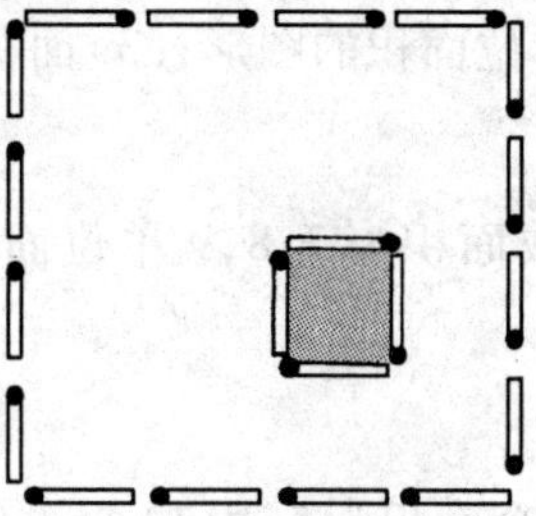

图 13

3.4.14. 果园设计(二)

若果园形状如图 14,中间小方块为房子,(1)用 18 根火柴将果园耕地划分成 6 个全等图形. (2)用 20 根火柴将果园耕地划分成 8 个全等图形.

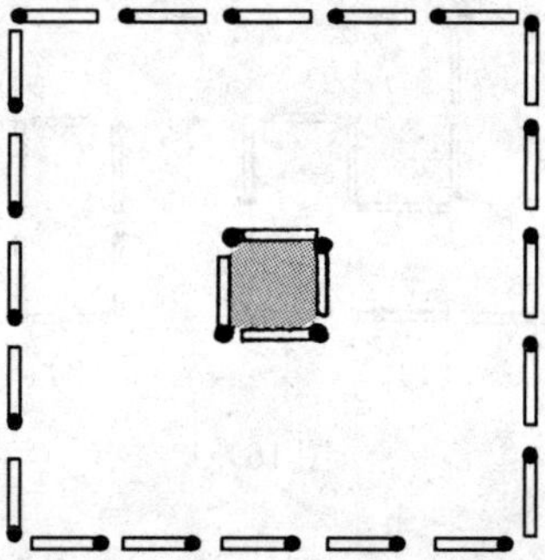

图 14

3.4.15. 面积谁大

用 11 根火柴摆成下面图形(图 15):

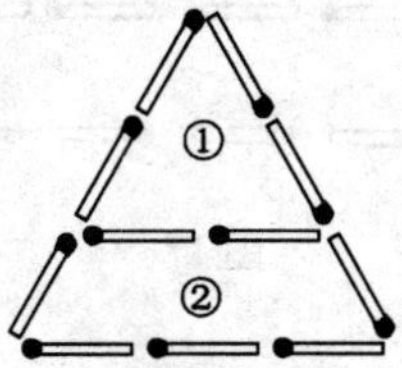

图 15

图 15 中正三角形和等腰梯形的面积 $S_{①}$ 和 $S_{②}$ 谁大?

3.4.16. 面积为 4

试用 10 根火柴摆出一个面积为 4 的图形(火柴长设为 1 单位).

3.4.17. 面积为 3,4,5

试用 12 根火柴分别摆成一个(1)面积为 3 单位面积的图形(每根火柴长为 1 单位);(2)面积为 4 单位面积的图形;(3)面积为 5 单位面积的图形.

3.4.18. 面积为 7,8,9

试用 9 根火柴分别摆成面积为 7,8,9 单位面积的图形(火柴长设为 1 单位).

3.4.19. 面积为 5,8

请用 12 根火柴摆出几个面积为 5,用 14 根火柴摆成几个面积为 8 的图形.

3.4.20. 面积之比仍为 3 : 1

图 16 是用 20 根火柴摆成的两个图形,算出它们的面积之比为 3 : 1,请你在图 16(1)中拿一根到图 16(2),再适当改变它们的形状使它们的面积比仍为 3 : 1.

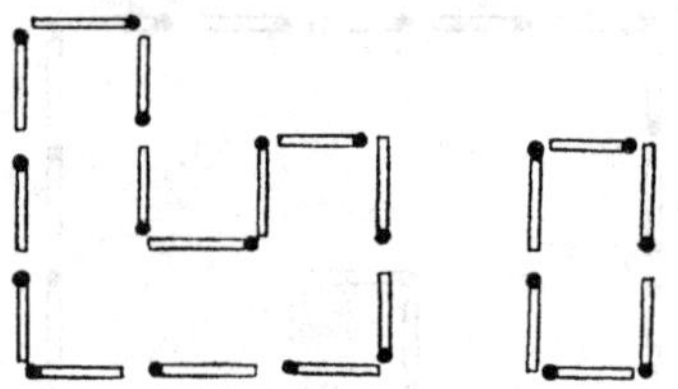

(1)　　(2)

图 16

3.4.21. 保持面积比

图 17 是两个分别用 6 根和 14 根火柴摆成的矩形,它们的面积比为 1 : 3. 今试将这 20 根火柴重新摆成两个图形(形状可不同),它们分别用 7 根和 13 根火柴,但两图形面积比仍为 1 : 3.

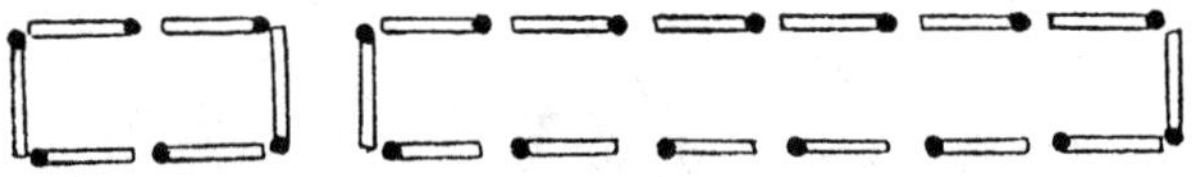

图 17

3.4.22. 面积比为 1 : 2 : 3

请各用 12 根火柴摆成 3 个图形,使它们的面积之比为 1 : 2 : 3.

3.4.23. 两个四边形和两个五边形

用 18 根火柴可以摆成两个矩形(图 18),其中较大矩形的面积为较小矩形面积的 2 倍. 今仍用 18 根火柴:(1)改摆成两个四边形,使一图形面积 3 倍于另一图形;(2)改摆成两个五边形,使一图形面积 3 倍于另一图形.

3.4.24. 面积三等分

用 10 根火柴可摆成下图形状(图 19):

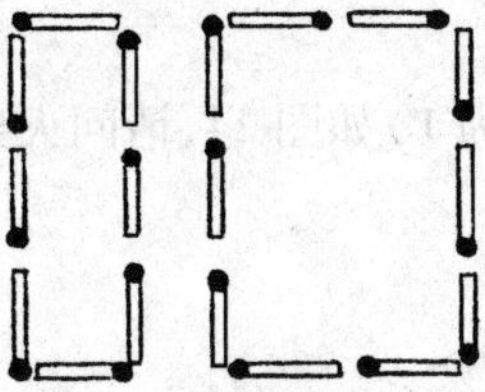

图 18

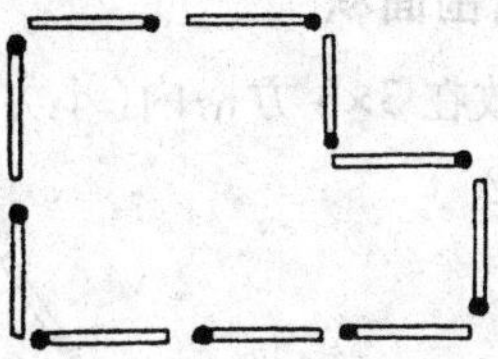

图 19

请你再用 5 根火柴将其分成面积相等的三部分.

3.4.25. 面积之半

10 根火柴摆成一个等腰三角形(图 20),你能否只动 3 根火柴使变化后图形面积为原来三角形面积的一半?

3.4.26. 面积由 4 变成 3

(1)12 根火柴可以摆成如图 21 所示的平行四边形,其面积为 4(见推算图示):能否改变摆法使平行四边形面积为 3?

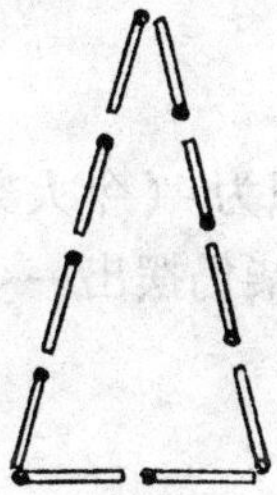

图 20

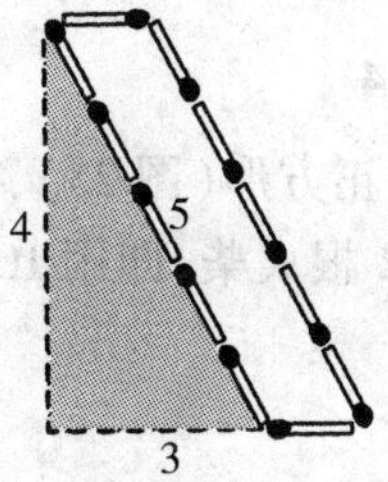

图 21

(2)面积由 8 变成 6

用 12 根火柴摆成的 2×4 矩形面积为 8(图 22),请问你能否用它们摆出一个面积为 6 的连通图形来?

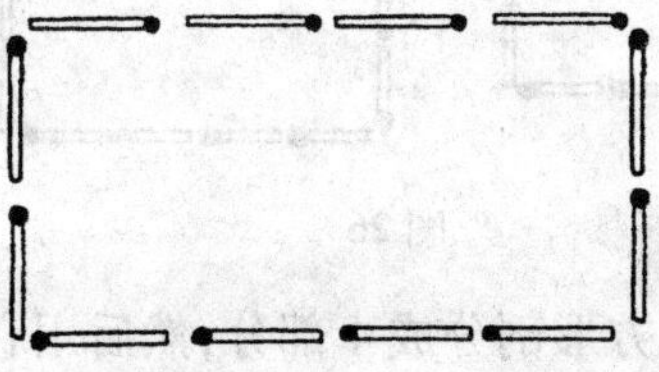

图 22

3.4.27. 一分为二(二)

12 根火柴组成一个直角三角形(勾三股四弦五见图23),请加3 根火柴后,将直角三角形面积一分为二.

3.4.28. 所围面积

3 根火柴放在3×3 方格内(小方格边长为1)如图24,请问火柴围成的三角形面积是多少?

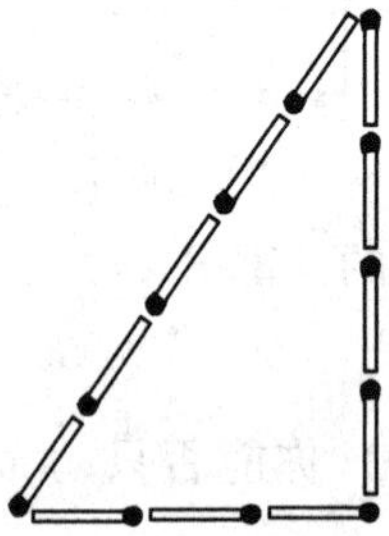

图23

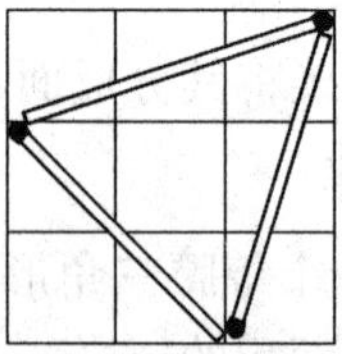

图24

3.4.29. 面积为两倍

用10 根火柴摆成一个图形,它的面积恰为用8 根火柴所摆图形面积的两倍. 如何摆?

3.4.30. 面积仍为4

8 根火柴摆成一个正方形(图25),其面积为4(令火柴长为1 单位),今再添2 根火柴,即用10 根火柴仍摆出一个面积为4 的图形.

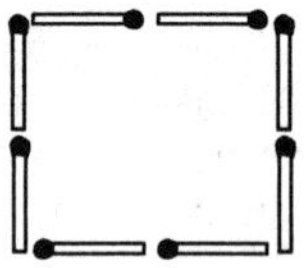

图25

3.4.31. 合二为一

(1)用12 根和16 根火柴分别摆出一个边长为3 和一个边长为4 的正方形(图26):

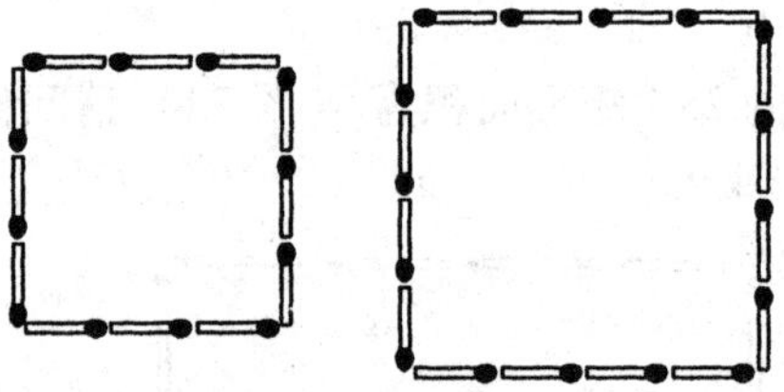

图26

请再加6 根火柴将两正方形剖分成4 部分,然后用它们去拼装成一个面积为25(边长为5)的大正方形.

(2)图27 是用20 根火柴摆成的(分别用16 根和4 根火柴围成)正方形,

它们的面积比为 16 : 1. 请用这些火柴围成两个图形,使其中一图形面积是另一图形面积的 3 倍.

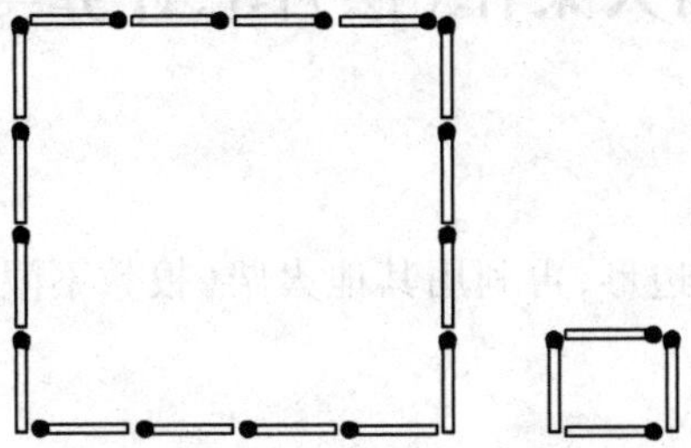

图 27

3.4.32. 面积最大者

试用 8 根火柴摆成一个面积最大的图形,显然图 28 两种矩形、正方形摆法均不是面积最大者.

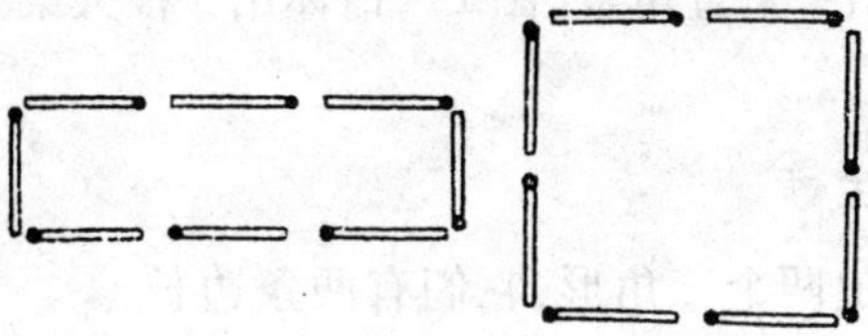

图 28

3.4.33. 面积最小者

用 8 根火柴摆成一个面积最小的多边形,能办得到吗?

又用 3 根火柴能摆成面积最小的多边形(三角形)吗?

3.4.34. 面积几何

用 20 根火柴摆成两个相叠的正方形,其中大正方形在小正方形内的顶点,恰在小正方形中心. 试求图 29 中 Ω 的面积大小(假设火柴长度为 1).

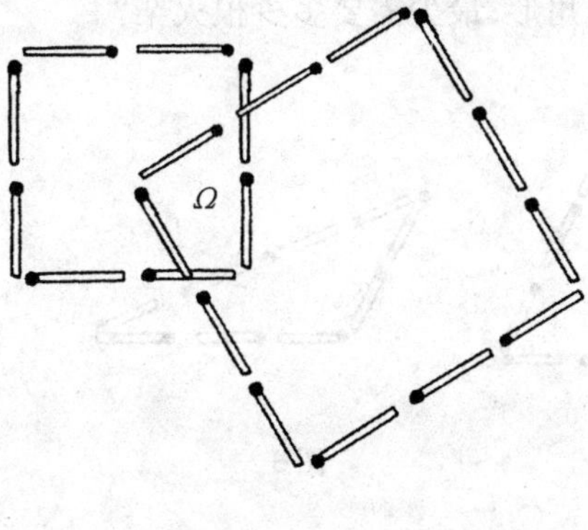

图 29

3.5 用火柴作(摆)图、计算与论证

3.5.1. 作图与论证

用火柴作一个正六边形,再利用其他火柴(根数不限)论证你所摆的图形正确.

3.5.2. 论证是直线

用两根火柴摆成一条直线. 再利用其他火柴(根数不限)论证你确实摆成了一条直线.

图 1

3.5.3. 12 个直角

2 根火柴可以摆出 4 个直角来(图 1),请你用 3 根火柴摆出 12 个直角来.

3.5.4. 相似而不全等

请用一些火柴摆出两个三角形,它们有两条边长相等,且三个角也相等,但它们却不全等.

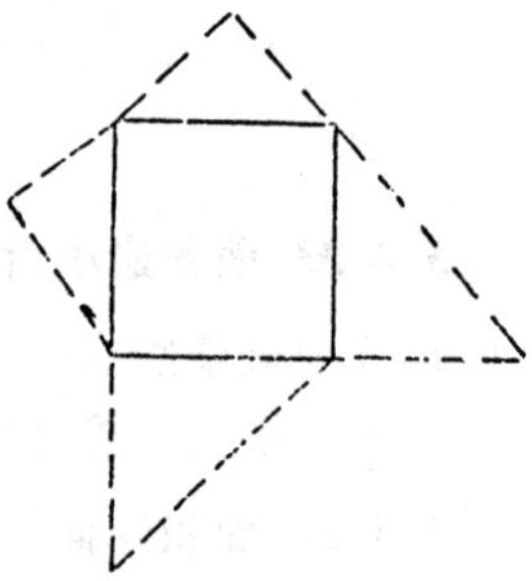

图 2

3.5.5. 一个正方形和 4 个直角三角形

请用最少的火柴摆成一个正方形,然后再用火柴在正方形外面以正方形一边为边各摆一个直角三角形,但各直角三角形大小都不相同(图 2).

3.5.6. 不同的三角形

9 根火柴可以摆出 3 种不同的三角形(图 3). 要想摆出 10 种不同的三角形,最少需要多少根火柴?

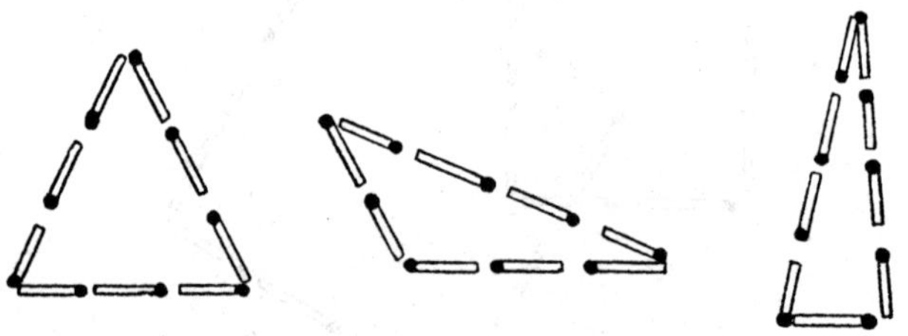

图 3

3.5.7. 完美矩形

一个矩形若它能分割成有限多个边长为整数的但大小不同的正方形,则称它为完美的.

现有两种火柴,小的长为2,大的长为5,试用它们摆出一个完美矩形来.

又若小火柴长为1,大火柴长为9,你能否再摆出一个完美矩形来?

这里告诉你:一个矩形分割成规格不同的小正方块的个数不能少于9个.

3.5.8. 12个变11个

如果使火柴长度为1,图4是用108根火柴摆成的一个拟完美正方形,图中有大小相同的小正方块(即近乎完美),其中大正方形为13×13,图中的数字表示该正方块的边长:

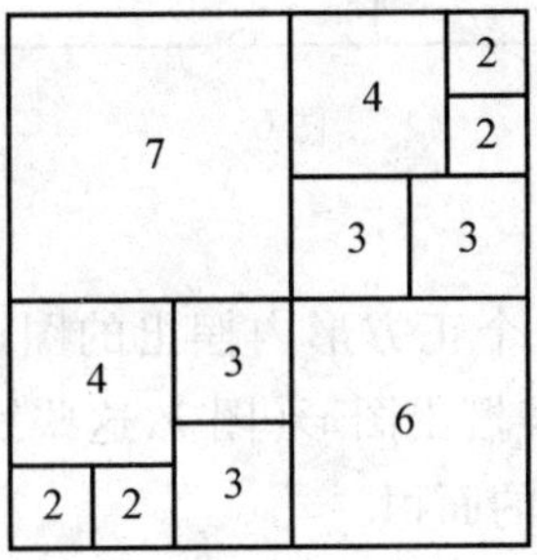

图4

请你去掉其中3根,重新摆成一个只有11个小正方块的拟完美正方形,其中大正方形仍为13×13.

3.5.9.

用火柴摆出如图5中的"拟完美矩形",图中小方块皆为正方形(由整数根火柴摆成),已知大矩形上、下边皆为32根火柴摆成(每根火柴长为1).问矩形左、右边由多少根火柴摆成?

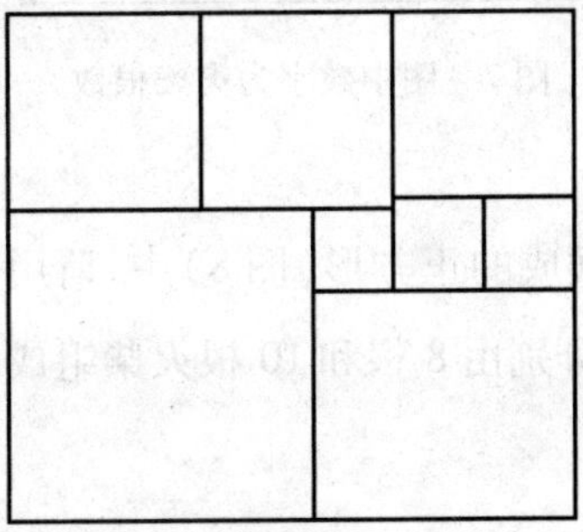

图5

3.5.10.

若干火柴(每根长为1)摆出一个正方形,在正方形中取一点联结四条线将图形分成四部分,其中三部分面积分别为16,20,32(图6),求剩下一部分x的面积.

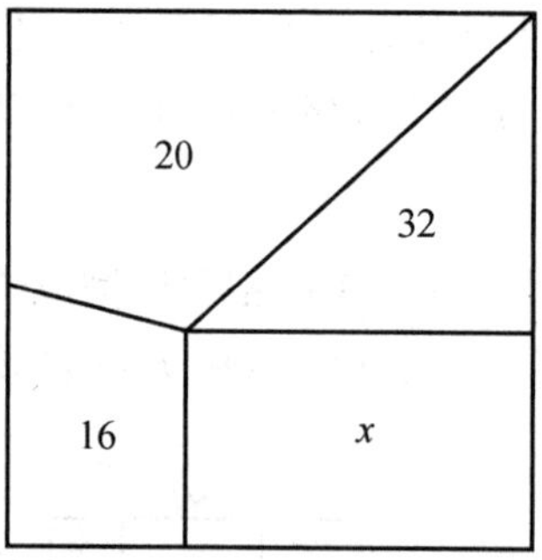

图6

3.5.11.

下面是若干根火柴在一个正方形内摆出的图形(火柴长为1,即单位火柴),在正方形内由17根火柴摆出图形(图7,这些线彼此正交即垂直,图中数字为火柴根数).求该正方形的面积.

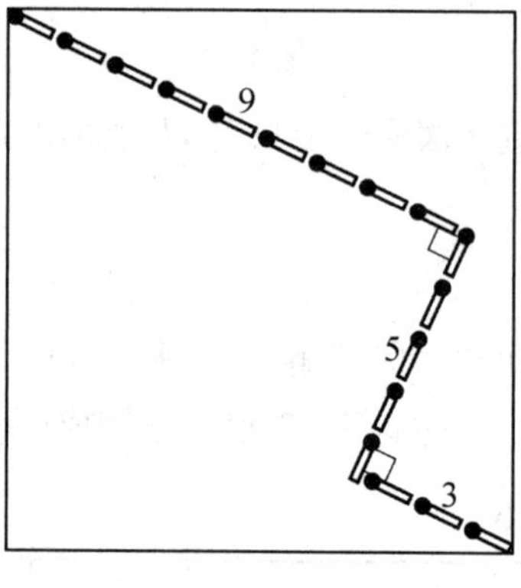

图7　图中数字为火柴根数

3.5.12.

在一个由28根火柴摆成的正方形(图8)中,请用一些火柴将它剖分成若干或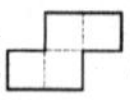图形,它们分别由8根和10根火柴组成,分别称为“L”形和“N”形,面积$S_L=3$,$S_N=4$.

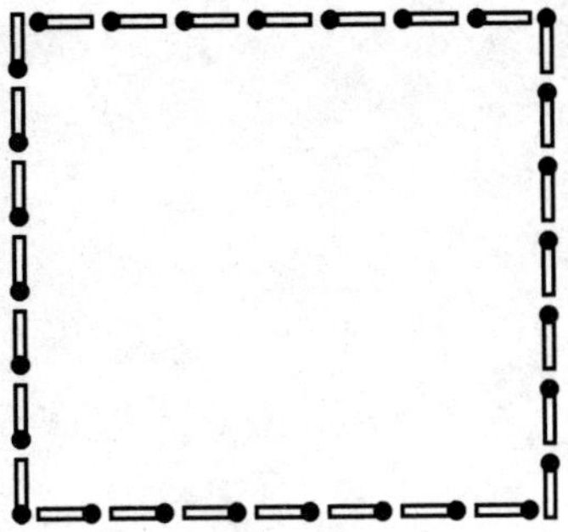

图 8

3.5.13.

8×8 的方格棋盘，一条直线最多可与多少个方格相交？（用火柴比试看看）

3.5.14. 拓扑趣题

威廉教授是个拓扑学家（现代数学的一个分支）. 一次饭后他用五根火柴在桌面上摆出 10 种拓扑不等价图形，所谓拓扑等价即若把图形视为橡皮筋做成的，在拉伸而不撕断的情形下（也允许翻动）能由一种图形变成另外一种图形时，则称它们是拓扑等价（比如三角形与多边形是拓扑等价的）图形，否则称为拓扑不等价（图 9）.

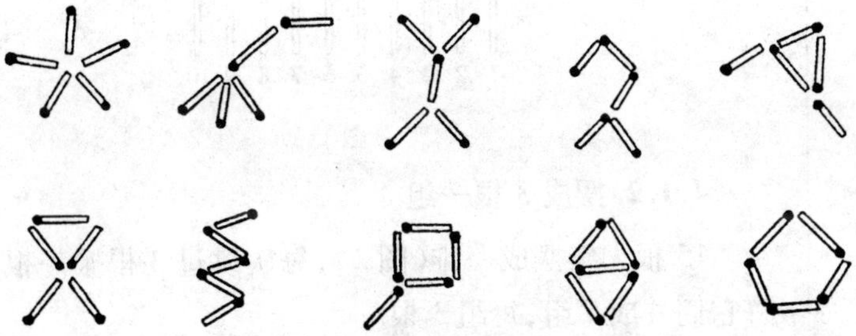

图 9

请问用 6 根火柴能摆出多少拓扑不等价图形？当然火柴不能折弯和折断，也不能分离与叠加，只能在火柴头相接（接点不必视为交"点"）.

搬与取

第4章

4.1 搬 火 柴

4.1.1. 摆成两根一组

10 根火柴排成一排(图 1),请你用一根跳过两根的搬法,最后把它们并成五组,每组 2 根.

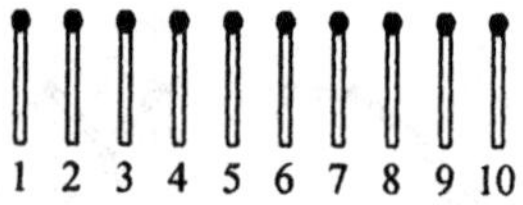

图 1

4.1.2. 摆成 3 根一组

15 根火柴摆成一排(图 2),每次跳过 3 根搬一根,最后将它们并成 5 组,每组 3 根.

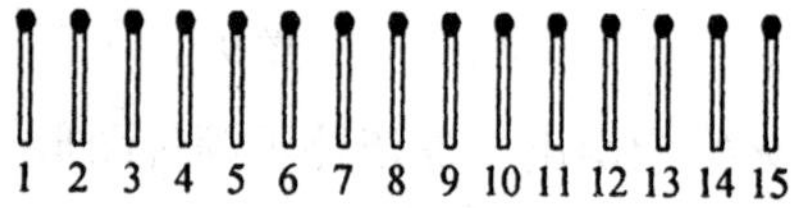

图 2

4.1.3. 翻成一顺(一)

6 根火柴头朝上放成一排(图 3),每次同时将 5 根火柴上下翻动(头朝上者翻到头朝下;头朝下者翻到头朝上),要翻多少次才能将 6 根火柴全部头朝下?

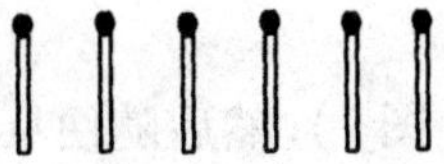

图3

要是有72根火柴,要翻多少次?

4.1.4. 翻成一顺(二)

9根火柴摆放如图4:

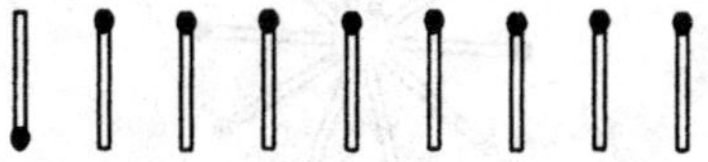

图4

若每次要翻转(头尾互换即↑换成↓,且↓换成↑)7根,请你翻4次将它们调成一顺.

4.1.5. 同花变交错

10根火柴排成一行,5根头朝上,5根头朝下(图5),请你两根火柴两根火柴一起左右平移,移动5次使头朝上和头向下的火柴交错开来.

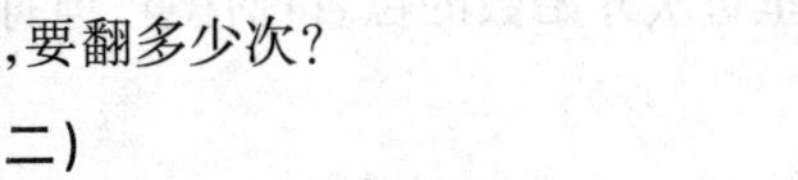

图5

4.1.6. 火柴换位

图6中9个位置上并排放着8根火柴(中间空一位置),其中4根头朝上、4根头朝下.

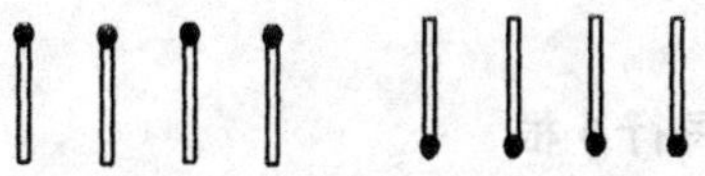

图6

请你把这两种放置的火柴交换位置,但必须:

(1)每个位置只能放一根火柴;且从该处拿走的火柴不得再回原来的位置;

(2)每次只许换相邻或隔一个位置的火柴;

(3)从头朝下的火柴开始换起.

4.1.7. 仅剩一根

10 根火柴摆成圆放射形(图 7). 然后随便从某一根数起(顺逆时针任选其一),数到 4 时在该火柴里圈处打个“×”. 为了使最后没有打上“×”的火柴仅剩一根,它该怎样数? 这里每次开始数的位置都任意,但打过一次“×”的火柴不允许再打第二次“×”.

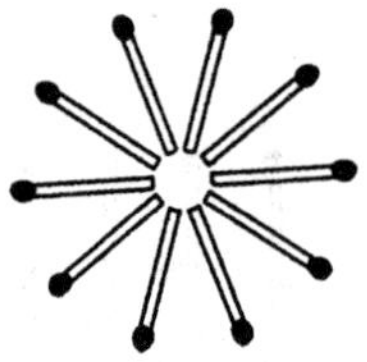

图 7

4.1.8. 搬火柴

桌上放着三堆火柴:一堆 11 根,一堆 7 根,一堆 6 根,请你在它们中间来回搬动三次,最后使得三堆火柴数相同,不过搬的时候须遵循下述原则:

每次搬动火柴的数目必须和搬动前三堆火柴中某一堆火柴数目相等.

4.1.9. 取火柴

两盒火柴分别有 m,n 根,若允许从两盒取出相等根数的火柴或将一盒火柴根数增加 k 倍. 当(1)$k=2$;(2)$k=3$ 时,是否对任意正整数 m,n 均可通过上面操作,将两盒中的火柴(最后)同时全部取走.

4.2 插 火 柴

4.2.1. 插成 5 行、每行 4 根

将 10 根火柴插在沙盘上,如何插可使得它们插成 5 行,且每行有 4 根火柴?

4.2.2. 杜登尼教授的难题

10 根火柴在沙盘上插成两行(图 1),请在上一行挪动 3 根火柴,在下一行挪动 1 根火柴,然后使它们构成 5 条直线,且每条线上的火柴数都是 4 根.

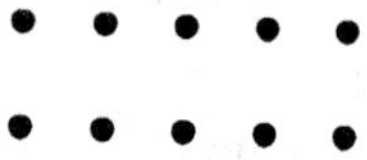

图 1

注 杜登尼(H. E. Dudeney,1832—1898)是英国牛津大学数学教授,他以路易斯·卡洛尔为笔名写了许多儿童读物,比如《爱丽斯漫游奇境》和《爱丽斯镜

中游记》等,深受小读者欢迎.此外还有《数学中的娱乐》、《坎特伯雷趣题集》等作品.

4.2.3. 牛顿难题

牛顿曾提出这样一个问题:9 根火柴插成十行使每行有 3 根火柴.

注 牛顿(I. Newton,1642—1727)系英国科学家,其对数学、物理均有重大贡献,比如物理中的关于物体运动的"牛顿三定律"便是他发现的,此外他也是微积分的创始人之一.

4.2.4. 山姆·劳埃德问题

20 根火柴插成若干行,使每行有 4 根火柴,怎样插才能使行数最多? 山姆·劳埃德(19 世纪业余数学家)花了大量精力、穷思苦想得到可插 18 行的解法.你能给出吗?

顺便讲一句:由于电子计算的发展应运而生的新兴学科"计算几何",为解决此类问题提供了方法.几年前两位业余数学爱好者给出 20 行和 21 行插法(图 2)(其中 20 行法只是前面问题解法的一种推广):

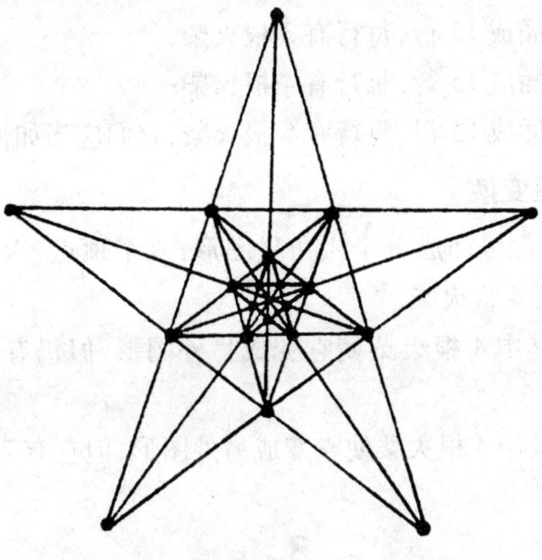

(1)20 行插法

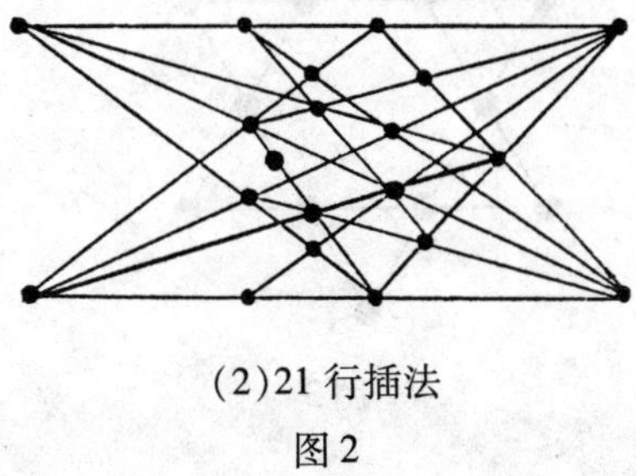

(2)21 行插法

图 2

4.2.5. 插成 9 行、每行 6 根

沙盘上用 27 根火柴插成 9 行，每行有 6 根火柴，应当怎样插？

4.2.6. 9 根插 9 行

沙盘上用 9 根火柴插成 9 行，使每行都有 3 根火柴.

4.2.7. 9 根插 8 行、变 10 行

(1)9 根火柴插成 8 行，使每行有 3 根火柴；

(2)在上面插法中只移两根火柴而使 8 行变 10 行，每行仍有 3 根火柴.

4.2.8. 16 根插 12 行

用 16 根火柴插成 12 行，使每行有 4 根火柴.

4.2.9. 巧插火柴

(1)12 根火柴插成 6 行，每行有 4 根火柴；

(2)13 根火柴插成 12 行，每行有 3 根火柴；

(3)16 根火柴插成 15 行，每行有 4 根火柴；

(4)15 根火柴插成 12 行，每行有 5 根火柴，它们应当如何安插？

4.2.10. 六角星变换

12 根火柴在沙盘可插成一个六角星图形，六个顶点，六个中间点(图 3)，而使它有 6 行，每行 4 根火柴.

(1)请你移动其中 4 根火柴使它变成另外图形，但仍有 6 行，每行 4 根火柴；

(2)请你移动其中 4 根火柴使它变成另外图形，但它有 7 行，每行有 4 根火柴.

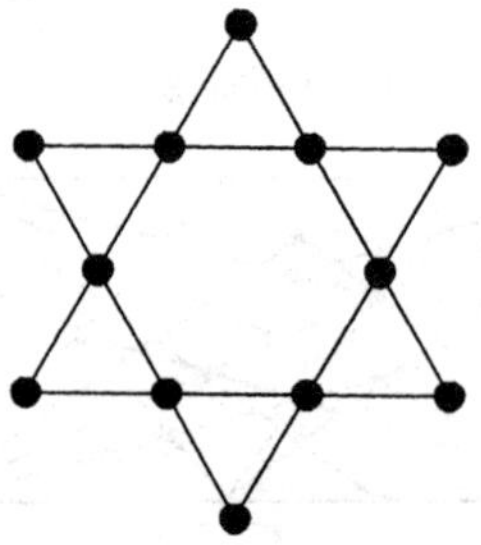

图 3

4.2.11. 移动 3 根

10 根火柴插在沙盘空穴处(图 4 中的黑点处)，请你移动其中 3 根到另外空穴里,使这些火柴组成 5 行,每行 4 根火柴(图 4).

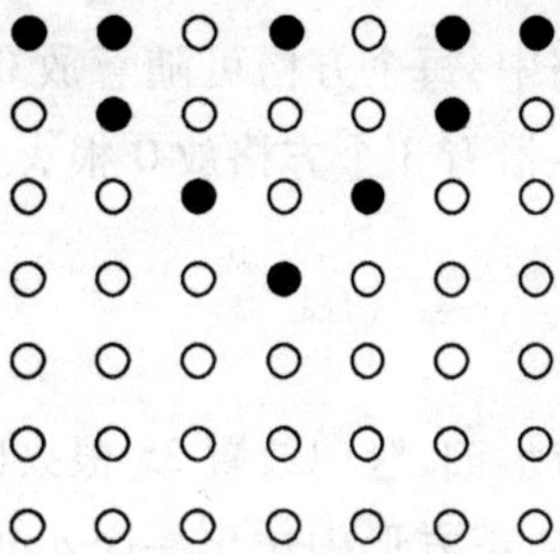

图 4

4.2.12.

在一个 3×3 格子盘上,每个格子(小正方形)中心皆有一孔(可插一根火柴),如图 5.

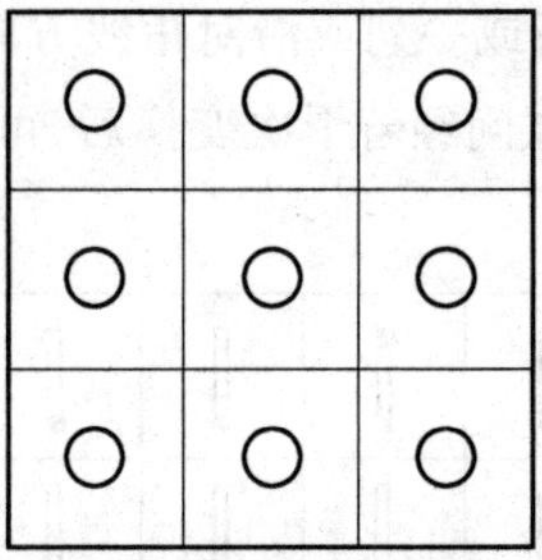

图 5

请问最多可在多少孔中插火柴,使得它们(火柴头)都不在某正方形顶点上.

4.2.13. 方格插火柴

16 根火柴插在左图 3×3 格子的 8 个格中(中间一格不放火柴),如图 6,每边火柴根数为 6. 试问(1)若拿走 1 根或 2 根;(2)添上 1 根或 2 根后,能否使每边火柴根数仍为 6?

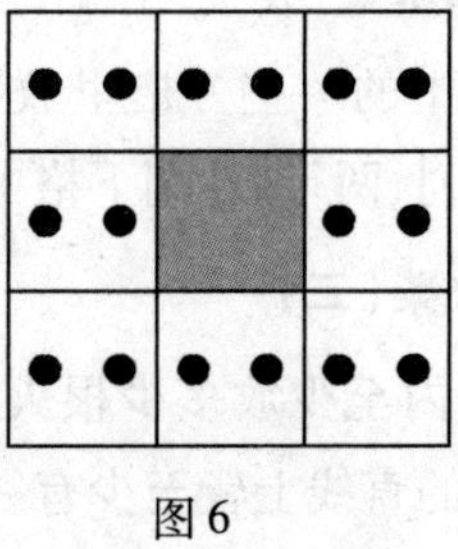

图 6

4.2.14. 方格放火柴

在一个 100×100 的方格中，每个方格可随意放 0，1，2 根火柴，是否存在一种方法使得每个 3×4 矩形内恰有 3 个方格放 0 根火柴，4 个方格放 1 根火柴，5 个方格放 2 根火柴？

4.2.15. 火柴翻转(一)

在一个 5×5 方格的正方形内，竖向放置 25 根火柴，其中 24 根火柴头向上，一根火柴头向下，若每次可从正方形中选出一个小正方形(格子数大于 1)，将其中所有火柴朝向倒置(颠倒)，试问那根头朝下的火柴放在何位置，可使上述变换若干次后，可使正方形中火柴头全部朝上？

4.2.16. 火柴翻转(二)

在一个 4×4 方格内，沿竖直方向放 16 根火柴，火柴头仅一根朝上，其余皆向下(图 7). 若每次可将一行或一列或沿对角线方向直线上所有火柴变向(头朝上者变向下，反之亦然). 试问经若干次变换后，可否使全方格内部火柴头皆朝下？

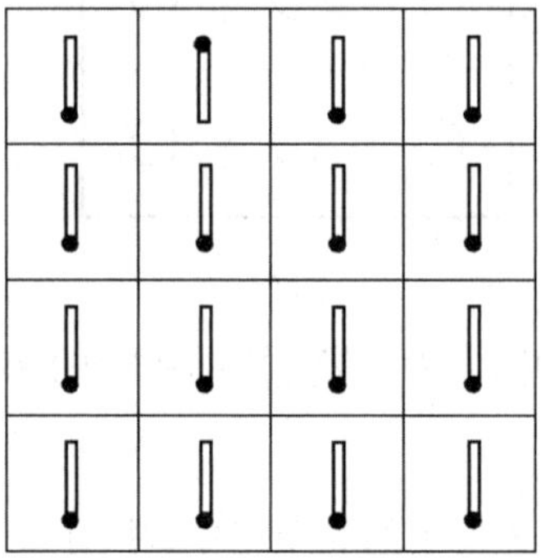

图 7

4.2.17. 格中至少一根火柴(一)

在一个 4×4 方格正方形中的一些方格里放置 7 根火柴(每格仅放一根)，存在一种方法使任意划去两列、两行后，剩下格中至少有一根火柴.

4.2.18. 格中至少一根火柴(二)

在一个 8×8 方格正方形内至少放多少根火柴才能使每条通过方格中心，且平行于正方形边或对角线的直线上皆至少有一根火柴.

4.2.19. 直线穿越

在一个 6×6 方格内(图 8),放 18 根长为 2 的火柴(放法与正方形边平行,且每根火些均占两格),无论如何放,皆存在水平或竖直方向直线,使表格分成两部分,且直线不穿越任一根火柴.

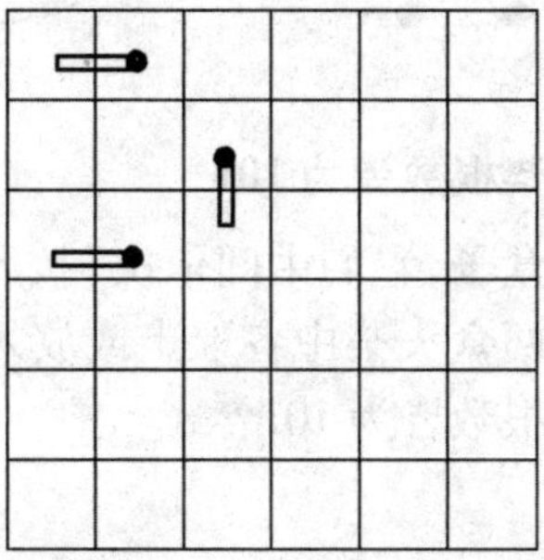

图 8

4.2.20. 交换行列

在 4×4 方格中放 3 根火柴(如图 9(1)),如何通过交换行列使火柴全部移到主对角线(如图 9(2)"∗"号者为主对角线)下方(图 9(3)).

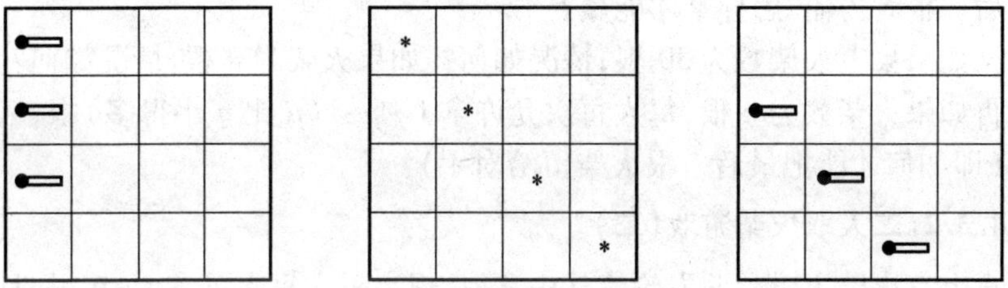

(1) (2) (3)

图 9

4.2.21. 连接折线

沙盘上插有 16 根火柴(位置见图 10),请你用一条折线将这些插火柴的点联结起来.

4.2.22. 剩下红头火柴

沙盘上沿一个圆圈插着 13 根火柴,其中有一根为红火柴头者(图 11,图中○为红头火柴).你从某一根火柴顺着一个方向(顺时针或反时针)数起,每数到 13 时便将这根火柴拔出来.

请问从哪根火柴数起,才能使最后剩下的那根火柴恰好为红头火柴?

图 10

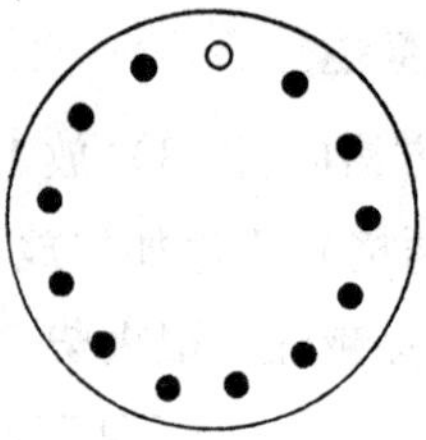

图 11

4.2.23. 每个盒子中火柴根数皆为 101

一个圆圈周围放 10 个盒子，它们中间依次（按顺时针方向）放 1，2，…，10 根火柴. 若允许同时从相邻两盒火柴中各取走或放入一根火柴，问经有限步骤后，能否使每个盒子中火柴根数皆为 101？

4.3 取 火 柴

4.3.1. 二人取火柴游戏（一）

桌上有 11 根火柴，两人轮流从中拿取. 规定每人每次可从中拿 1 ~3 根，拿到最后一根者为输. 怎样拿才能赢？

又如果桌上火柴数为 30 根，情况如何？如果火柴为 n 根，情况如何？

再如果火柴数为 n 根，每人每次允许拿 $1\sim p-1$（p 比 n 小得多）根，情况又如何（即如何才能把最后一根火柴留给对手）？

4.3.2. 二人取火柴游戏（二）

桌上有火柴 30 根，两人轮流从中拿取. 规定每人每次可拿 1 ~6 根，且谁拿到最后一根火柴谁赢，应如何拿法？

4.3.3. 二人取火柴游戏（三）

一堆火柴有 54 根，两个人轮流从中抓取，每次最多只能取 5 根（即每次可取 1 ~5 根）规定取到最后一根者为胜. 请给出他取胜的策略.

4.3.4. 二人取火柴游戏（四）

桌上有火柴 27 根，两人轮流从中拿取. 规定每人每次拿 1 ~4 根，到游戏终了时，谁手中火柴数为偶数谁赢. 应该如何拿取？

4.3.5. 二人取火柴游戏（五）

桌上有火柴一堆，共 31 根，甲、乙二人转流按如下方法执行. 甲先行，每步将火柴堆中火柴根数多于 1 的分成两小堆，谁在执步后使每堆火柴根数皆仅有一根谁将获胜，甲是否总可获胜？

4.3.6. 二人取火柴游戏(六)

有一堆火柴,甲、乙二人从中轮流抽取,甲先取,每次取 5 根或 $5-k(0<k<5)$ 根,乙每次取 7 根或 $7-k(0<k<5)$ 根.已知甲若取 36 次,乙取 40 次时,两人所取火柴数相等.这堆火柴至少有多少?

4.3.7. 二人取火柴游戏(七)

有一堆火柴共 10^8 根,两人从中轮流抓取,每一步,局中人可从堆中取 p^n(p 为质数,$n=0,1,2,\cdots$).谁取到最后一根谁胜,试证先执步者总可获胜.

4.3.8. 二人取火柴游戏(八)

今有 9 堆火柴分别记 $a_1,a_2,\cdots,a_9$ 根,它们彼此不全等.两人轮流在一个 3×3 方格中放一堆火柴(每格仅放一堆),放后,先放者算一下第一、三行中 6 堆火柴数和,后放者算一下第一、三列中 6 堆火柴数和,和大者为赢.试给出先放者取胜的策略.

4.3.9. n^2 根火柴抓取

桌上有 n^2 根火柴,两人轮流从中抓取,每次所拿火柴数或为小于 n 的素数,或为 n 的倍数(整数倍),或为 1.抓取最后一根者获胜,则先取者有必胜的策略.

注 关于取火柴游戏,国外有所谓尼姆(Nim)游戏,具体内容见本书附录,下面是其中一则简单者.

一堆火柴,根数不限,两人轮流拿取.先取者可取任意多根,但不准将火柴全部拿走;后取者不得超过对手所取火柴根数的两倍;接下来的取者仍不得超过刚才对手所取火柴数的两倍……如此下去,取得最后一根者为胜.

试问如何能取胜?

4.3.10. 两堆火柴(一)

现有两堆火柴,两人轮流在其中任意一堆拿取,取数不限(但不能不取),规定取最后一根火柴者为胜.

若火柴一堆为 8 根,另一堆为 5 根,如何拿取才能获胜?

注 这种游戏国外称为尼姆,意思为汉字"拧"的音译,因此游戏很早就在我国流行,道具为筷子或木棍,当时称为"翻摊"或"拧法".19 世纪传入欧洲,不久风行全欧.

这类游戏玩法很多,即有很多变种.详见后文及本书附录.

4.3.11. 两堆火柴(二)

两堆火柴数量不限,两人轮流从中拿取.每次可从一堆火柴中拿任意多根;也可以从两堆火柴中同时拿取,但必须从每堆中取走相同数量的火柴,但不许一根不拿.

规定谁拿剩下的一根火柴谁就赢.试问如何取胜?

4.3.12. 两堆火柴(三)

有两堆火柴,一堆有 m 根,另一堆有 n 根,这里$n<m$. 两人轮流各从一堆中取火柴. 每次从其中一堆所取火柴数(不是0)是另一堆火柴数的整数倍. 能在一堆中取到最后一根火柴者为胜,试证明:

若 $m>2n$,则先取者可胜.

4.3.13. 两堆火柴(四)

现有两堆火柴,二人轮流执步,执步者拿走较小的一堆火柴后,再将另一堆分成两小堆. 如此下去,若最后只剩下一堆且仅一根火柴,接下来的执步者胜.

试问:若开始两堆火柴分别为33 和35 根,谁胜?

4.3.14. 三堆火柴(一)

三堆火柴,各堆的数目分别是3,5,7. 两个人轮流取,比赛规则是①每次只能在某一堆中拿取,但数目不限;②取到最后一根者为胜.

试给出取胜策略.

4.3.15. 三堆火柴(二)

甲、乙二人做下面火柴游戏:甲先将 n 根火柴分成3 堆,每堆至少有一根火柴,且有一堆火柴数大于其余两堆火柴数之和. 乙用同样方法分. 开始时取其中火柴最多的一堆,甲、乙轮流下去,谁分最后一次谁就能获胜,试讨论火柴根数为1 ~25 时,甲、乙两人各自获胜的策略.

4.3.16. 三堆火柴(三)

游戏方法同两堆火柴(四),规定也一样,试问:

(1)若三堆火柴数分别是1,2,3 根,如何拿取可获胜?

(2)若三堆火柴数分别是7,8,9 根,又如何拿取可获胜?

4.3.17. 十堆火柴

桌子上有10 堆火柴,每堆分别有1 ~10 根. 甲、乙两人轮流从中抓取,规定每人每次只能取1 根火柴,直到剩下3 根火柴,当它们属于不同堆时先手输,否则他胜,试给出先手取胜的策略.

4.3.18. 一九九〇堆火柴

现有1 990 堆火柴,每堆火柴根数分别为1,2,…,1 990. 若每次允许从这些火柴堆中任取若干堆,然后从中拿出相同数目的火柴. 试问最少取多少次可将火柴全部取出?

4.3.19. 三色、四色火柴

一堆火柴有三种颜色:红、黄、白. 请问至少要取出几根火柴才能保证抽到:

①两根同色火柴;②两种两根同样(色)的火柴? ③又若火柴颜色有 4 种,至少要拿多少根火柴才能保证取到 3 对同色火柴?

4.4 猜 火 柴

4.4.1. 猜手中火柴数

请三个人中的第一位任意一次一次地拿一些火柴(每次拿的数目须是 4);再让第二位每次拿 7 根,拿的次数须和第一位拿的次数相同;然后让第三位每次拿 13 根,次数也和第一位相同.

再让第三位所拿火柴分给另外两位,数目和他们手中原有火柴数相等;然后让第二位将他手中火柴分给另外两位,数目也和他们手中现有的火柴数相等;最后让第一位也照此办理.

这样你随便问他们中的哪一位手中的火柴数,将该数除以 2 的商便是第一位手中原有火柴 a;而 $4a+7$ 便是第二位原有火柴数;又 $(4a+7)\div7\times13$ 为第三位手中原有火柴数. 道理在哪?

4.4.2. 神机妙算

桌上有火柴 21 根. 你让一个人从中取 2 ~ 10 根,然后再让他把剩下的火柴数的个位与十位相加,再取走相加后的火柴. 这之后让他再任取几根火柴放在口袋里(与前两次拿的火柴分开). 最后只需看看桌上剩的火柴数,便知道这人口袋里的火柴数. 如何算?

4.4.3. 哪只手里火柴为单数

甲两只手均拿一些火柴;一只手拿的是单数,另一只手拿的是双数.

乙让甲右手中火柴数乘 3,左手中火柴数乘 2,然后把它们的和求出来,乙便知甲哪只手中火柴数为单数. 请说出它的道理.

4.4.4. 最少多少根

一堆火柴两两取剩 1 根,三三取剩 2 根,五五取剩 4 根,六六取剩 5 根,七七取恰好取光,请问此堆火柴最少有多少根?

4.4.5. 最后剩哪根火柴

将 50 根火柴并排摆放,然后按顺序编号. 第一次拿去所有标着单号的火柴;剩下的火柴重新编号排序,再依次取出标有单号的火柴,如此下去最后剩下的火柴在第一次编号中编号为多少?

4.4.6. 火柴分堆

(1)15 根火柴分成 5 堆,每堆火柴数各不相同,这 5 堆火柴根数分别是多少？

(2)100 根火柴分成 15 堆，每堆火柴数各不相同，这 15 堆火柴根数分别为多少？

4.4.7. 每堆火柴几根

将 27 根火柴分成 6 堆，每堆火柴只能为 1，4，7，10 根，试问这 6 堆火柴各有多少根？

4.4.8. 剩下哪一根

有 6 堆火柴，它们分别有 15，16，18，19，20 处 31 根，甲拿去其中两堆，乙拿去 3 堆，这时乙所拿火柴是甲拿走火柴数的 2 倍，问剩下那堆火柴有多少根？

4.4.9. 猜火柴数

甲、乙、丙手中各拿火柴若干，他们每人说了一句话，但其中只有两人的话是真的：

甲说："我手中火柴数是 22 根，比乙少两根，比丙多 1 根."

乙说："我手中火柴数不是最少的，我和丙相差 3 根，丙手中有火柴 25 根."

丙说："我手中火柴比甲少，甲手中有火柴 23 根，比乙少 3 根."

试问：三人手中各有火柴多少根？

4.5 放 火 柴

4.5.1. 摆棒（火柴棍）游戏（一）

下面的"摆棒"游戏又称"摆火柴棍"，它是一种既简单又需动脑筋的游戏. 该游戏是由原联邦德国的一位叫德罗斯特的人发明的. 玩法是这样的：

在如图 1 的一个 3×4 方格的棋盘上，两人轮流放一些木棒（如火柴棍），木棒可横放，也可纵（竖）放，但放木棒时须遵下面规则：不许与已放的相邻木棒引成"一顺"（对行来讲不许连横，对列来讲不许连纵）.

若棋盘中仍有空格，而该走棋者却无法按规则再放木棒时，他算输；棋盘放满时，先走者（先手）算输.

我们不难理解，对于上图中已形成的布局（图中圆圈里数码，表示木棒放的顺序号），我们能够通过分析得出下面结论：

对于图 1(1)来讲，先手无论如何再走，他将注定要输；

对于图 1(2)来讲，先手（轮到他放）无法再放木棒，他也已输；

对于图 1(3)来讲，后手（轮到他放）无法再放木棒，他已输；

对于图 1(4)来讲,棋盘已放满,先手算输.

<table>
<tr><td>—①</td><td></td><td></td><td></td></tr>
<tr><td>—②</td><td></td><td></td><td></td></tr>
<tr><td>—③</td><td>|④</td><td>|⑤</td><td>|⑥</td></tr>
</table>

(1)

<table>
<tr><td>|⑦</td><td>|①</td><td>|③</td><td>—⑧</td></tr>
<tr><td></td><td>—②</td><td></td><td>|④</td></tr>
<tr><td>—⑨</td><td>|⑥</td><td>|⑩</td><td>|⑤</td></tr>
</table>

(2)

<table>
<tr><td>—①</td><td>|⑥</td><td></td><td>—⑧</td></tr>
<tr><td>—②</td><td></td><td>|③</td><td>|④</td></tr>
<tr><td>|⑦</td><td>—⑤</td><td></td><td>—⑨</td></tr>
</table>

(3)

<table>
<tr><td>|①</td><td>—③</td><td>|⑦</td><td>—⑫</td></tr>
<tr><td>—②</td><td>|⑤</td><td>—⑥</td><td>|⑧</td></tr>
<tr><td>|⑪</td><td>—⑩</td><td>|④</td><td>—⑨</td></tr>
</table>

(4)

图 1

棒类游戏中,还有一种是“搭桥”游戏也十分有趣.

图 2 中表示一片沼泽地,上面布满黑白两色桥墩.游戏者各执黑、白色木棒(棒长为图中两黑点或白点间的距离)若干.

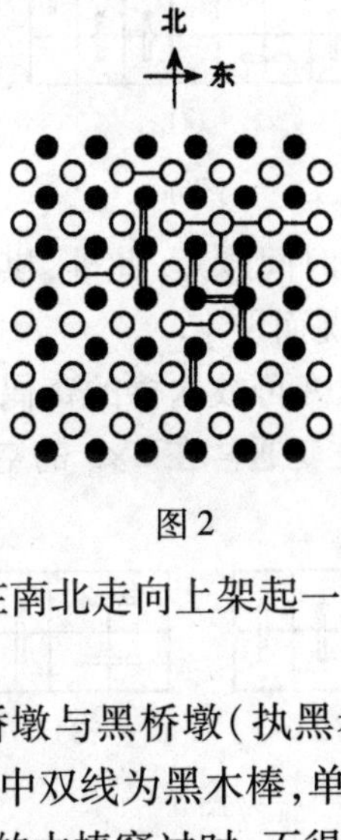

图 2

他们的目标是:执黑者在南北走向上架起一座通道(可拐弯);执白者在东西走向上架起一座通道.

走法是:两人轮流在黑桥墩与黑桥墩(执黑者操作)、白桥墩与白桥墩(执白者操作)搭上一根木棒(图中双线为黑木棒,单线为白木棒),横竖不限,但若某两色桥墩间已有另外颜色的木棒穿过时,不得再放木棒(即木棒不得交叉叠放).

胜负判定是:先搭通者为胜.

4.5.2. 摆棒(火柴棍)游戏(二)

下面介绍一下笔者设计的一种摆棒游戏.

在一张 $m\times n$ 矩形残棋盘上(图 3(1)中为 4×7 棋盘),两人轮流在上面放木棒(如火柴棒),木棒长恰好为图中小方格边长的两倍,木棒横、竖放不限,位置不限,但要求木棒必须放在两相邻空格内.

规定:某方放完后对方无法再放时算胜,如图3(1)布局中,后手无法再放木棒,他已输.

再如图 3(2)的布局中,先手定输.

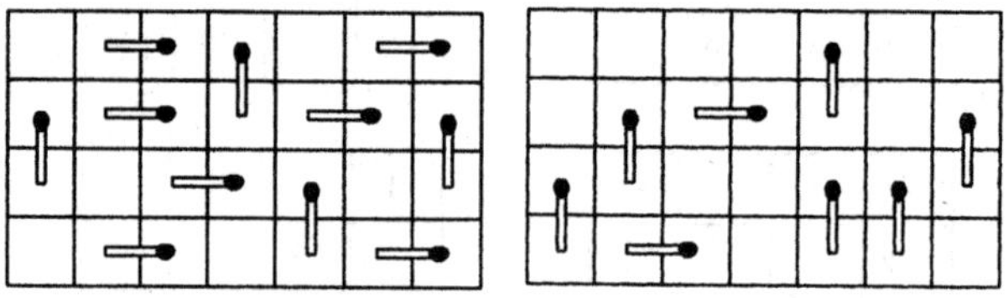

(1) (2)

图 3

在如图 4(1)的布局中,后手下一着所放木棒为图 4(2)或图 4(3)中虚线位置时,先手应如何再放置木棒,才能使他立于不败之地?

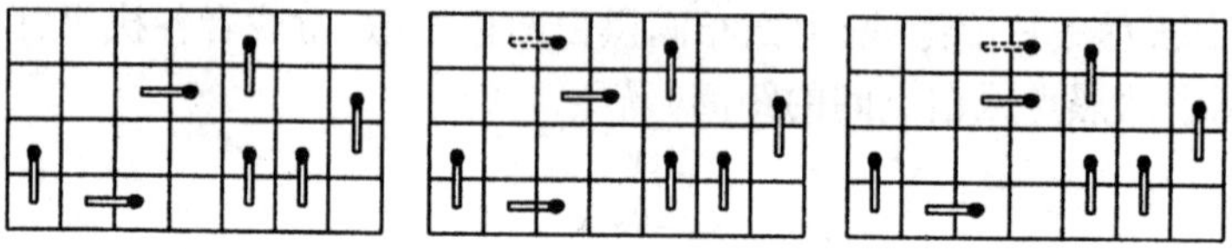

(1) (2) (3)

图 4

显然,棋盘越小,每盘玩的时间越短. 此外,棋盘不只限于矩形,正方形亦可. 至于棋盘规格,可视具体情况而设定.

容易看到:此棋关键在于改变可放木棒的奇偶性(可放木棒数为奇数时先手胜,为偶数时后手胜),这种改变通常在 2×3 的空格内进行(图 5),当然还要顾及它们的邻格.

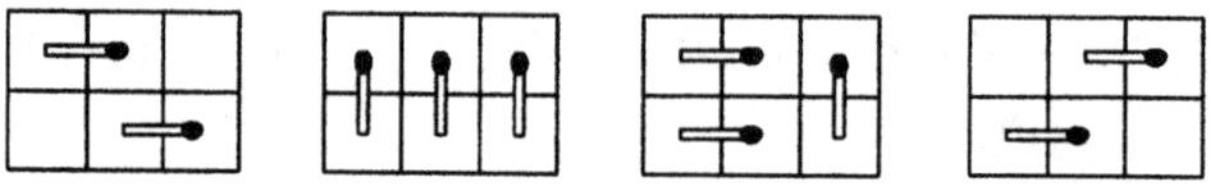

(1) (2) (3) (4)

图 5

玩过几盘后,经验也许就有了. 你不妨试试看.

4.5.3. 独立钻石棋

我们还想说说一种游戏即所谓“独立钻石棋”,因为它也可以用火柴来做道具进行玩耍.

据说这是一种发明于 200 年前法国巴士底监狱的棋类游戏. 开始在监狱内流行,后传播到社会上,甚为人们喜欢,因而广泛流行开来. 此棋(游戏)近年来被介绍到我国.

这种棋的设计和玩法是这样的:

如图 6 画着方格的“十”字形棋盘上共有 33 个格(结点),上面放着 32 颗棋子(可用火柴取代),棋盘中央的格(结点)处不放棋子.

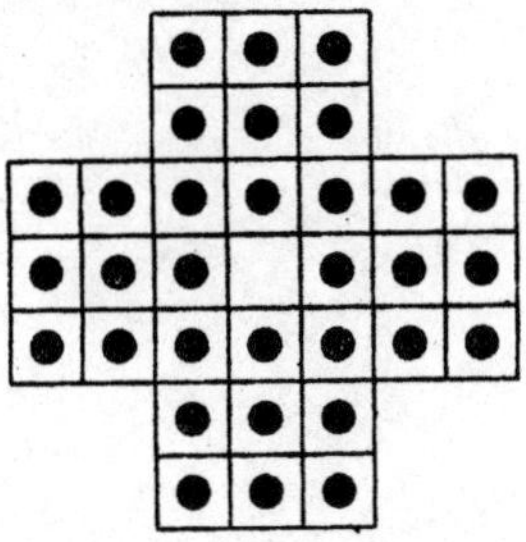

图 6

走法是:棋子沿棋盘上的纵横线“隔子跳”(像跳棋一样,跳过一个与它相邻的棋子,但不能单独挪步),跳到另一空格处,跳后被跳过的棋子将拿掉(又称“吃掉”).

这样,棋子跳来跳去无法再跳时,游戏结束. 然后依据此时棋盘上剩下棋子的多少定胜负,棋子剩下越少成绩越佳(当然至少要剩 1 颗).

你不妨动手玩几把,看看自己能否达到只剩 1 子的水平(若剩 1 子在中央,称为“天才”级).

这种棋子若用火柴代替,亦可视为火柴游戏.

第5章 搭与折

5.1 搭火柴

5.1.1. 搭桥入堡垒

图1是由16根火柴搭成一个有深堑壕围着的堡垒(图中阴影者为堑壕),请你用2根火柴搭成一座桥而可潜入堡垒内.

图1

5.1.2. 巧搭飞桥

火柴杆长4 cm,现有一圆形池塘直径6 cm(模型),请用3根火柴搭一座飞桥,使它能通过池塘中心.

5.1.3. 杯上搭桥

如图2,有4个杯子和4根火柴,今想用这4根火柴在杯子上架一座两两相连通的桥,但每根火柴只准有一头搭在杯子上.

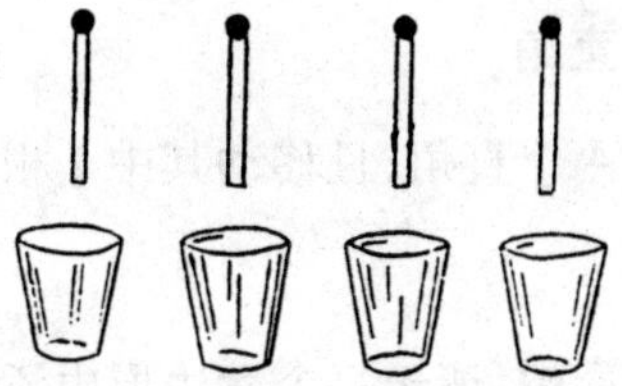

图 2

5.1.4. 相互接触

请你用 6 根火柴适当排列，使每根火柴均与其余 5 根火柴接触，当然不允许折断或折弯火柴.

5.1.5. 挑起火柴

你能用一根火柴挑起 12 根火柴吗？

5.1.6. 杯口挂锁

请用两根火柴，把一把锁头挂在茶杯口上.

5.2 折火柴与杂题

5.2.1. 三种火柴

现有长分别为 2，4，10 的三种火柴，不许把它们折断，能否摆成一个三角形？

5.2.2. 4 根火柴 3 个正方形

用 4 根火柴摆成 3 个正方形，这办得到吗？

5.2.3. 3 根火柴 1 个直角三角形

用 3 根火柴能摆成一个直角三角形吗？

5.2.4. 3 个正方形十个三角形

8 根火柴可以摆出一个正方形和两个三角形（图 1），请你运用 8 根火柴摆出 3 个正方形和 10 个三角形.

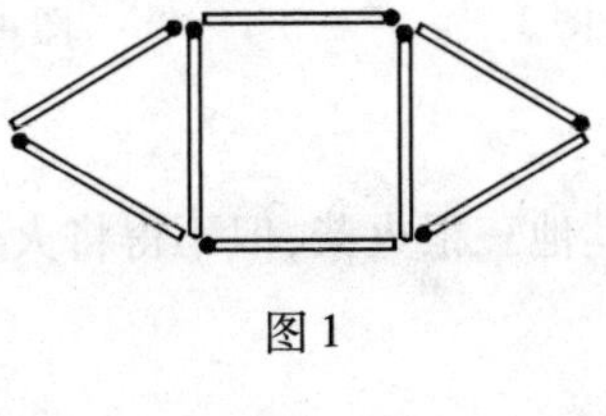

图 1

5.2.5. 4 根火柴 4 个直角

请你用 4 根火柴摆出 4 个直角,且移动其中 1 根便可成 1 个正方形.

5.2.6. 3 个立方体

在图 2 火柴摆成的图形中,请于每个六边形内添上 3 根火柴使它变成 3 个立方体(平面图).

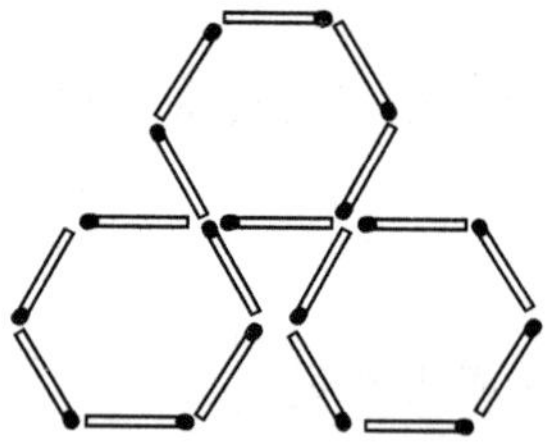

图 2

5.2.7. 分成 6 块

一块马蹄形的小纸片(图 3)请你用两根长火柴将它分成 6 块(6 个部分).

5.2.8. 直线与五边形的边都相交

请你用火柴摆出一个五边形,使它的各条边(包括边的延长线)均可与某一给定直线相交.

5.2.9. 两根"变"3 根

并排放着两根火柴,如图 4,不许用手碰到它(更不许从外面再拿火柴来),有何办法能使它们"变"成三根?

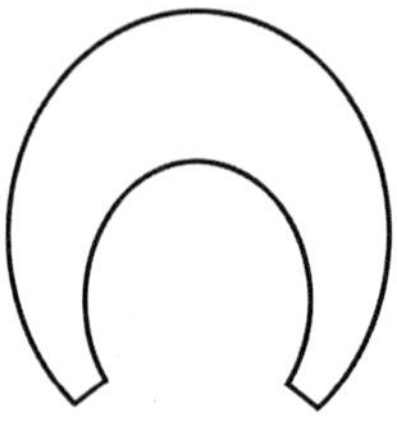

图 3

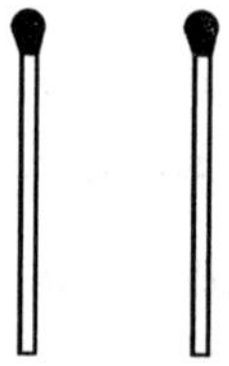

图 4

5.2.10. 钓火柴

请你用一根火柴举起其他三根火柴,但不得将火柴棒折断或弄弯.

5.2.11. 一根都不动

图 5 为用火柴摆成的罗马数字算式,它显然不成立. 要使它正确,变动几根

火柴便可实现.请问一根火柴也不动能实现这一愿望吗?

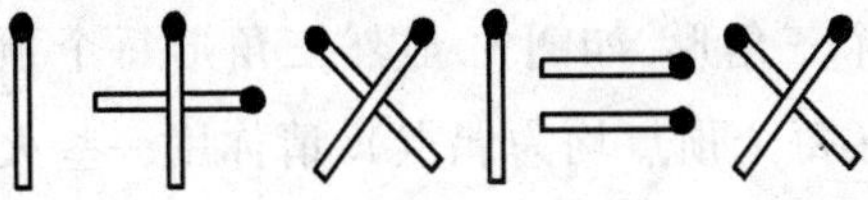

图5

5.2.12. 三角消失

图6是用9根火柴摆成的3个三角形,请你只移动其中2根火柴而使三角形都“消失”了.

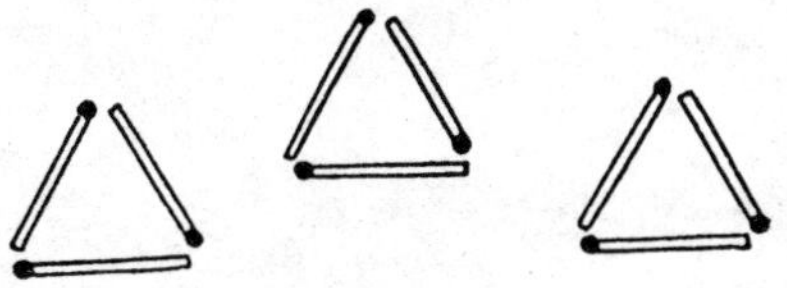

图6

5.2.13. 歪题巧证

请用火柴摆成的算式巧证下面的歪题:

(1)9的二分之一等于4;

(2)4减1等于5;

(3)1加1等于10.

5.2.14. 切断火柴

现有三根火柴,用刀切三次,要求把它们各分成三段,但火柴不得摞起来,也不得平行摆放.如何切?

5.2.15. 四色火柴

有白、绿、黑头火柴各两根摆成图7的形式你会发现:两根黑头火柴中间夹1根火柴;两根绿头火柴中间夹2根火柴;两根白头火柴中间夹3根火柴.

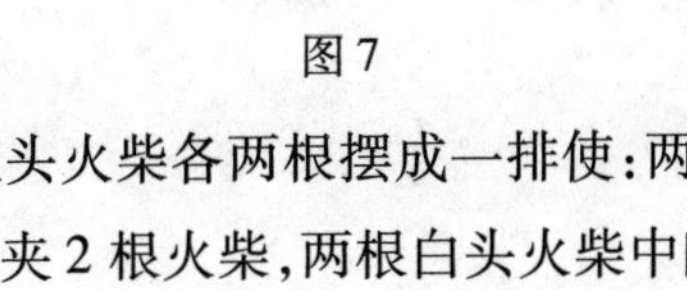

图7

请你用白、绿、黑、红头火柴各两根摆成一排使:两根黑头火柴中间夹1根火柴;两根绿头火柴中间夹2根火柴,两根白头火柴中间夹3根火柴;两根红头火柴中间夹4根火柴.

5.2.16. 每个顶点均有 3 根

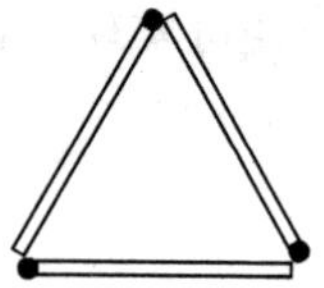

图 8

3 根火柴摆成一个三角形,如图 8,显然三角形每个顶点均有两根火柴汇聚(每个顶点均为偶点). 请你用一些火柴摆成某个图形,使它的各个顶点都有 3 根火柴汇聚(每个顶点均为奇点).

第二部分

答　案

第1章 字与画答案

1.1 火柴摆字

1.1.1. 见图1,图中箭头表示火柴移动方向.

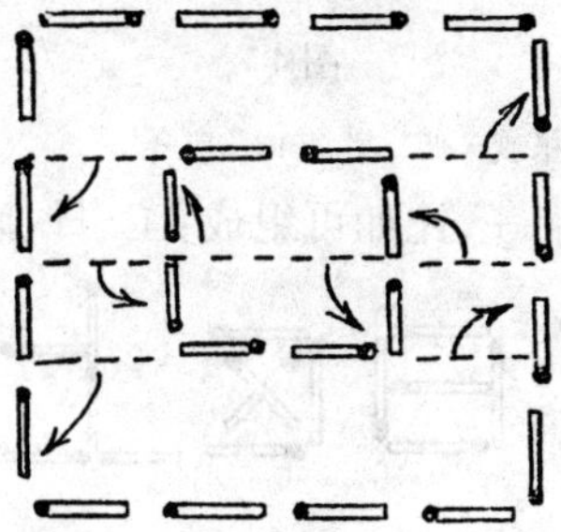

图1

1.1.2. 见图2,图中分别显示“井”变“品”,“品”变“田”的过程与方法.

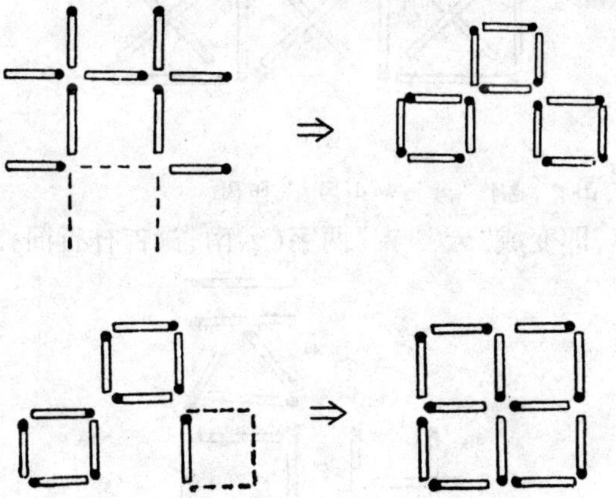

图2

1.1.3. 见图3,即变为:才、夫、干、旧、甲、白.

注 “田”“目”二字还可改摆为“旦”字,而“目”字也可改摆成“旧”字.答案不唯一.

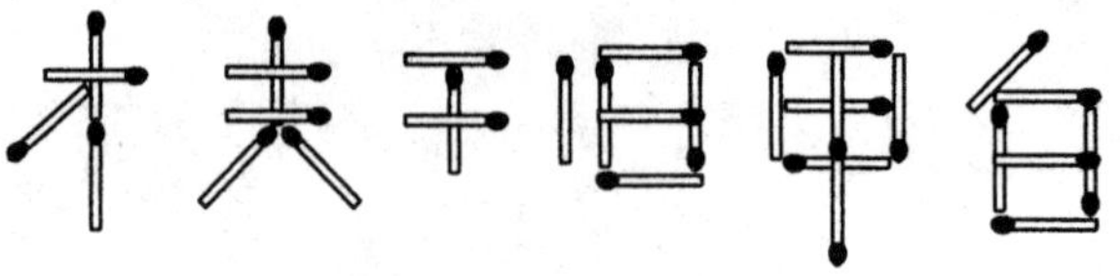

图 3

1.1.4. 此题不难,答案见图 4.

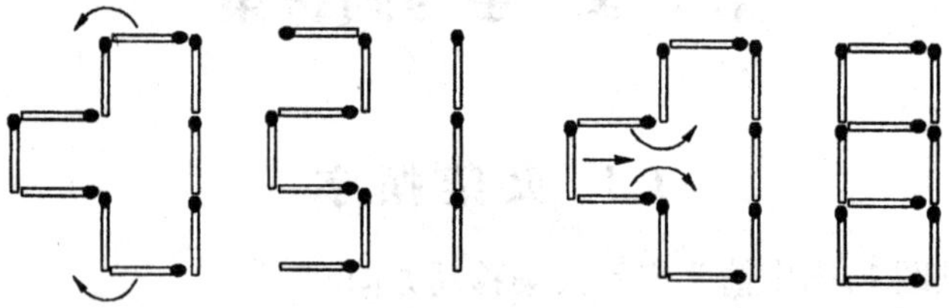

图 4

注　另外"凸"字亦可移 3 根变"凹"字、"田"字等.

1.1.5. 见图 5,答案不唯一,比如可组成:工、日、区、上、巾等.

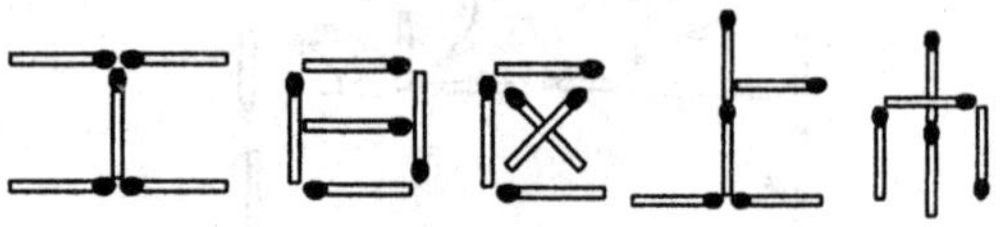

图 5

1.1.6. 见图 6,即凶、冈、区三个字(有共用笔画).

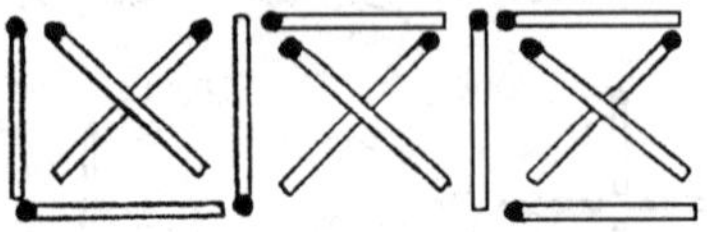

图 6

注　冈音 gǎng,山脊,也作"岗":如山冈、景阳冈.

1.1.7. 见图 7,即变成"云""吉"两字(云南省、吉林省简称).

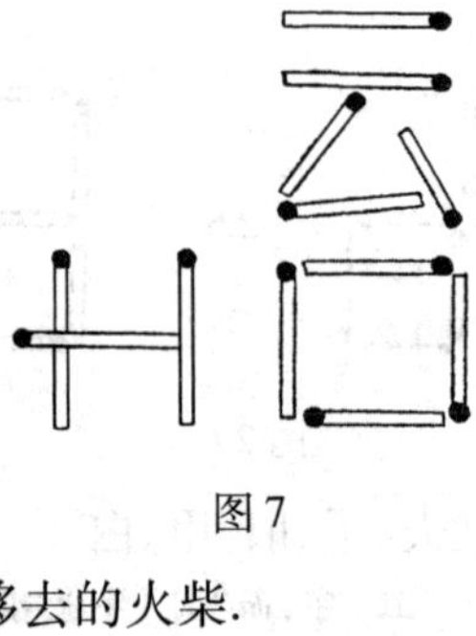

图 7

1.1.8. 见图 8,虚线为移去的火柴.

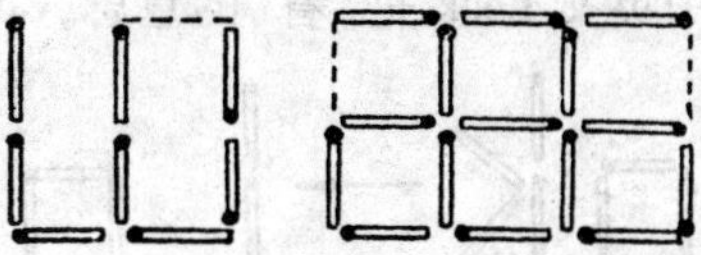

图 8

1.1.9. 观察字形易看出应先把字横过来看,然后再移、摆,见图 9.

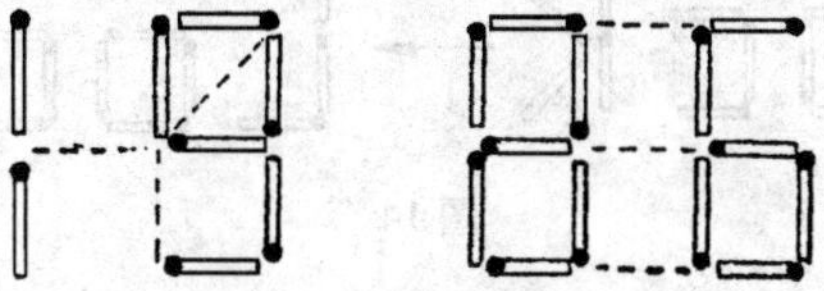

图 9

1.1.10. 答案见图 10(虚线表示移动火柴的位置).

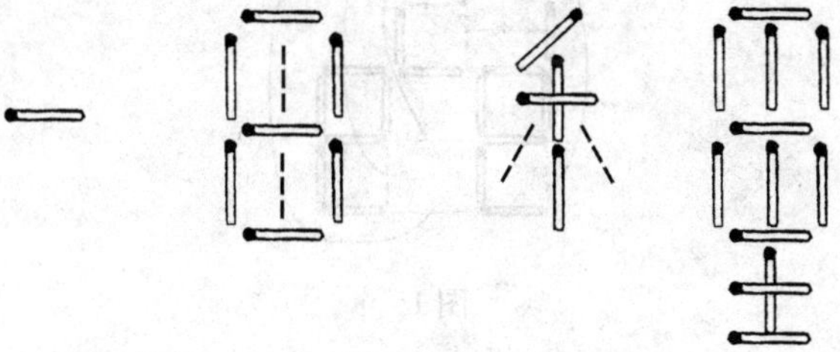

图 10

1.1.11. 见图 11,片名为“王中王”.

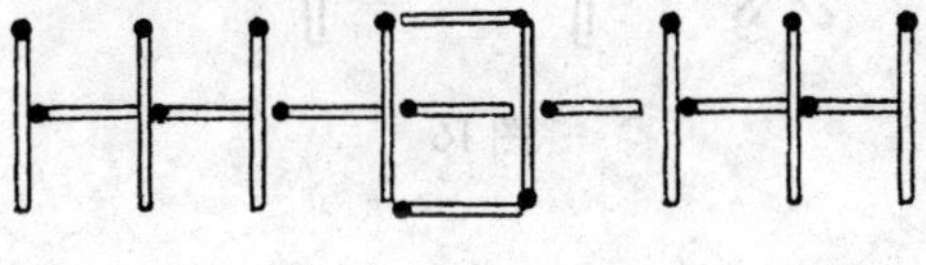

图 11

1.1.12. 见图 12(不唯一).

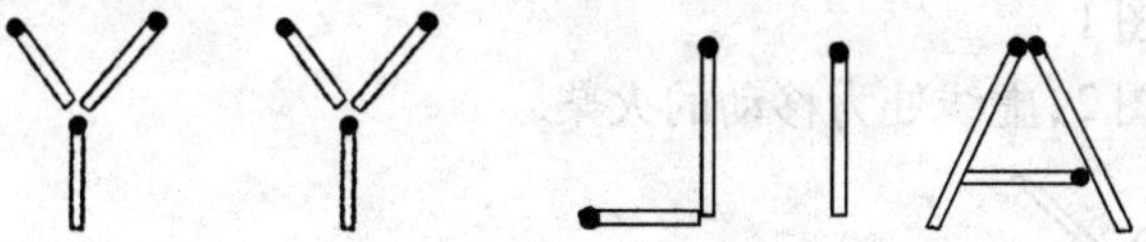

(丫丫)　　　　(汉语拼音“家”)

图 12

1.1.13. 可摆成下面(图 13)一些英文字母:

图 13

1.1.14. 见图 14,其中英文 Look 是“看”的意思,Cock 是“公鸡”的意思.

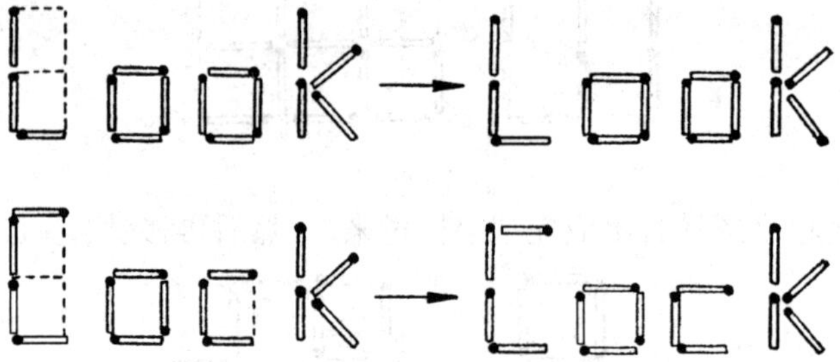

图 14

1.1.15. 答案见图 15.

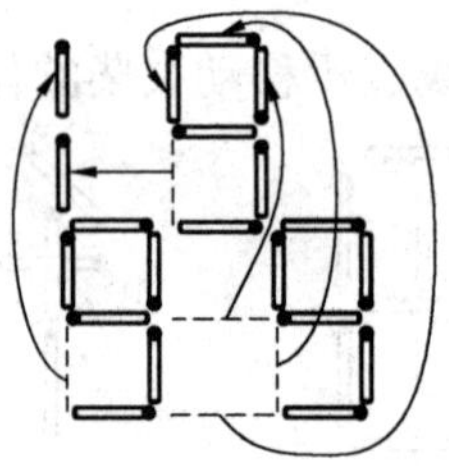

图 15

1.1.16. 答案见图 16(它们分别为罗马数字和汉字数字).

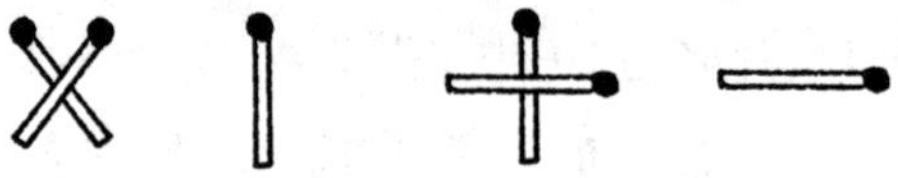

图 16

1.2 火柴摆画

1.2.1. 见图 1.

1.2.2. 见图 2,虚线处为移动的火柴.

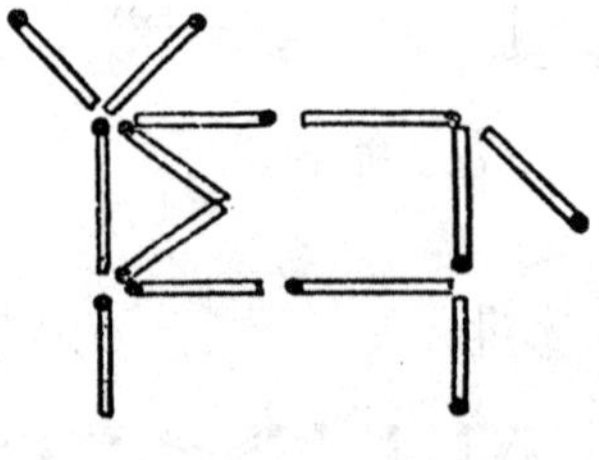

图 1

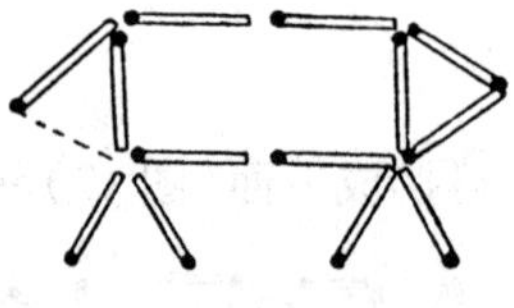

图 2

1.2.3. 具体移动过程见图 3:

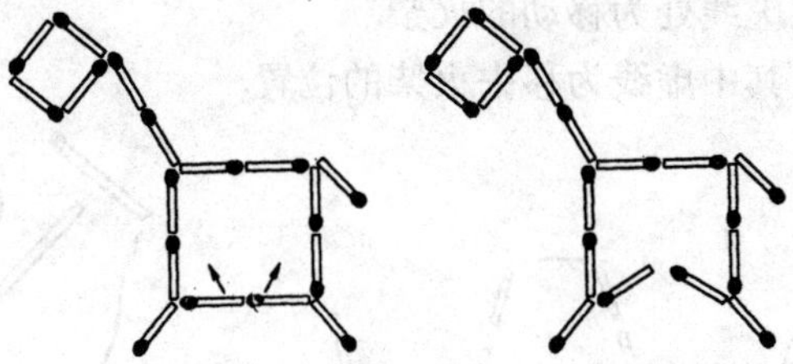

图 3

1.2.4. 将图 4(1) 中虚线处火柴按箭头指向移到该处即可.
具体步骤见图 4(2).

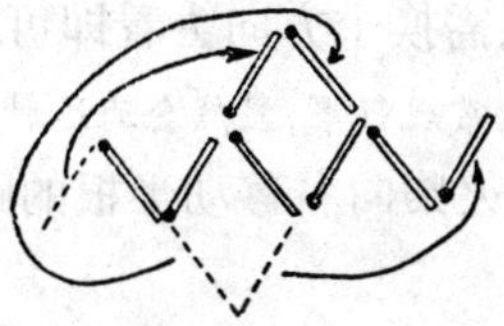

(1)

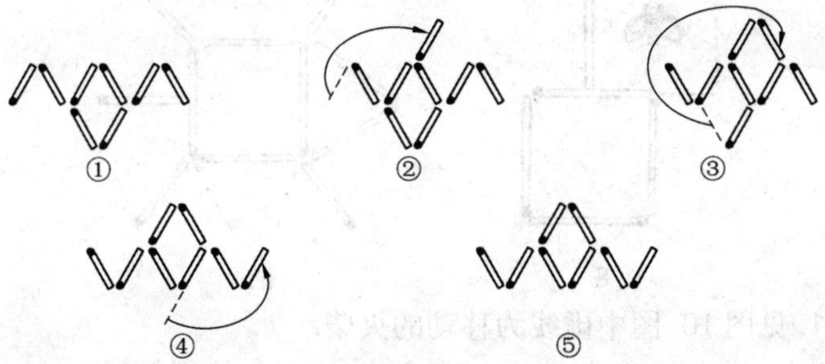

① ② ③ ④ ⑤

(2)

图 4

1.2.5. 将图 5(1) 中虚线处火柴按箭头指向移到该位置即可.
具体步骤见图 5(2).

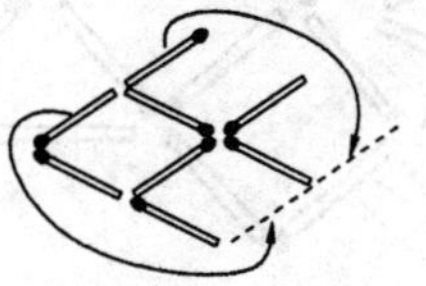

(1)

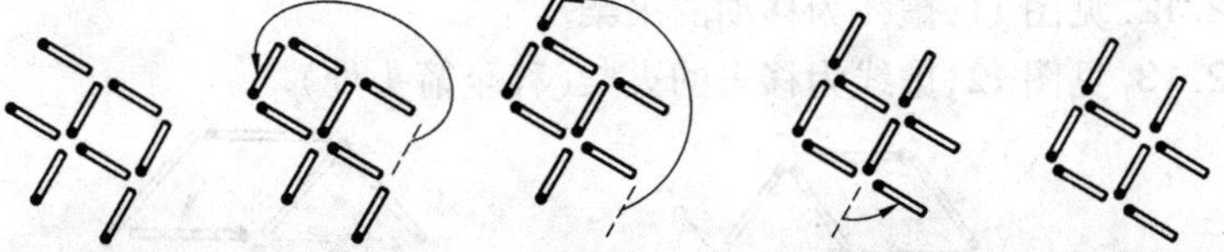

① ② ③ ④ ⑤

(2)

图 5

1.2.6. 见图 6,虚线处为移动的火柴.

1.2.7. 见图 7,其中虚线为移去火柴的位置.

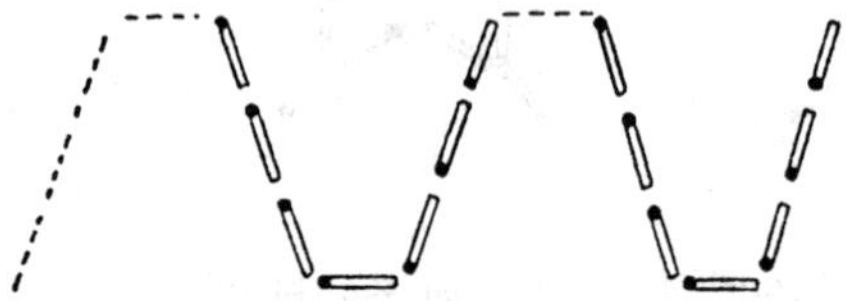

图 6

图 7

1.2.8. 一根也不用移,只需换个方向去看即可.

注　这是意想不到的,有人按常规行事,显然会为这种解法赞叹.

1.2.9. 见图 8,其中一根火柴向右移动半根的距离.

1.2.10. 见图 9.

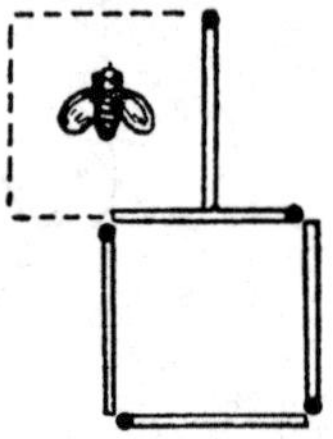

图 8

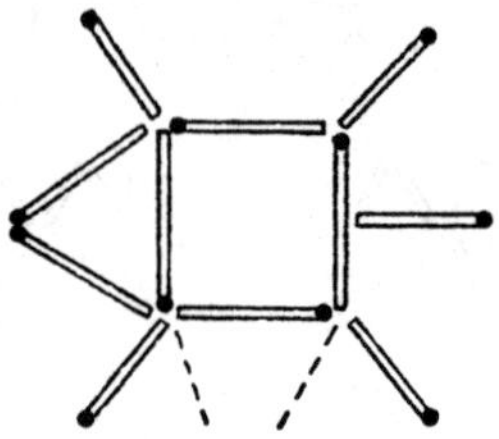

图 9

1.2.11. 见图 10,图中虚线为移动的火柴.

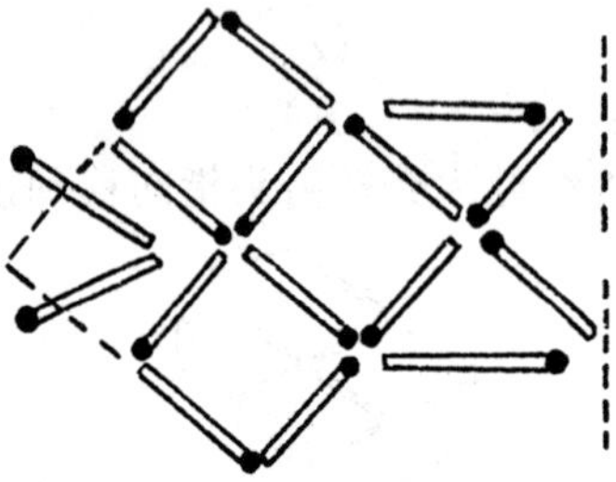

图 10

1.2.12. 见图 11,虚线为移动的火柴.

1.2.13. 见图 12,虚线为移去的火柴(移至箭头处).

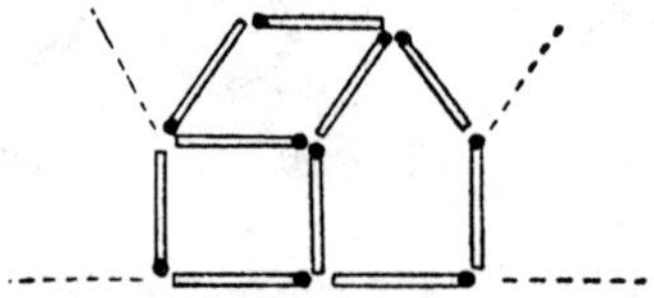

图 11

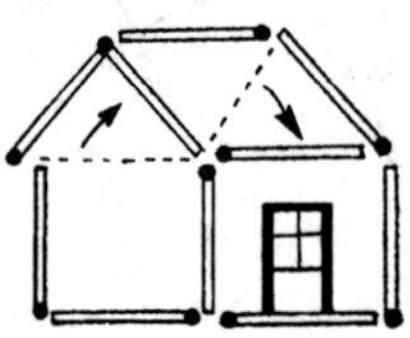

图 12

1.2.14. 见图 13,移法有多种,比如下面两法.

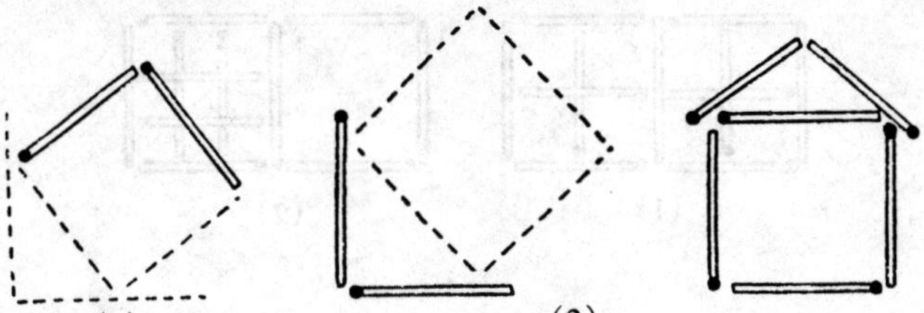

(1) (2)

图 13

注 此时若把图形换个方向观看,即可一根火柴也无须移动便成为一座房子.

1.2.15. 答案如图 14(虚线代表挪动的火柴位置).

1.2.16. 答案见图 15(虚线处代表火柴挪动位置).

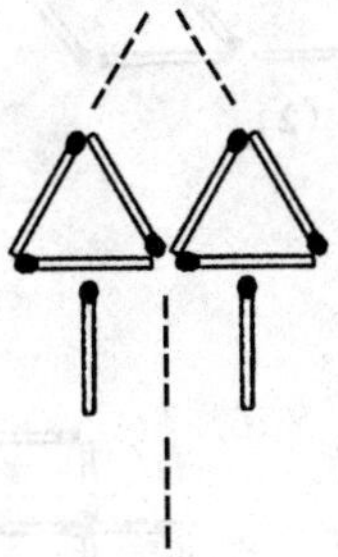

图 14

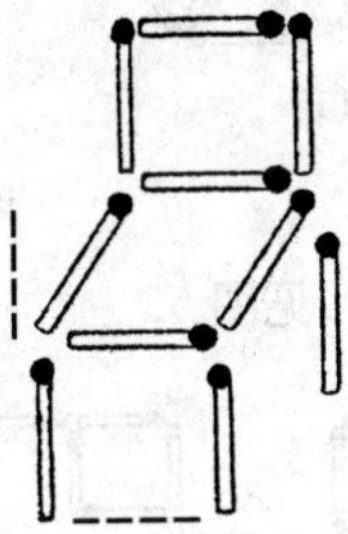

图 15

1.3 火柴画变几何图

1.3.1. 见图 1.

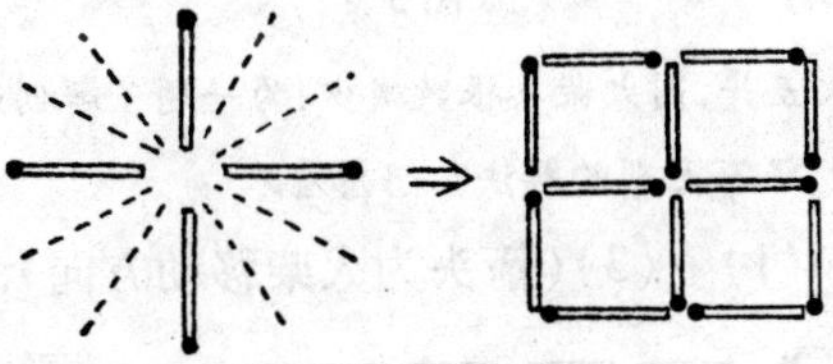

图 1

1.3.2. 挪动后组成的图形如图 2.

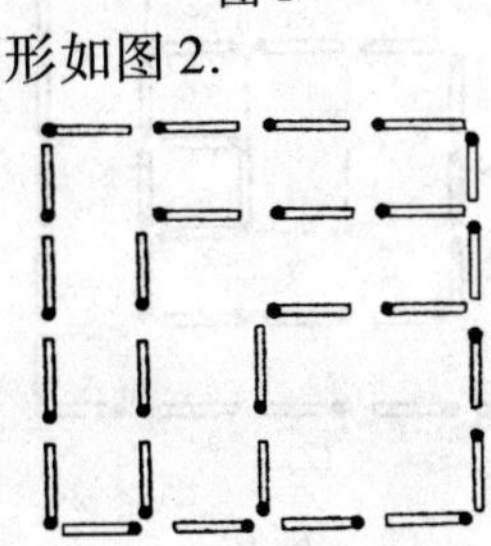

图 2

1.3.3. 见图 3.

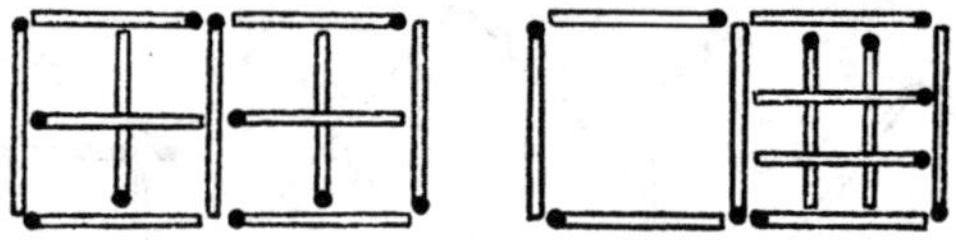

(1)　　(2)

图 3

1.3.4. 挪动后分别摆成下面图 4 即可.

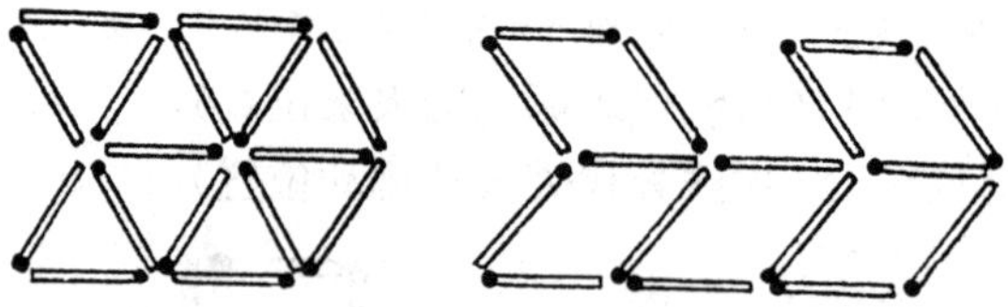

(1)　　(2)

图 4

1.3.5. 答案有三种,见图 5.

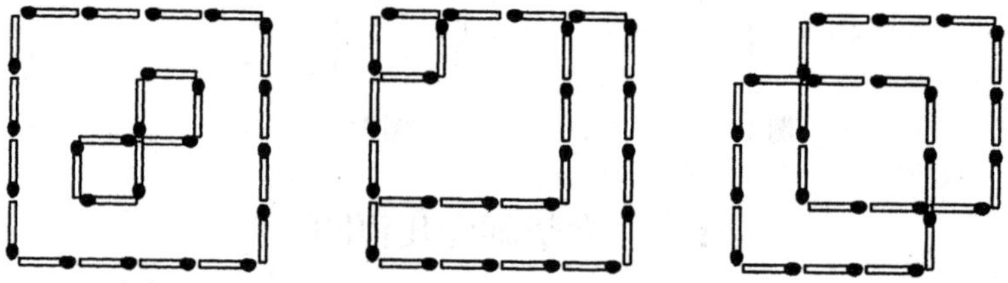

(1)　　(2)　　(3)

图 5

注　此题与上题无大差异,因火柴总根数减少,为一题多解创造了机会.上题除了所给答案外,还有无别的解法?想想看.

1.3.6. 分别见图 6(1) ~ (3)(箭头为火柴移动方向).

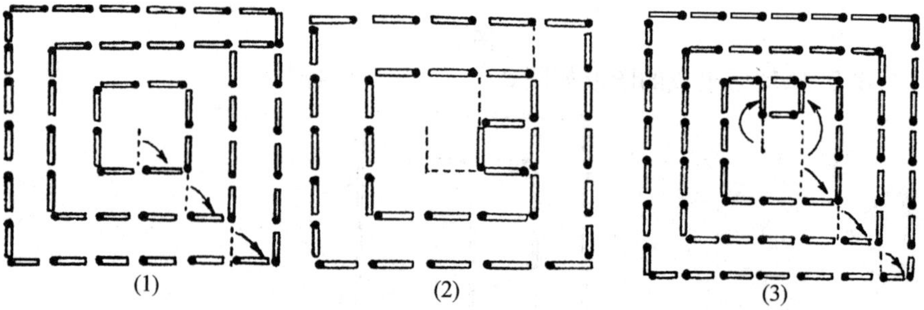

(1)　　(2)　　(3)

图 6

1.3.7. 见图 7,其中有∘者即为分出的三角形.

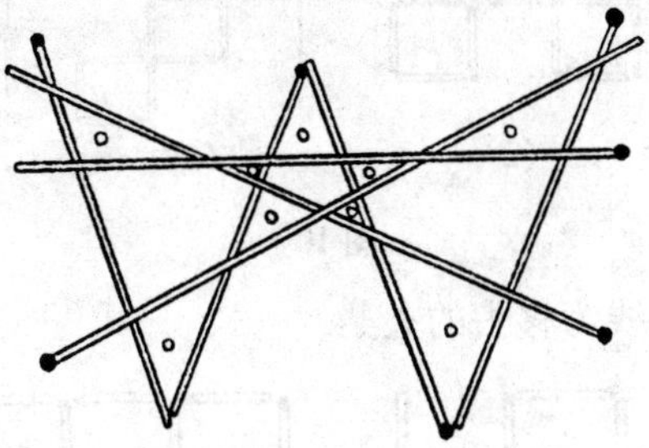

图 7

注 这个问题的引申问题如:

五根火柴把平面分成 14 个区域.

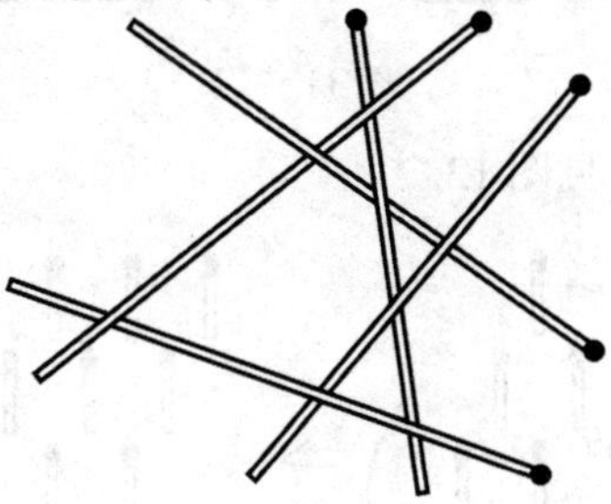

图 8

能否在每个区域上填上一数,使任意相邻两区域所填数的积小于和,且任一直线(火柴)同侧区域数和为 0.

填法见图 9.

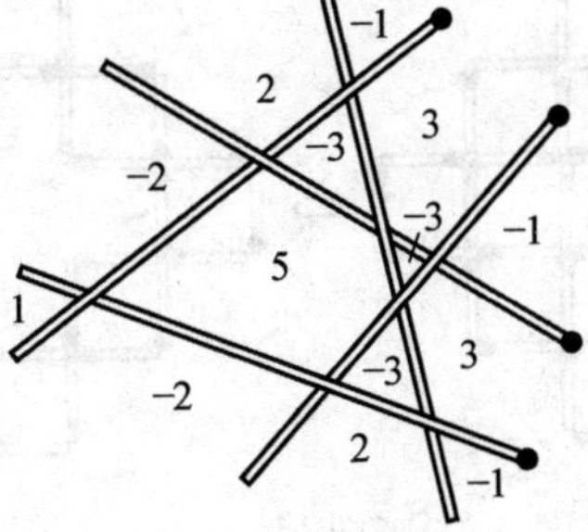

图 9

1.3.8. 移去图 10 中虚线者,再摆在实线处.

注 这里(4)包括两个大正方形和八个小正方形.

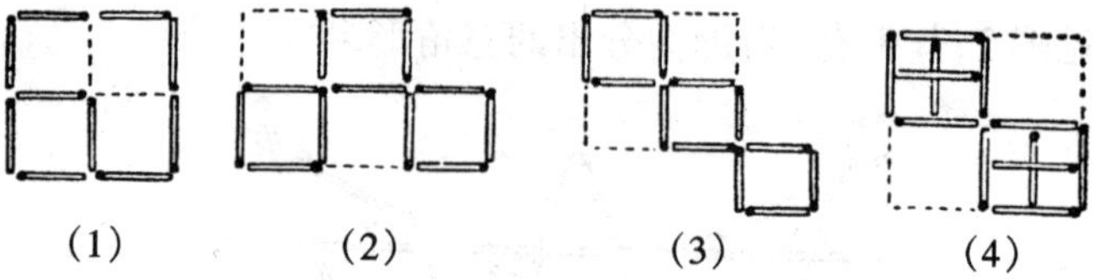

图 10

1.3.9. 见图 11,虚线为移去的火柴.

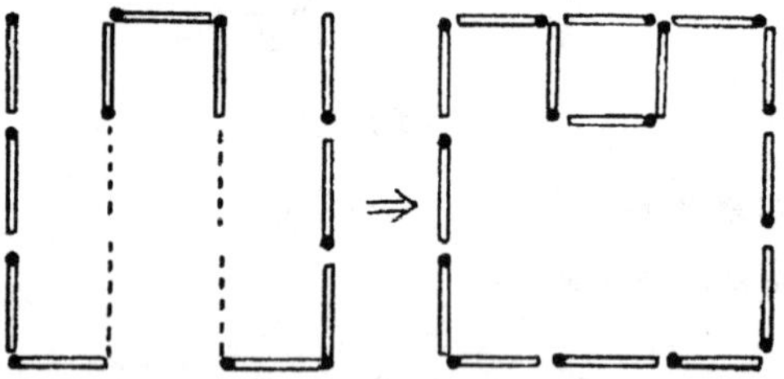

图 11

1.3.10. 具体移动情况见图 12.

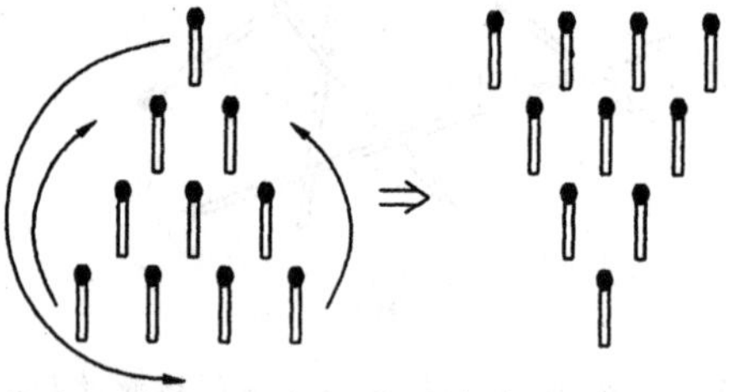

图 12

1.3.11. 请看图 13(移去中心小正方形).

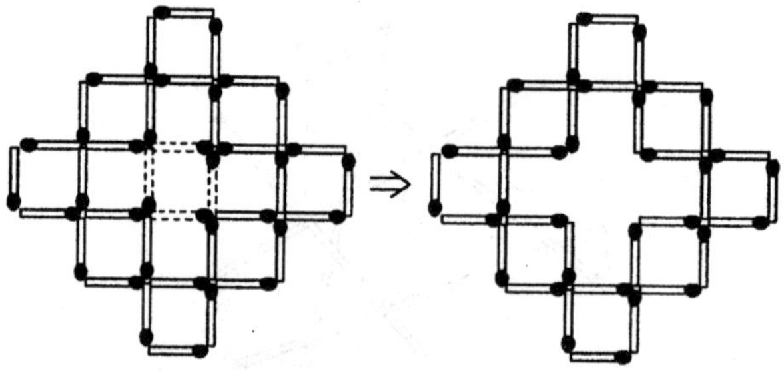

图 13

1.3.12. 答案如图 14(至少 5 种方法).

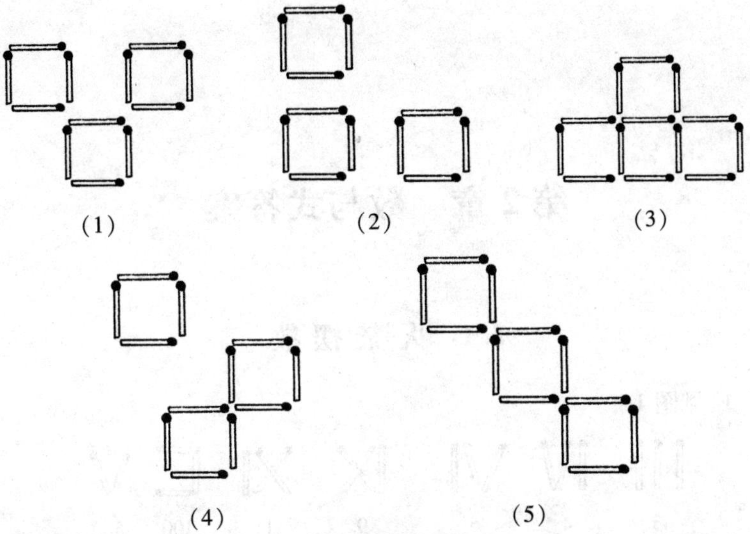

图 14

1.3.13. 答案如图 15(这里直线表示火柴).

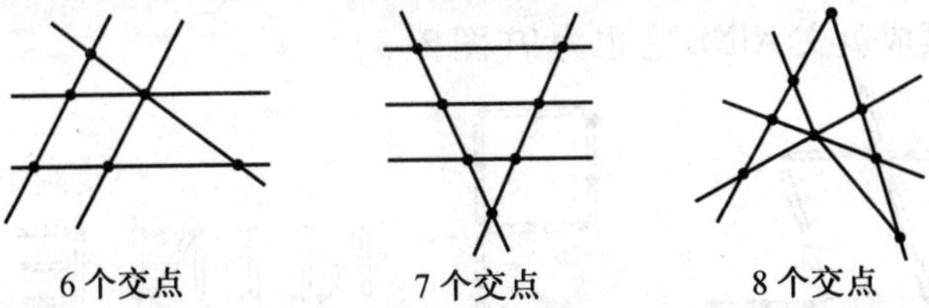

图 15

其实 5 根长火柴亦可以完成题设要求的摆法,见图 16.

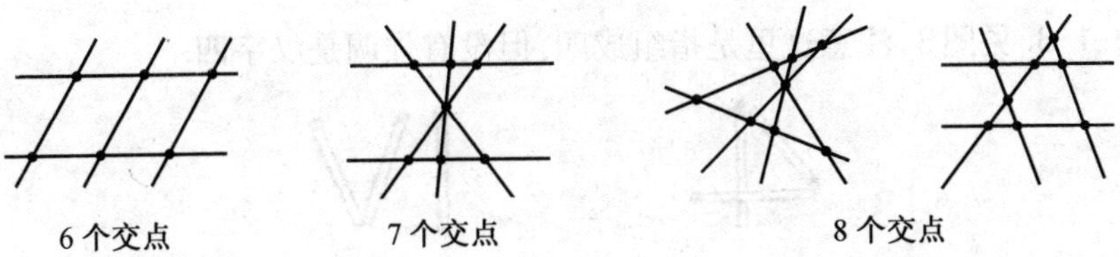

图 16

第2章　数与式答案

2.1　火柴摆数

2.1.1. 见图1.

图1

2.1.2. 加5根火柴后可摆成汉语的九字和阿拉伯数字9(图2(1)(2));加6根火柴后可摆成英文NINE意也为9(图2(3)).

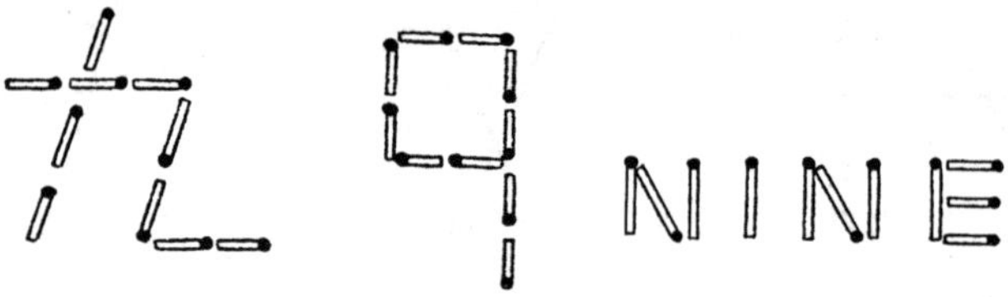

图2

2.1.3. 见图3,注意这里是指组成四,但没有强调是汉字四.

图3

注　若要求组成汉字"四"字(图4),因题中没有强调不允许折断火柴,故可将三根火柴都折断而组成四字.

图4

2.1.4. 见图5,即改摆成罗马数字"Ⅵ"(即6),它是原来"三"的两倍.

图 5

注 这里不能理解为火柴根数.

2.1.5. 先把 6 倒过来看,再按图 6 办法摆即可(虚线为移去的部分).

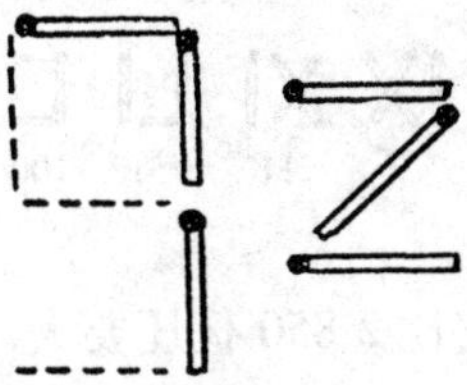

图 6

2.1.6. 见图 7,即摆成一个希腊文字母 π 即圆周率,它的值约为 3.141 592 6…

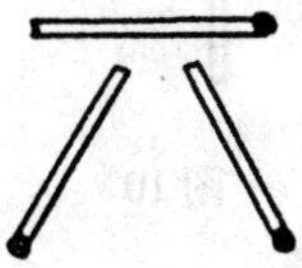

图 7

用希腊字母 π 表示圆周率是欧拉倡导下得以广泛采用的,注意到 π 是一个无限循环小数,即无理数(严格地讲是超越数),无法求得精确值.

2.1.7. 答案不唯一,比如见图 8 诸式:

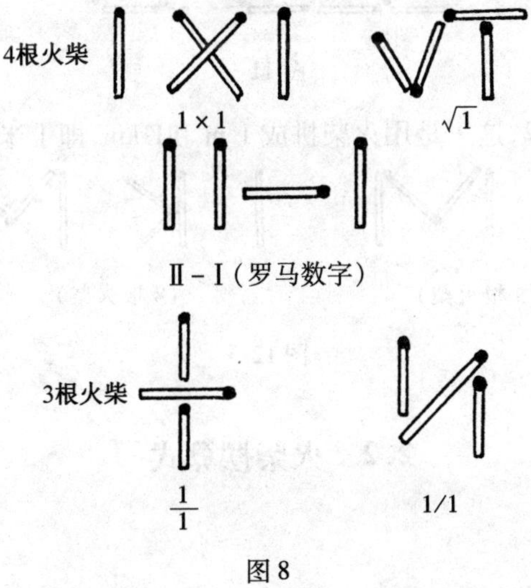

图 8

2.1.8. 见图 9,其中最大者为 5 000(罗马数字).

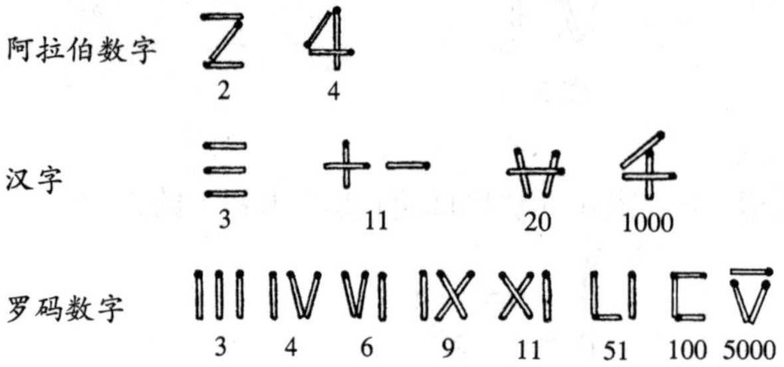

图 9

2.1.9. 见图 10,即 11^{11},它比 2 850 亿还要大.

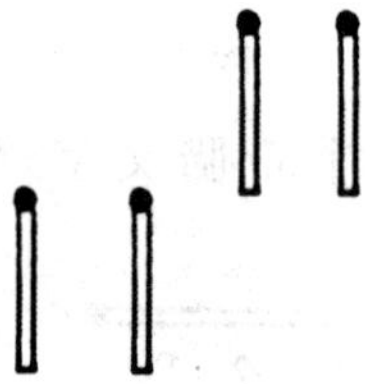

图 10

2.1.10. 见图 11(这是一种美术字 101).

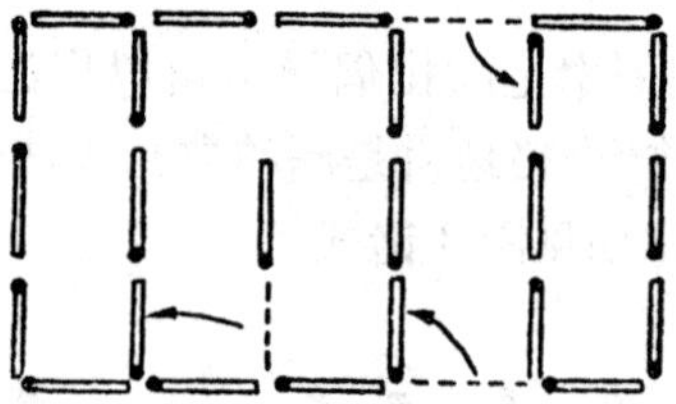

图 11

2.1.11. 见图 12,这里是用火柴拼成 1 m 和1 km,即 1 米和 1 千米.

图 12

2.2 火柴摆算式

2.2.1. 见下式.

(1) 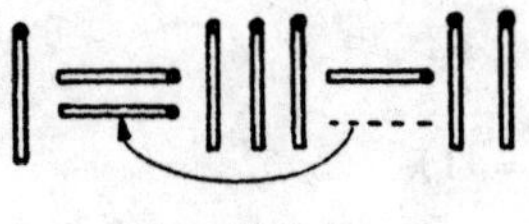

Ⅰ=Ⅲ−Ⅱ

(2) 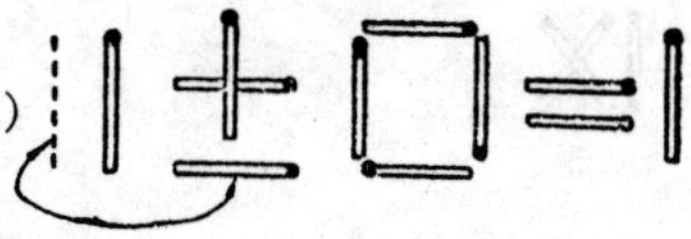

1±0=1

2.2.2. 移法见下式(请与原式对照一下,以确定移动哪一根火柴).

(1) 

(2) 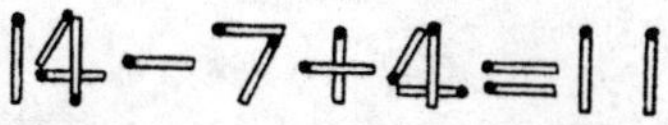

(3) 

(4) 

(5) 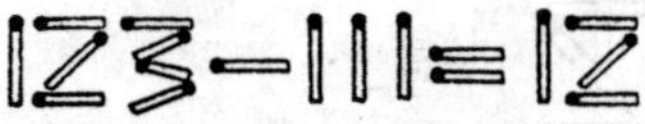

(6) 

(7) 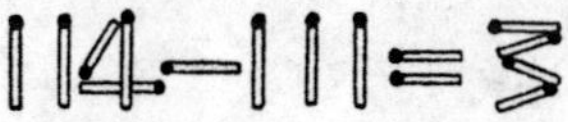

(8) 

(9) 

(10) 

(11) 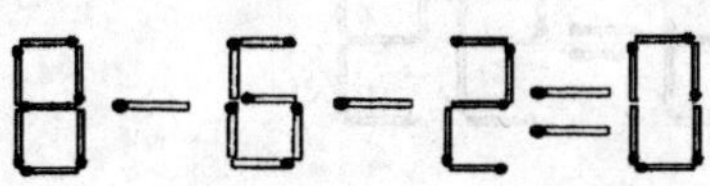

(12) 

(13) 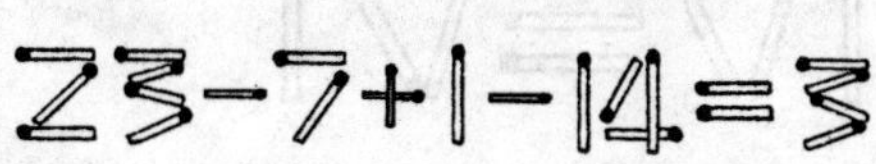

2.2.3. 见下面诸式.

(1)  (变成 1 × 11 = 11)

(2) 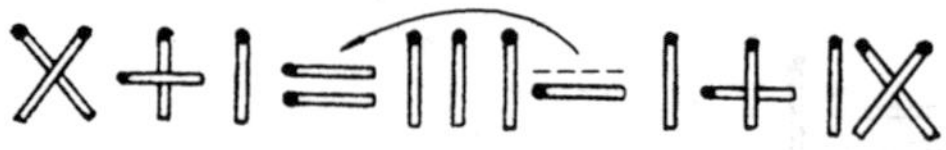

(3) 

(4) 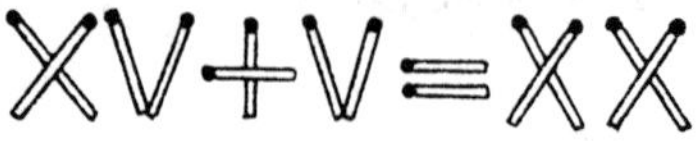

(5) 

(6) 

2.2.4. 见下式,注意原题为“等式”,这里变成“不等式”. 又此题答案不唯一,比如:

(1) 

(2) 

注　这里只是说“式子有意义”,而没有说仍变为等式.

2.2.5. 火柴添在 15 的 5 字旁边使 15 变成 19 即可,见下式.

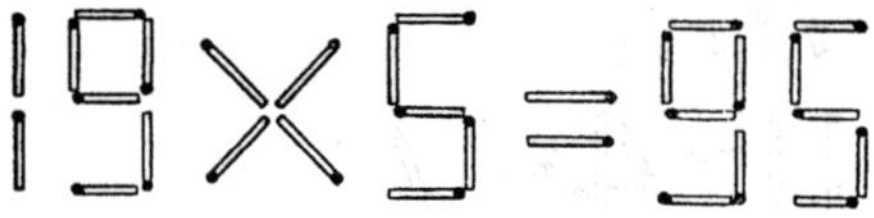

2.2.6. 见下式.

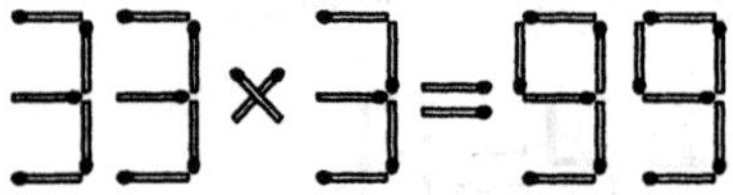

2.2.7. 这里加上一根火柴后是把原来罗马数字Ⅵ变成$\sqrt{1}$,见下式.

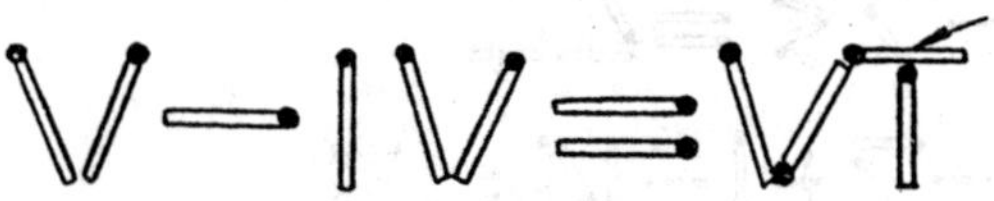

2.2.8. 见下式(请与原题对照).

(1) $Z+Z+7=11$

(2) $114+1-111=4$

2.2.9. 见下诸式(与原式对照可看出火柴移动而使式子变化情况).

(1) $17-11+4+4=14$

(2) $14-7-1+4+1=11$

(3) $17-4+1+11-14=11$

(4) $7+4+11+11+11=44$

2.2.10. 见下式,移后算式为 Ⅴ = Ⅲ + Ⅰ + Ⅰ.

$$V=III+I+I$$

2.2.11. 见下式.

$$19+16=35$$

2.2.12. 见下式(对照原式可看出变化).

$$118\times17=2006$$

2.2.13. 答案见下诸式,注意这里仅要求式子有意义或成立.

(1) $7+5-6=6$

(2) $1+9-2=8$

(3) $1+9-8=2$

(4) $1+9-8<5$

2.2.14. 见下式.

(1) 19+86+19×99=1986

(2) 19×519=9861

2.2.15. 最大值见图式所示.

最大 55+39

最小 55−99

注 要是算式为 56−19，挪动一根变为最大算式为 96−15，最小为 36−19.

2.2.16. 式中为罗马数字算式.

X+X−II=XVIII

2.2.17. 见下式，虚线处为移动的火柴.

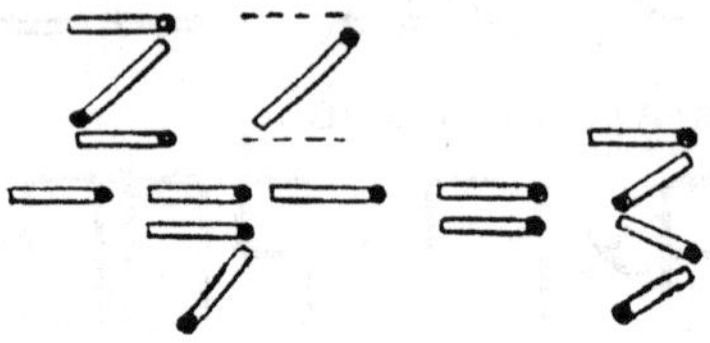

2.2.18. 见下式，即$\frac{22}{7}\approx\pi$.

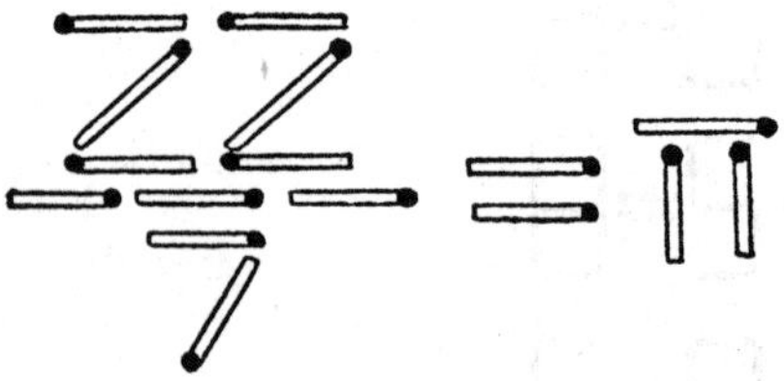

注 分数$\frac{22}{7}$和$\frac{355}{113}$是我国古代数学家祖冲之(429—500)发现的，它分别被称为“约率”和“密率”(它们分别精确到小数点后第三位和第六位). 密率于一千年后重为德国人奥托发现(1573 年).

2.2.19. 见下式.

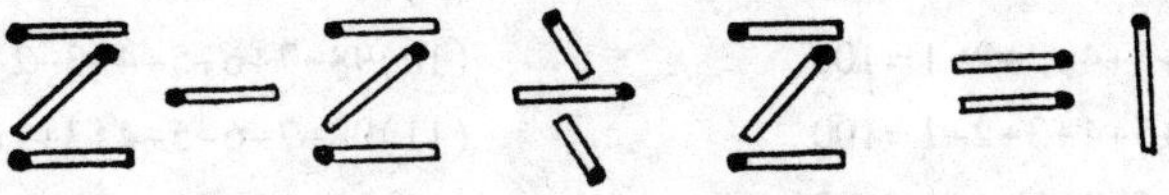

2.2.20. 式中为罗马数字,注意这里是指值为1/3.

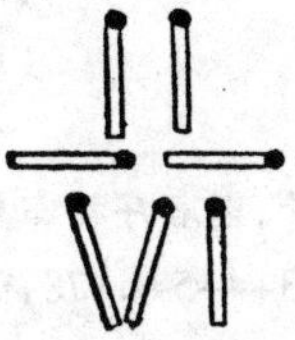

2.2.21. 见下式(即$\sqrt{1}=1$).

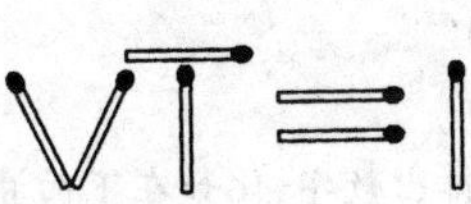

2.2.22. 这里是把罗马数字转换成 $\sqrt{1}$ 了.

2.2.23. 见下式,虚线处为移动的火柴.

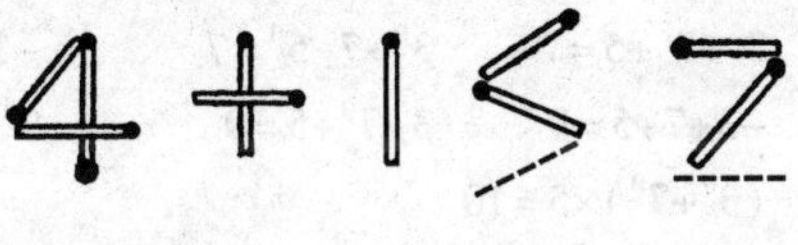

2.2.24. 见下式.

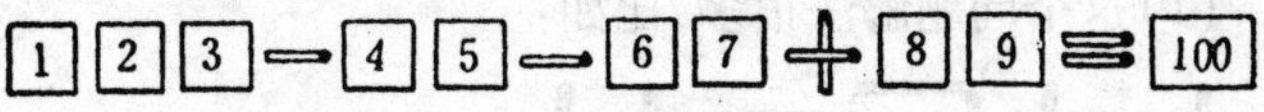

注 在数字1,2,3,4,5,6,7,8,9之间添上加减号(顺序不能变)而使其和为100的方法有十一种:

(1)$1+2+3-4+5+6+78+9=100$

(2)$1+2+34-5+67-8+9=100$

(3)$1+23-4-56-7+89+9=100$

(4)$1+23-4+5+6+78-9=100$

(5)$12+3-4+5+67+8+9=100$

(6)$12+3+4+5-6+7+89=100$

(7)$12-3-4+5-6+7+89=100$

(8)$123-4-5-6-7+8-9=100$

(9)$123+45-67+8-9=100$

(10)$123+4-5+67-89=100$

(11)$123-45-67+89=100$

如果上述数字反序即 9,8,…,2,1 排布,使用加减号而使其和为 100 的方法有 15 种:

(1)$9+8+76+5-4+3+2+1=100$

(2)$9+8+76+5+4+3+2-1=100$

(3)$98-7-6+5+4+3+2+1=100$

(4)$98+7-6-5+4+3-2+1=100$

(5)$98-7+6-5+4+3+2-1=100$

(6)$98-7+6+5-4+3-2+1=100$

(7)$98+7-6+5-4-3+2+1=100$

(8)$98+7+6-5-4-3+2-1=100$

(9)$98+7-6+5-4+3-2-1=100$

(10)$98-7+6+5+4-3-2-1=100$

(11)$98-7-6-5-4+3+21=100$

(12)$98-76+54+3+21=100$

(13)$9-8+76-5+4+3+21=100$

(14)$9-8+7+65+4+32-1=100$

(15)$9-8+76+54-32+1=100$

又若允许第一个数字前面使用负号,则顺序排布数字还有一解

$$-1+2-3+4+5+6+78+9=100$$

反序排布问题还有三解:

(1)$-9+8+76+5-4+3+21=100$

(2)$-9+8+7-65-4+32+1=100$

(3)$-9-8+76+5+43+2+1=100$

类似的算题很多,它们往往先排出数字,比如在下面算式中添加适当的算符(只许用算符)使其值分别为 1~10:

$$3 \quad 7 \quad 5=1\sim10$$

可解如下(其实答案不唯一)

$3-(7-5)=1$	$-3-7^0+5=1$	$\sqrt{-3\times7+5^2}=2$	$\sqrt{(3^3-7)\div5}=2$
$-3\times7^0+5=2$	$\sqrt{-3+7+5}=3$	$3^0+7^0+5^0=3$	$-3^2+7+5=3$
$3+7^0-5^0=3$	$-3\times7+5^2=4$	$(3^3-7)\div5=4$	$3+7-5=5$
$3+7^0+5^0=5$	$3^0-7^0+5=5$	$3\times(7-5)=6$	$-3!+7+5=6$
$3^2-7+5=7$	$3^0+7^0+5=7$	$3^0+7-5^0=7$	$-3^3+7\times5=8$
$3\times7^0+5=8$	$-3+7+5=9$	$3+7^0+5=9$	$3^0+7+5^0=9$
$(3-7^0)\times5=10$	$(3^0+7^0)\times5=10$		

显然这里指数、开方、阶乘皆可以,注意到若 $a>0$,则 $a^0=1$.

2.2.25 (1)这个问题解法很多,比如:

① 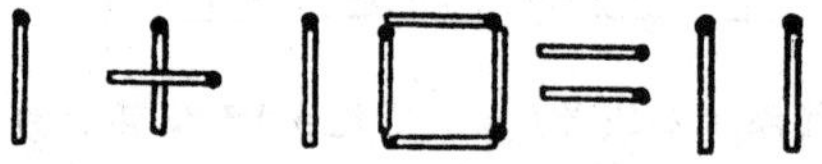

② 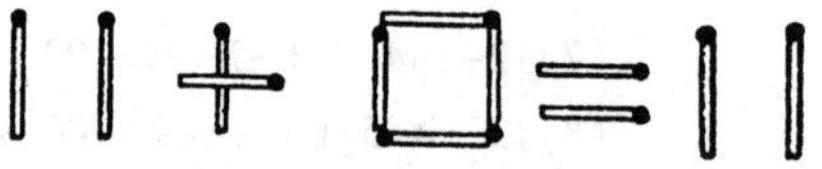

③ 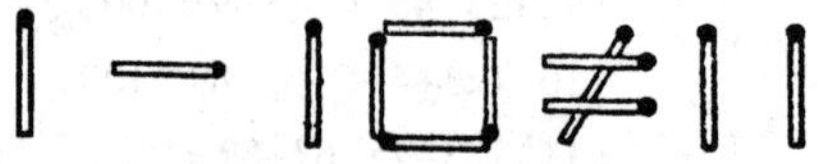

(2)答案见下式.

① $7+5-6-5=1$

② $1+9-6-5=1$

③ $7+9-6-9=1$

2.2.26. 见图 1(请与原图对照以找出火柴移动路线).

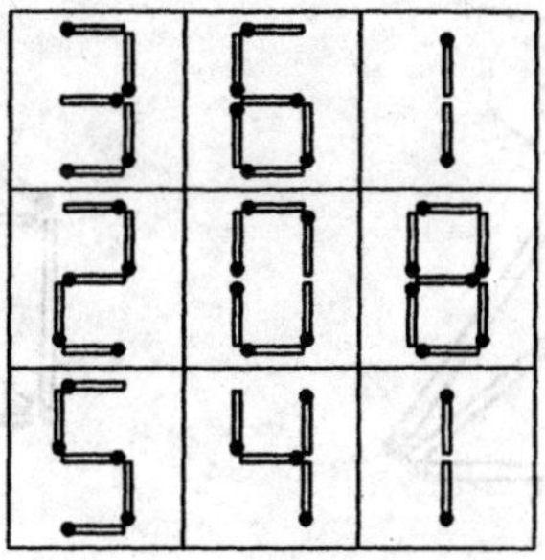

图 1

2.2.27. 见图 2(请与原图对照以找出火柴移动路线).

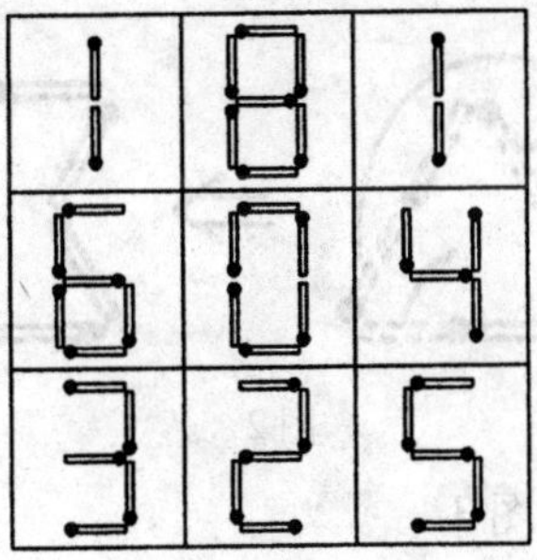

图 2

第3章　图与形答案

3.1　火柴摆三角形

3.1.1. 将上面三根火柴立起来,见图1(1). 后一问见图1(2).

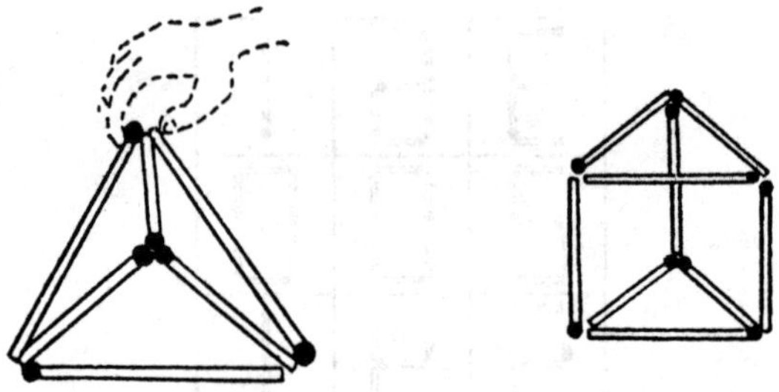

(1)　　　　(2)

图1

3.1.2. 变化情况见图2.

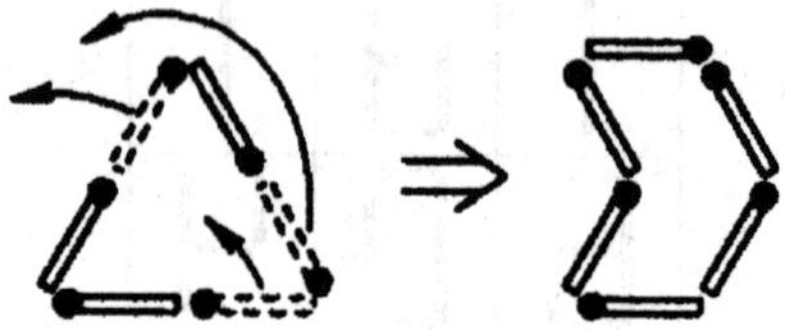

图2

3.1.3. (1)变换情况见图3.
(2)答案如图4(虚线为移动火柴的位置).

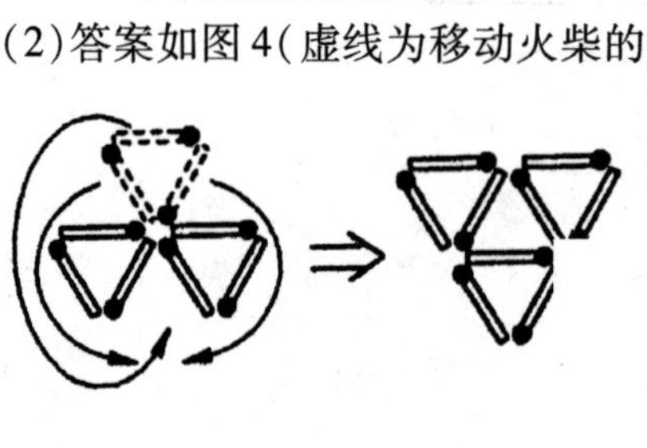

图3

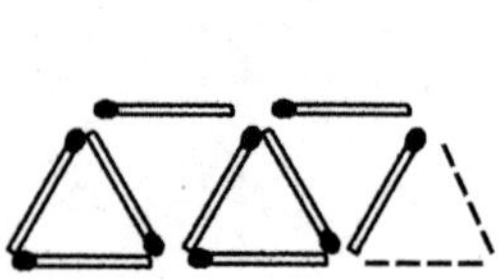

图4

3.1.4. 答案见图5.

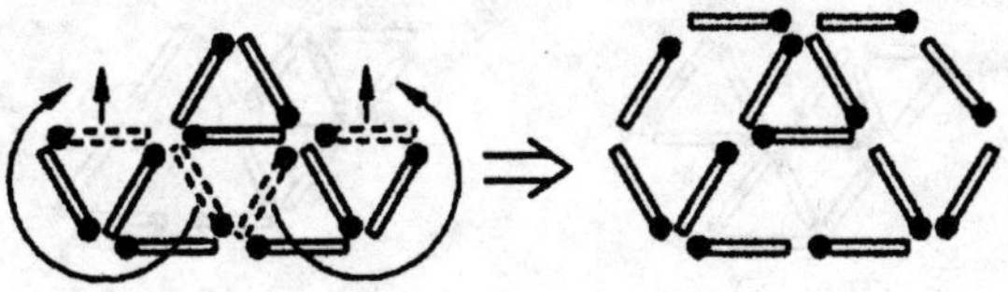

图5

3.1.5. 见图6,虚线处为挪动的火柴.

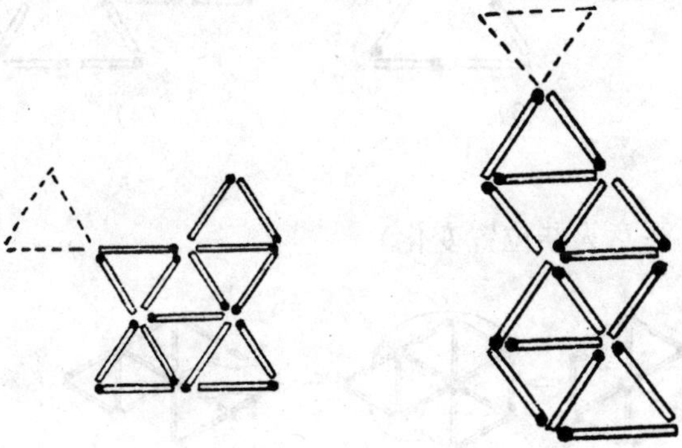

(1) (2)

图6

3.1.6. 请分别见图7,虚线处为拿去的火柴.

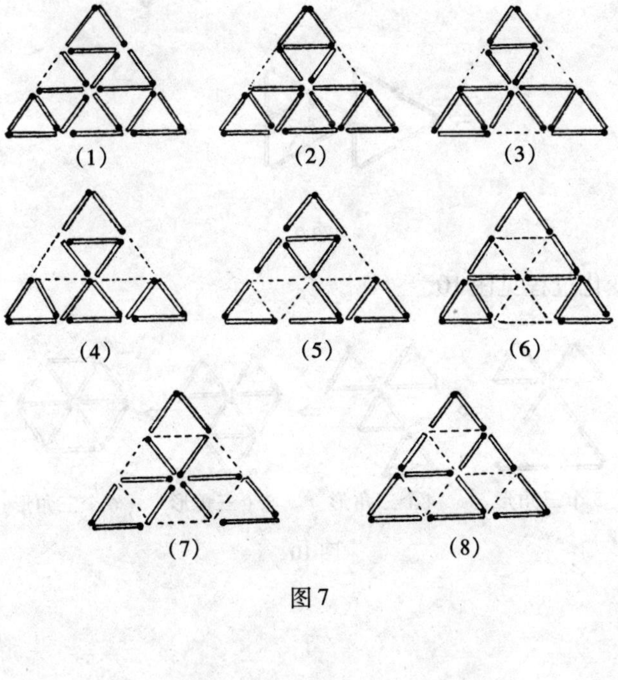

(1) (2) (3) (4) (5) (6) (7) (8)

图7

3.1.7. 见图 8.

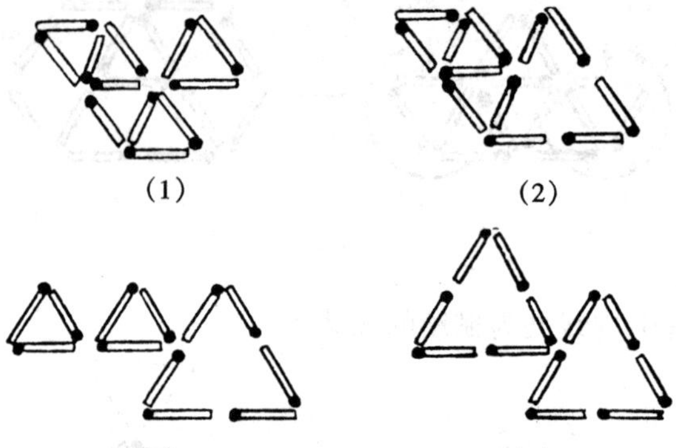

(1) (2) (3) (4)

图 8

或解如图 9(注意火柴位置变化).

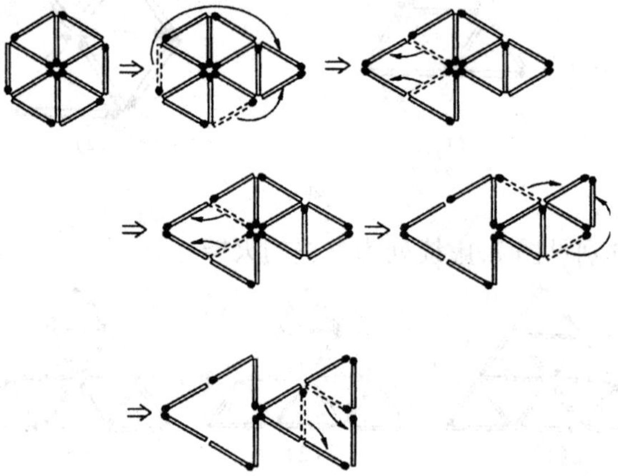

图 9

3.1.8. 变化过程见图 10.

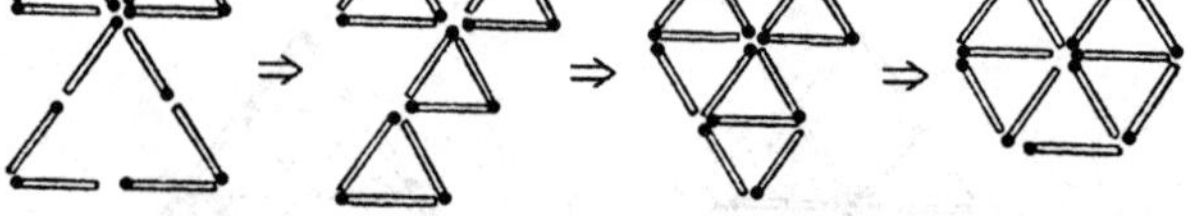

3 个三角形 4 个三角形 5 个三角形 6 个三角形

图 10

3.1.9. 见图 11,虚线即为拿去的火柴.

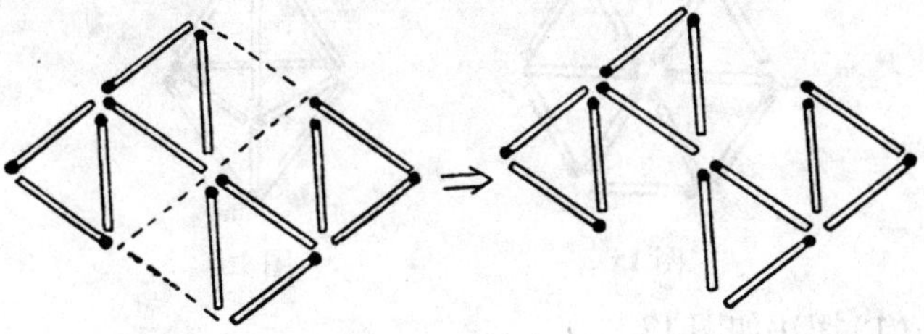

图 11

3.1.10. 见图 12(图中虚线为挪动火柴的位置).

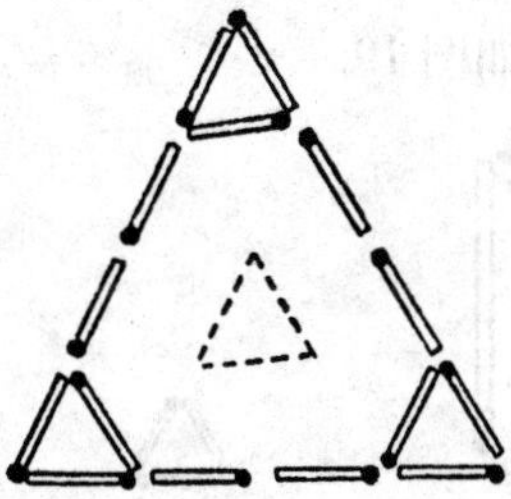

图 12

3.1.11. 答案见图 13.

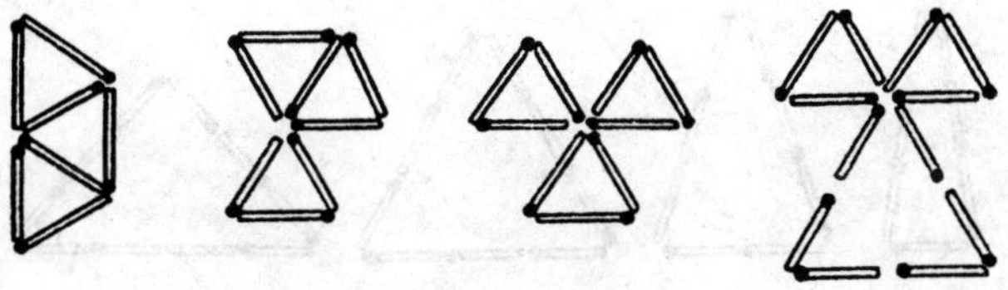

(1) (2) (3) (4)

图 13

3.1.12. 见图 14(拿去后剩下者).

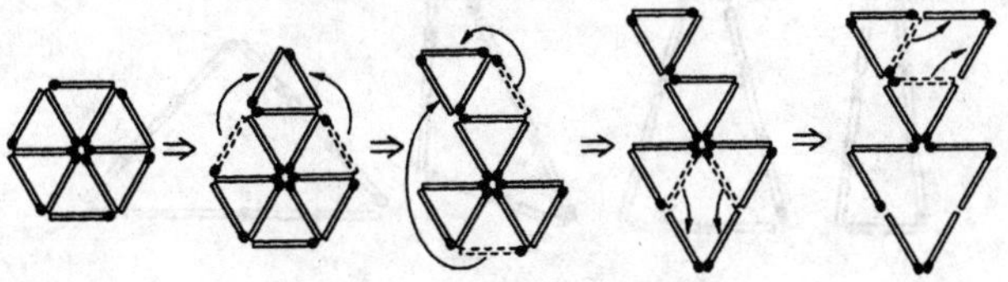

(1) (2) (3) (4)

图 14

3.1.13. 见图 15,即用 12 根火柴摆成六个全等的正三角形.

3.1.14. 这时搭成一个空间图形——正六面体,见图 16.

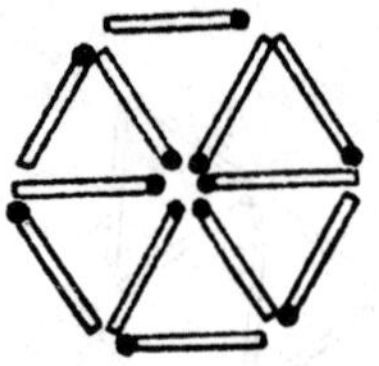

图 15

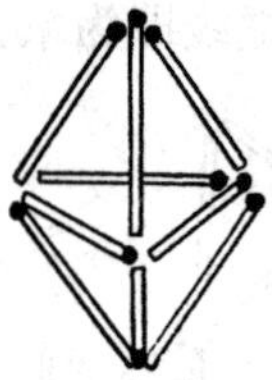

图 16

3.1.15. (1)摆法如图 17.

(2)根据最大边长(设火柴棍长为 1)可分:

最大边长为 1 的三角形如图 18.

最大边长为 2 的三角形如图 19.

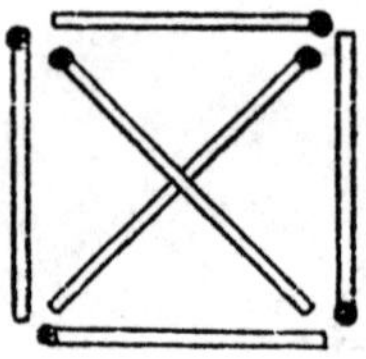

图 17

图 18

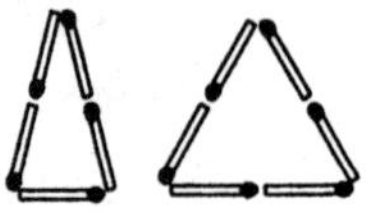

图 19

最大边长为 3 的三角形如图 20.

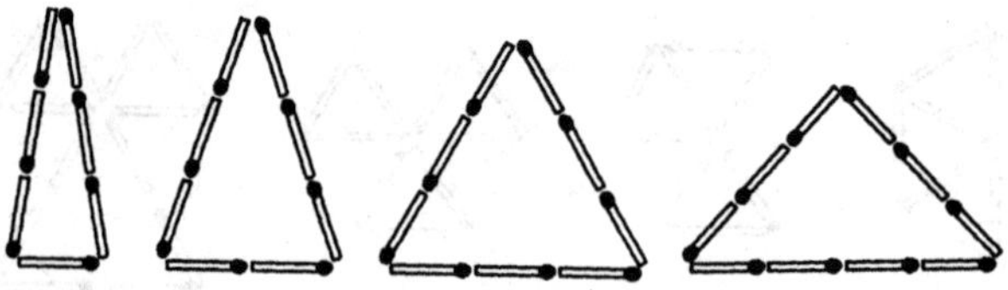

图 20

最大边长为 4 的三角形如图 21.

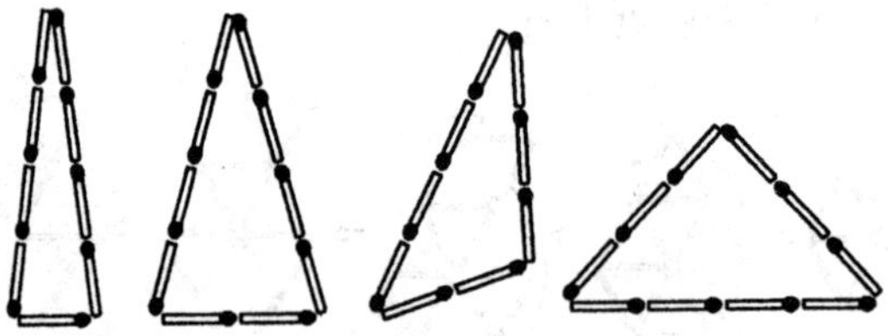

图 21

3.2　火柴摆正方形

3.2.1. 取后图形如图 1.

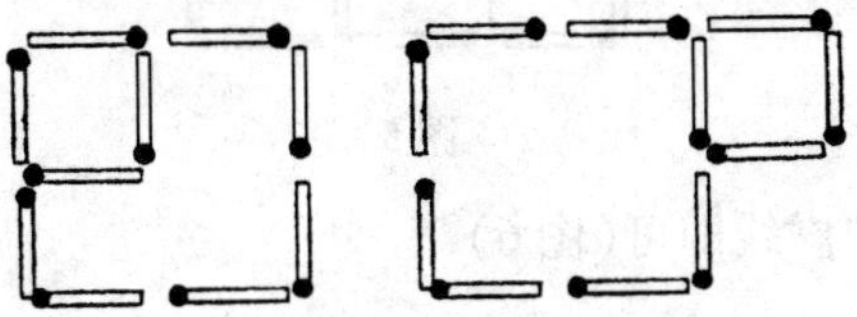

(1)　　(2)

图 1

3.2.2. 见图 2(注意题中要求三个正方形同样大小).

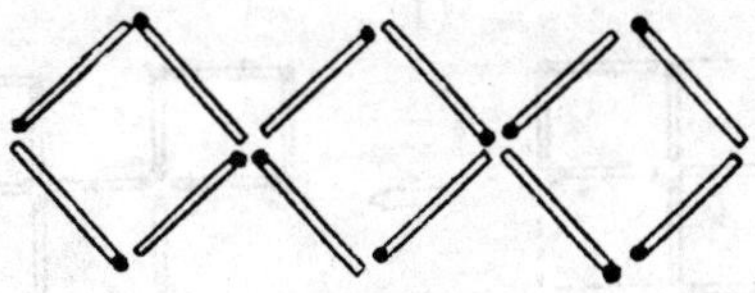

图 2

注　有两个正方形是用折断的长火柴拼成的.

3.2.3. (1)见图 3(1),注意这里是搭成的;

(2)将其中的两根火柴折断即可摆成图 3(2)的图形(这是受 3.2.2 题的启发);

(3)将四根火柴全部折断再仿图 3(1)摆成图 3(3)形即可.

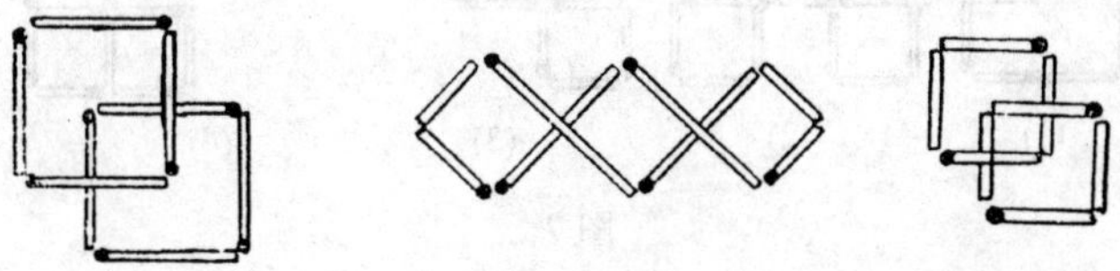

(1)　　(2)　　(3)

图 3

3.2.4. (1)移去图中虚线者(图 4).

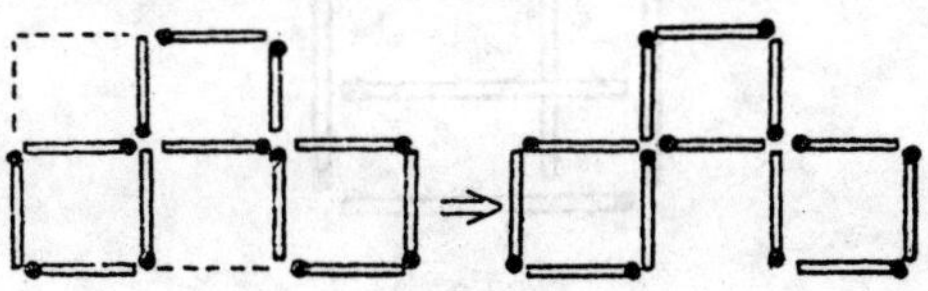

图 4

(2)答案见图5(虚线为移去火柴位置).

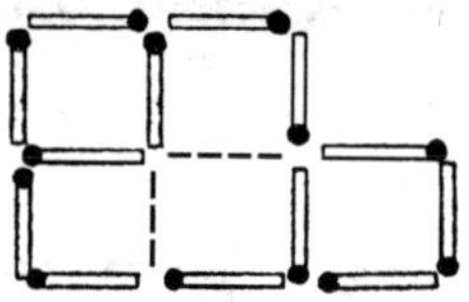

图5

3.2.5. 移去图中虚线即可(图6).

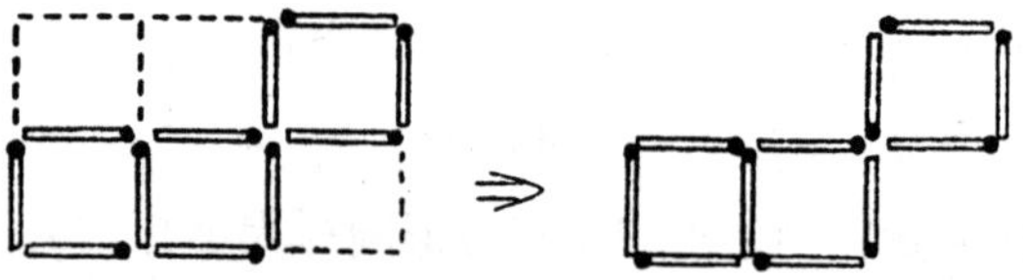

(1)

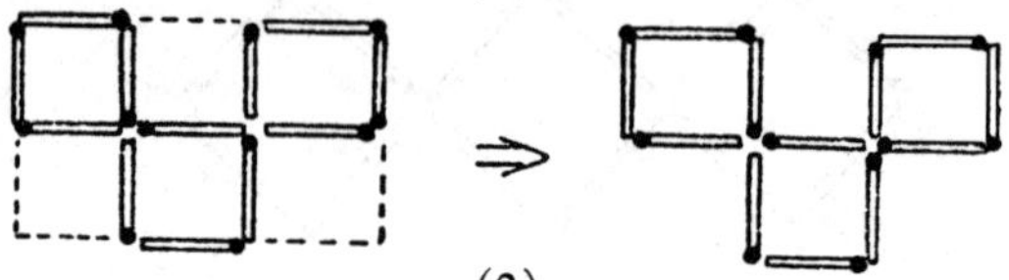

(2)

图6

3.2.6. 见图7.

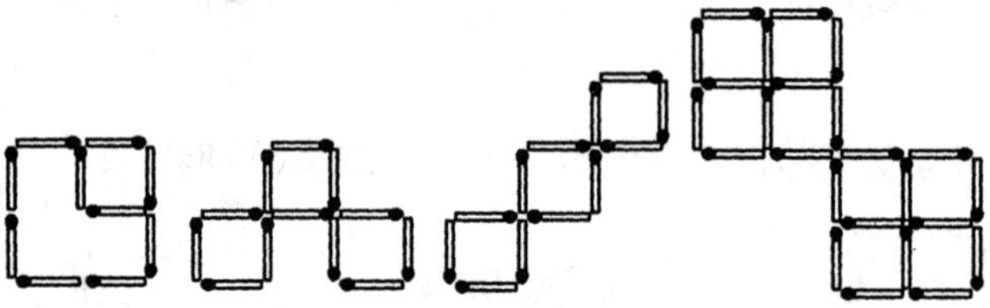

(1) (2) (3) (4)

图7

3.2.7. (1)拿法见图8.

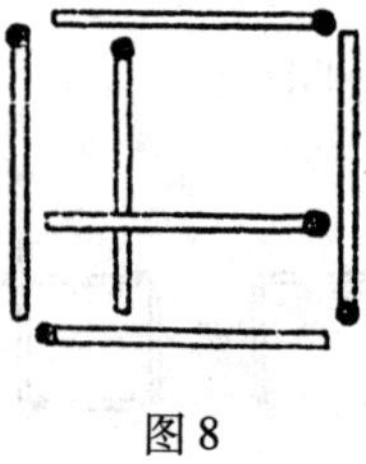

图8

(2)本题有多种解法,如图 9.

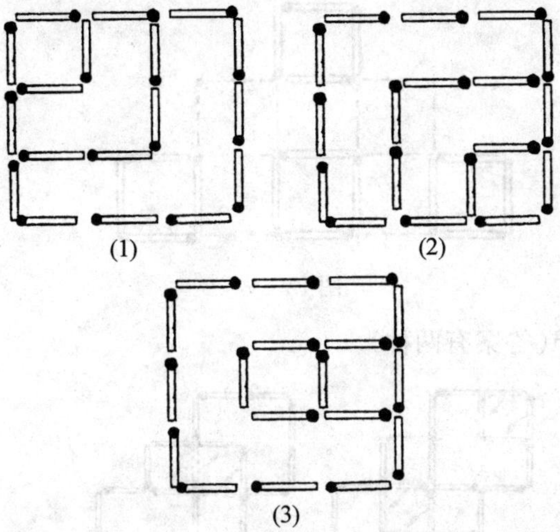

图 9

3.2.8. 见图 10.

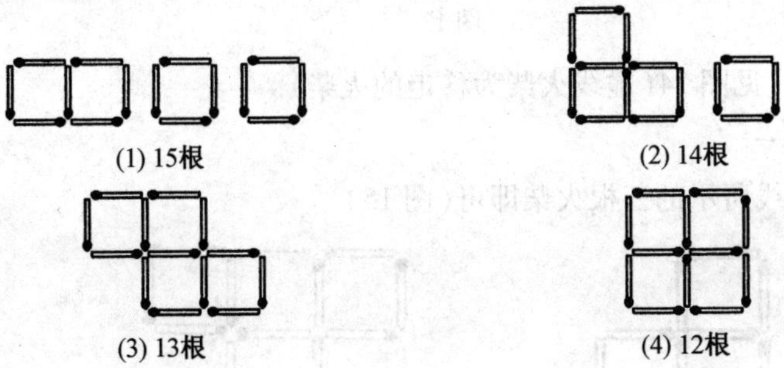

图 10

3.2.9. (1)答案见图 11.

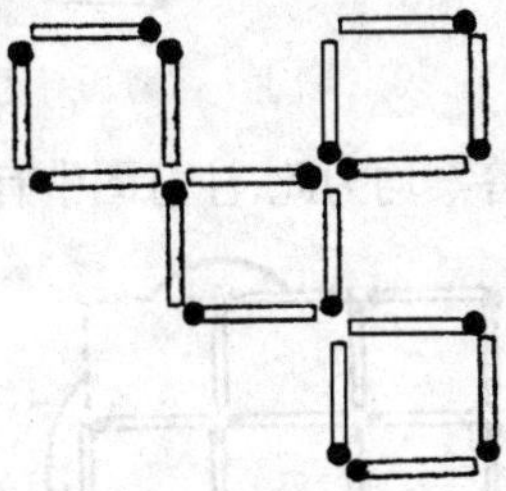

图 11

(2)答案有五种,图 12 是其中之一.

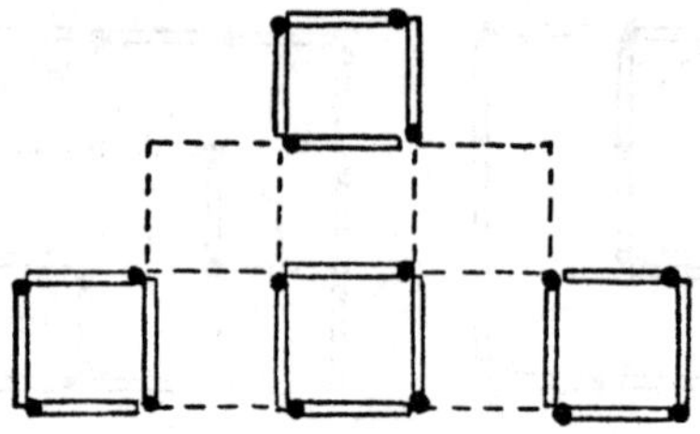

图 12

3.2.10. 见图 13(答案有两种).

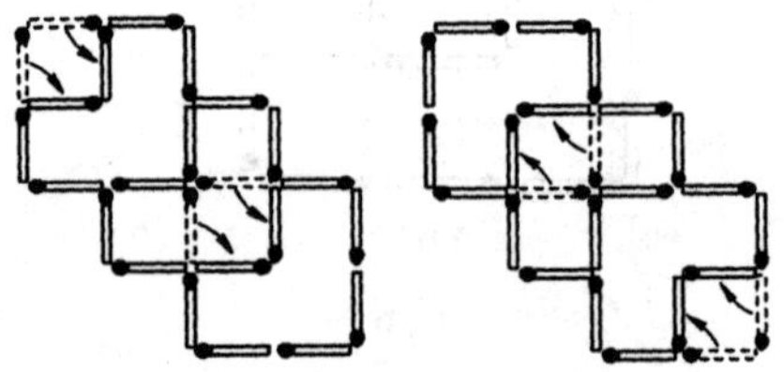

(1)　　(2)

图 13

3.2.11. (1)见图 14(虚线火柴为移走的火柴).

注　答案不唯一.

(2)挪动虚线所示的三根火柴即可(图 15).

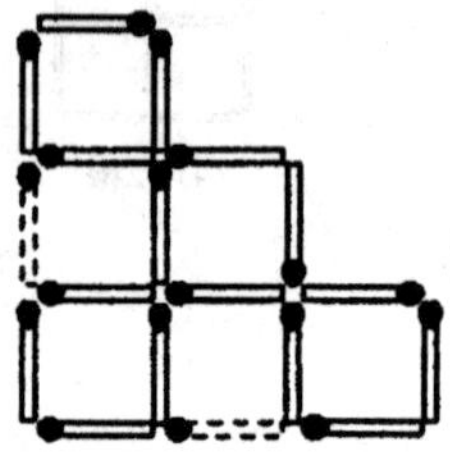

图 14

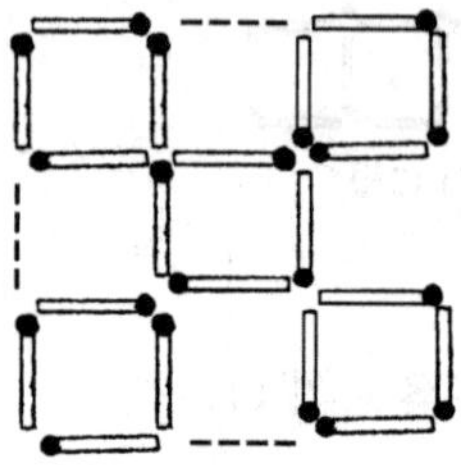

图 15

3.2.12. 见图 16.(1)(2)答案均为此,注意图中有五小一大 6 个正方形即可.

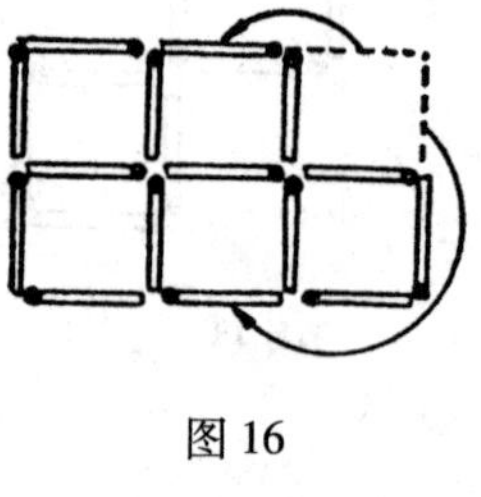

图 16

3.2.13. 见图 17(答案不唯一).

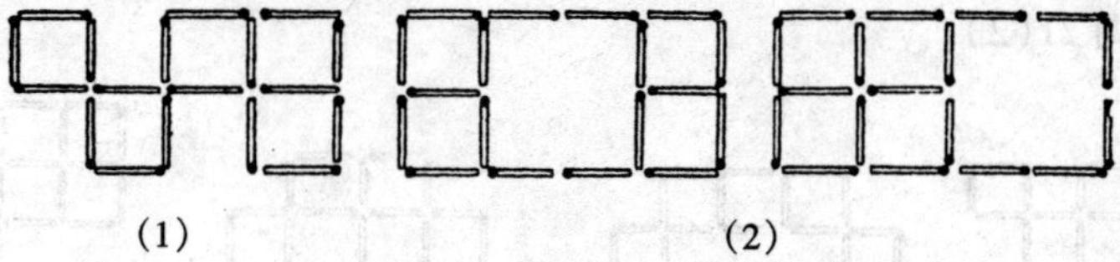

图 17

3.2.14. 见图 18,这里系大、小正方形总计.

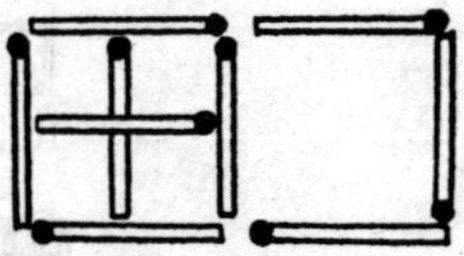

图 18

3.2.15. 移去图 19 中虚线即可.

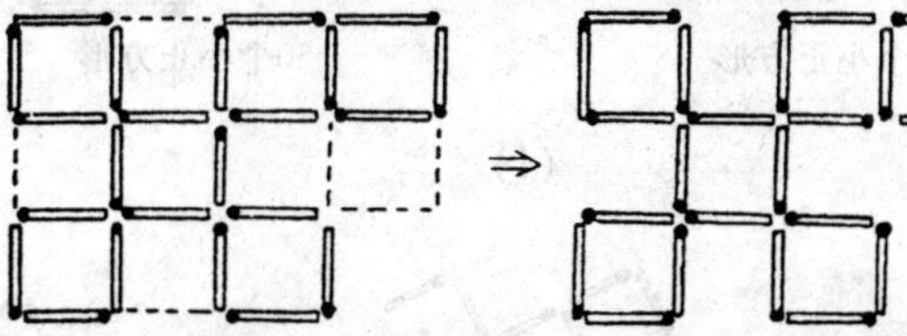

图 19

3.2.16. 见图 20,虚线处即为挪动的火柴.

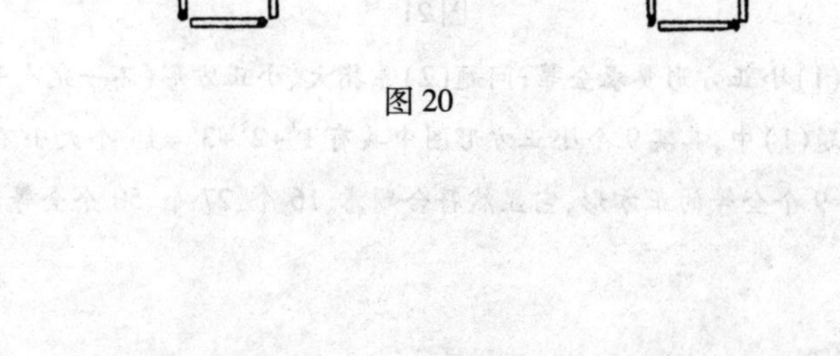

图 20

3.2.17. (1) 见图 21(1).

(2) 见图 21(2).

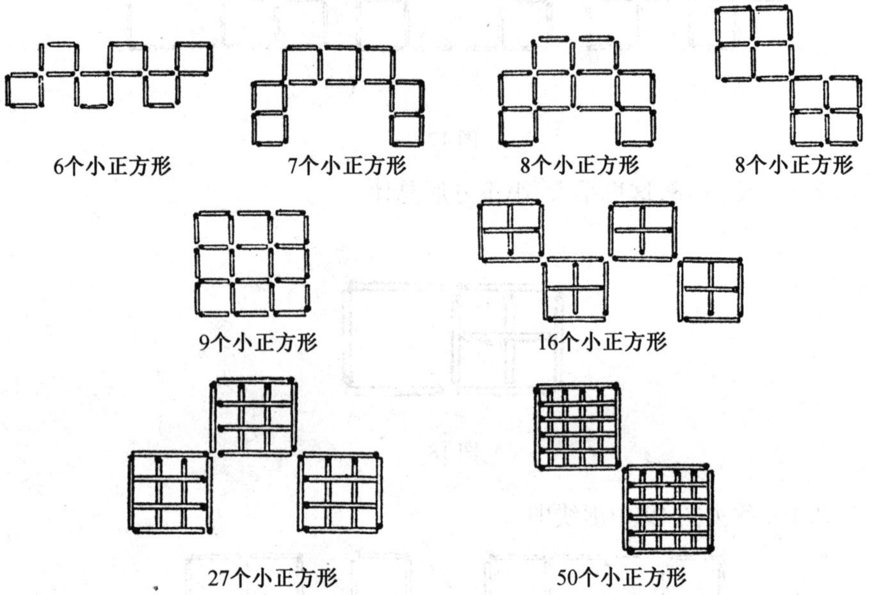

(1)

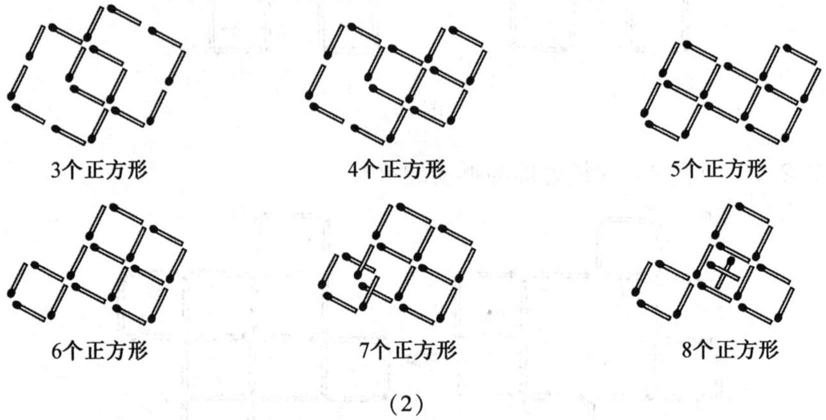

(2)

图 21

注 1　问题(1)小正方形要求全等；问题(2)系指大、小正方形(不一定全等).

注 2　在问题(1)中，其实 9 个小正方形图中共有 $1^2+2^2+3^2=14$ 个大小不同的正方形，但这里要求摆出 9 个全等的正方形，它显然符合题意. 16 个、27 个、50 个全等的小正方形情况类同.

3.2.18. 见图 22.

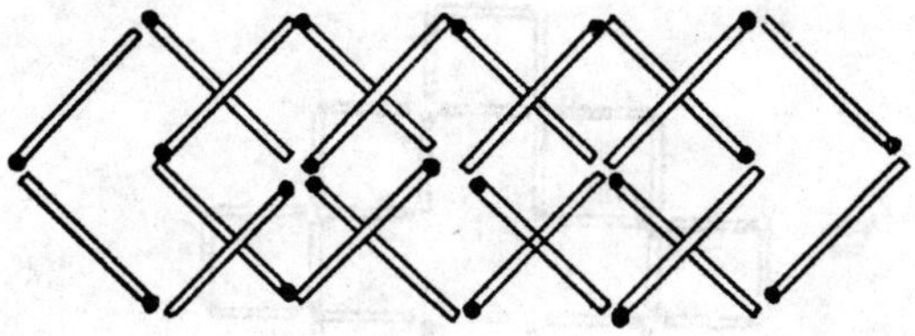

图 22

3.2.19. (1)见图 23,虚线处为移去的火柴.

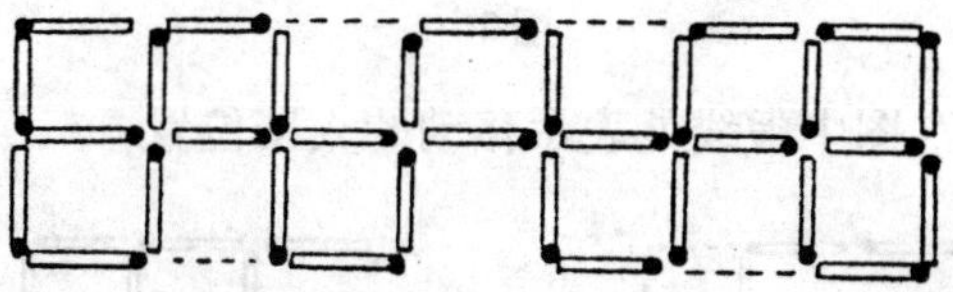

图 23

(2)移动后摆法见图 24.

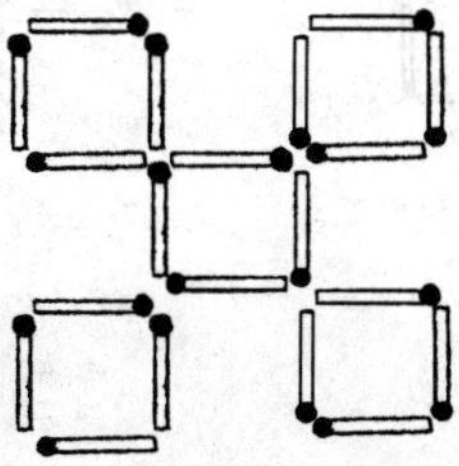

图 24

3.2.20 见图 25,注意答案不唯一.

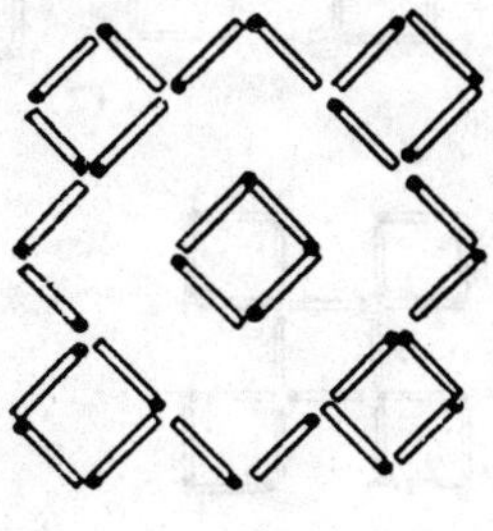

图 25

类似地可用 24 根火柴摆出 6 ~ 8 个正方形,留给读者考虑.

3.2.21. 见图 26,这里有八个小正方形,此外还有一个大正方形.

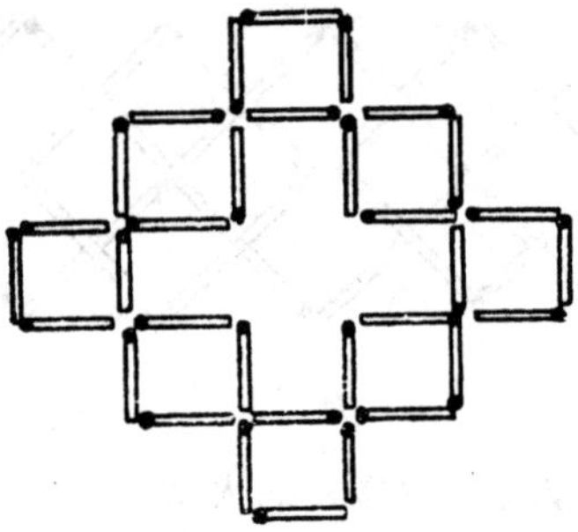

图 26

3.2.22. 见图 27,图中虚线处表示移动的火柴位置.

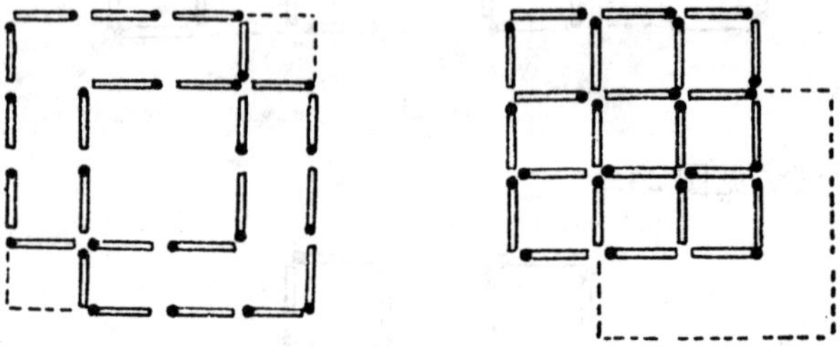

(1)　　(2)

图 27

3.2.23. 取后图形如图 28.

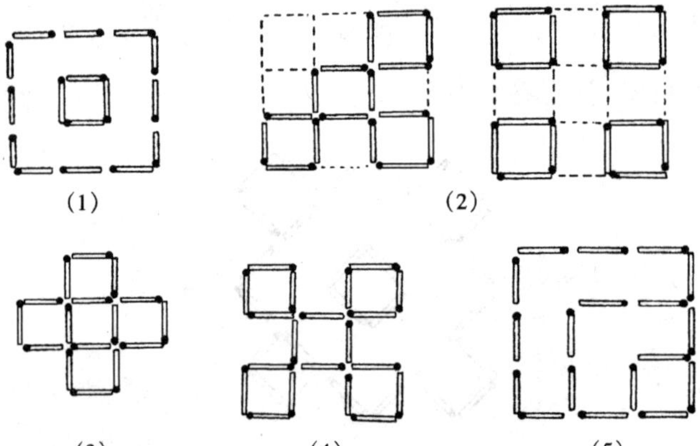

图 28

3.2.24. 这是办不到的,因为奇数个奇数还是奇数. 但是只要求两大正方形内球数为奇数,见图 29(1). 如果放 5 粒小球,则可使每个正方形内球数为奇数,但它们数目并不相等,见图 29(2).

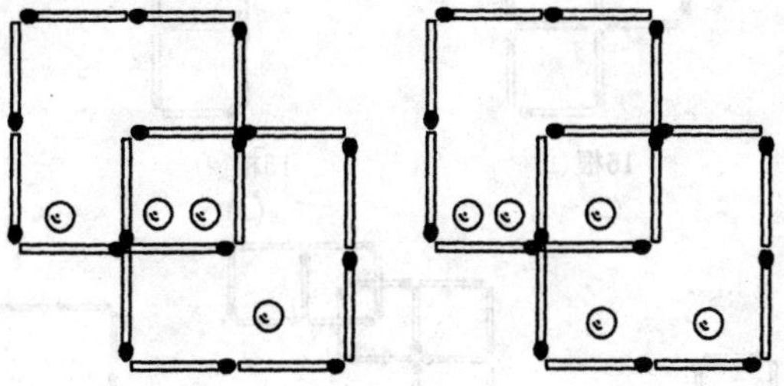

(1) (2)

图 29

3.2.25. 见图 30.

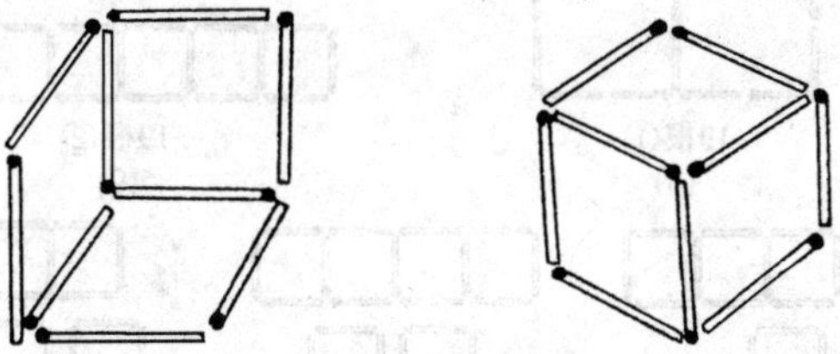

(1) (2)

图 30

3.2.26. 最多能摆 $1^2+2^2+3^2=14$ 个(大小不同者均算)正方形(图 31).

注 这类问题计算各种正方形总数方法是:若小正方形边长视为 1,则图 32 中边长为 k 的正方形网格所含各种正方形总数为 $1^2+2^2+3^2+\cdots+k^2$.

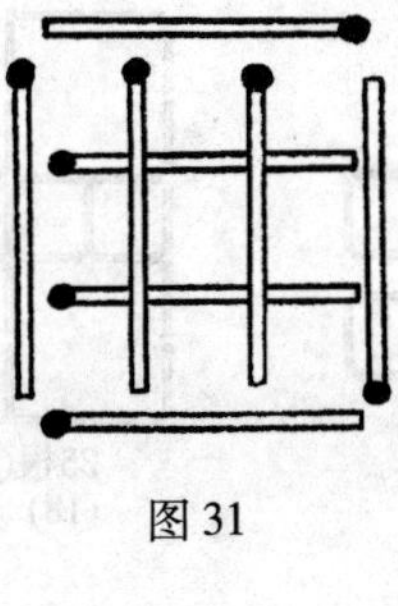

图 31

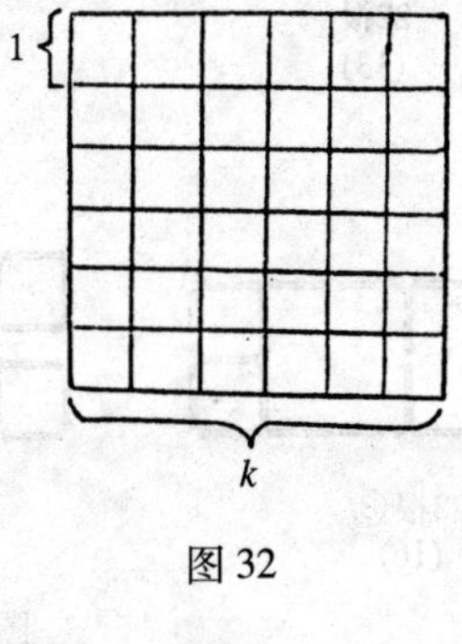

图 32

3.2.27. 见图33(不唯一),注意图中大、小正方形均要计算在内.

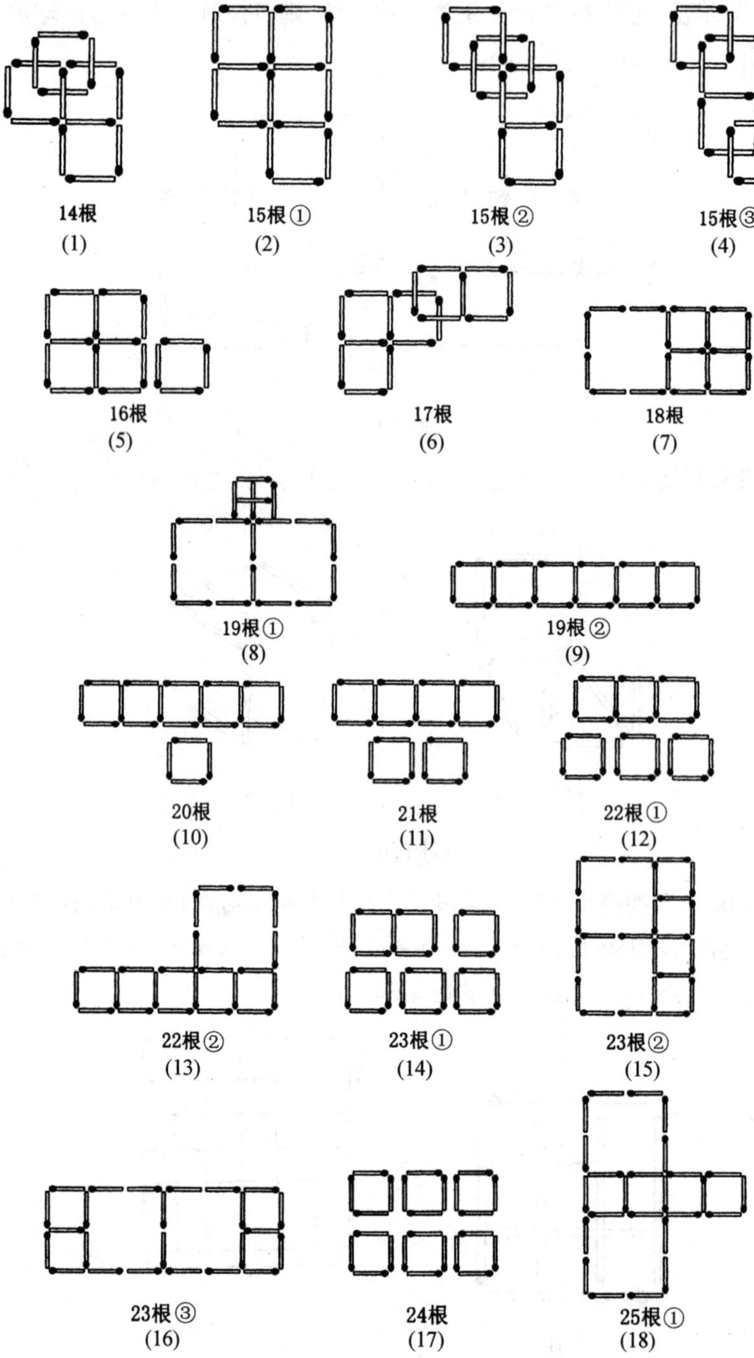

图33

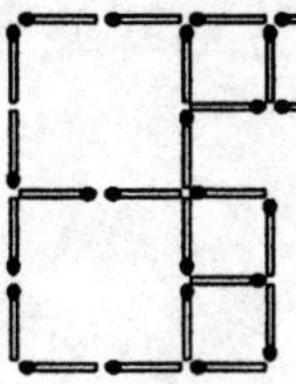

25根②
(19)

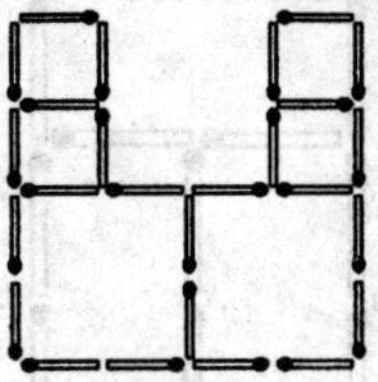

26根①
(20)

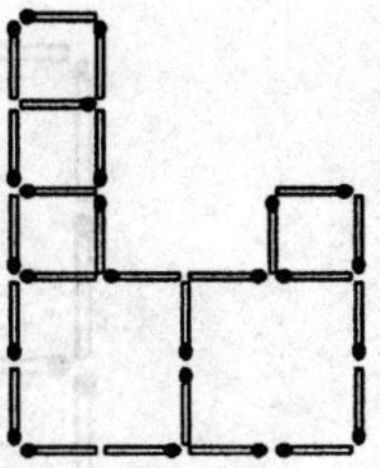

26根②
(21)

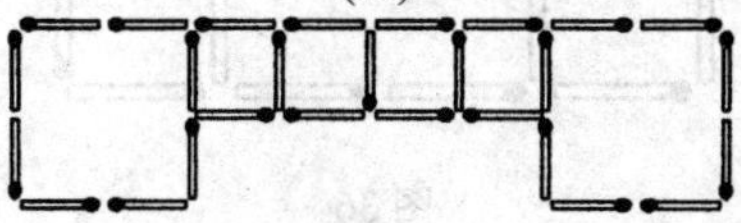

27根
(22)

续图33

3.2.28. 最少拿掉9根,答案不唯一,如图34.

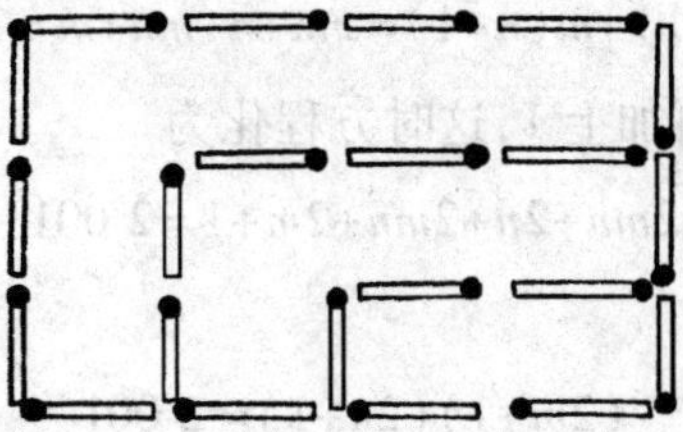

图34

3.2.29. 最少拿9根火柴. 拿走火柴后剩下的图形如图35.

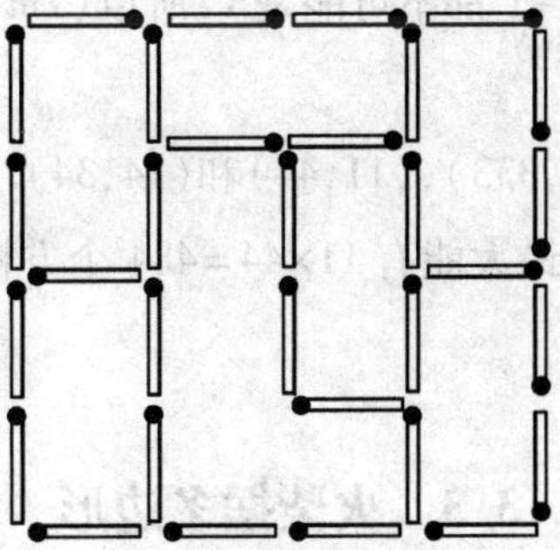

图35

另一答案(取法后)如图36.

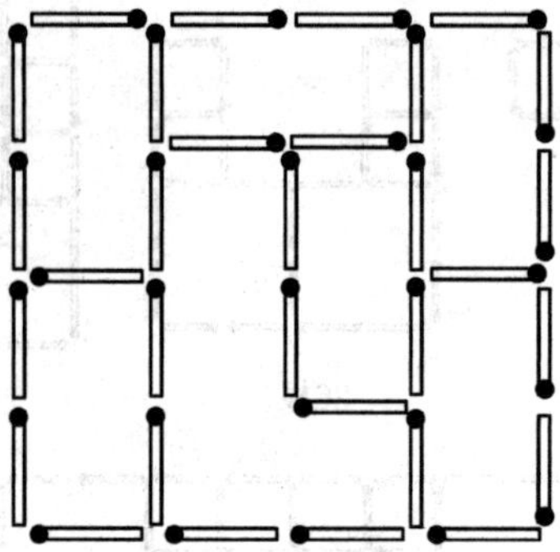

图 36

3.2.30. 假定搭成方阵后在长和宽的两边各有 m 和 n 根火柴. 这时横摆的火柴每行有 n 根,总共有$(m+1)$行,横火柴就有 $n(m+1)$根. 而从竖摆的火柴来看,类似地就有 $m(n+1)$根. 可以列出方程

$$n(m+1)+m(n+1)=mn+n+mn+m=1\ 000$$

等式两边都乘以 2 再加上 1,这时方程化为

$$2mn+2n+2mn+2m+1=2\ 001$$

即

$$(2m+1)(2n+1)=2\ 001$$

因为 $2\ 001=3\times23\times29$,所以把 2 001 拆成两个数相乘的可能就有 $1\times2\ 001$,3×667,23×87 或 29×69 这 4 种.

但是因为 $2m+1$ 或 $2n+1$ 都不可能是 1,所以$(2m+1)(2n+1)$只有 3×667,23×87 或 29×69 这 3 种.

相应的(m,n)就是$(1,333)$,$(11,44)$和$(14,34)$.

故它们能搭成的方阵最大能有 $11\times44=484$ 个方格,最小有 $1\times333=333$ 个方格.

3.3 火柴摆多边形

3.3.1. 见图 1.

注 此处还可以得到一个与原小梯形相似的大梯形.

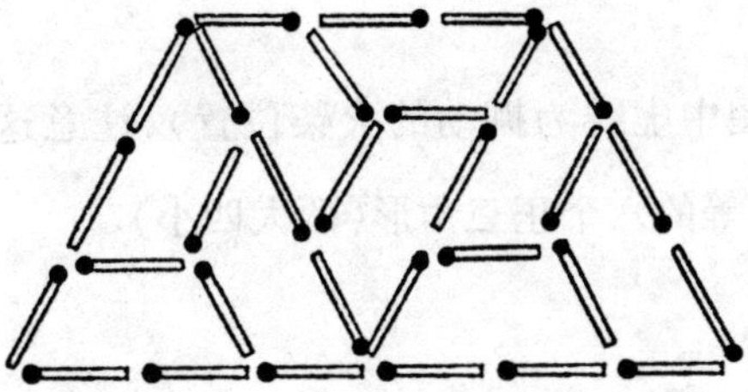

图 1

3.3.2. 见图 2(注意图中有大小不等的 7 个矩形,正方形不算).

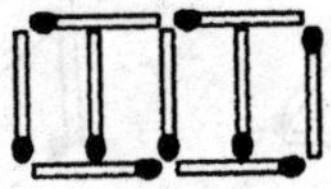

图 2

3.3.3. 见图 3.

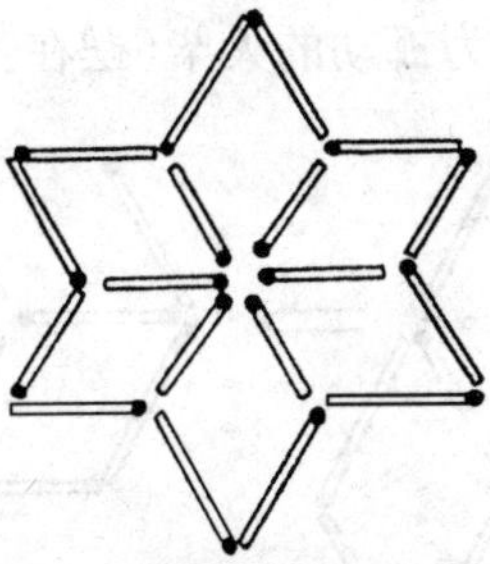

图 3

注 涉及六角星的一类问题又如:9 根火柴,6 长 3 短(短火柴为长火柴长的三分之二),摆出 12 个全等的正三角形.

答案见图 4.

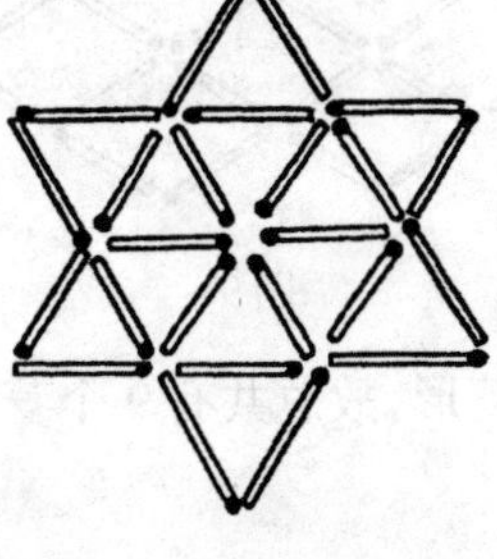

图 4

3.3.4. 见图5.

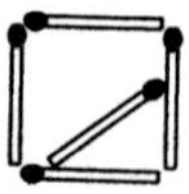

图5

3.3.5. 见图6(图中虚线为挪动的火柴位置),注意这里六个正三角形系指大小不等的六个正三角形(两大四小).

3.3.6. 见图7.

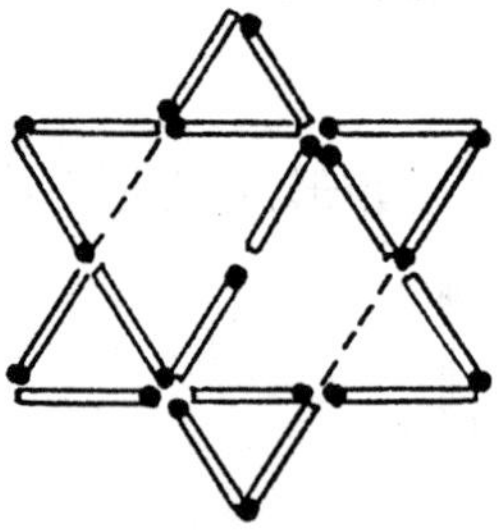

图6

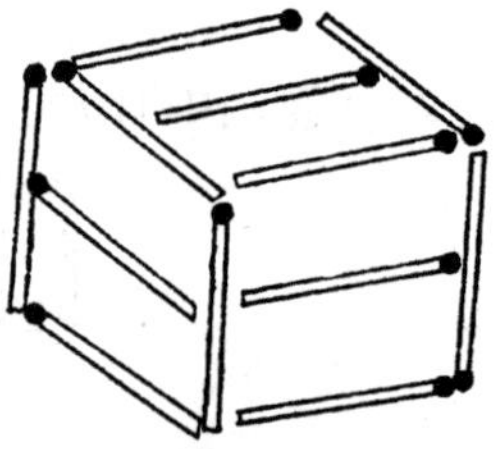

图7

3.3.7. 见图8,图中虚线为挪动的火柴(摆在正六边形旁边即可).

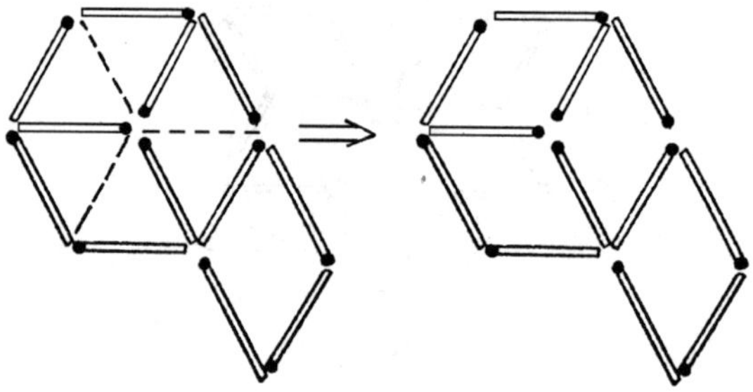

图8

3.3.8. 见图9,虚线为移去的火柴.

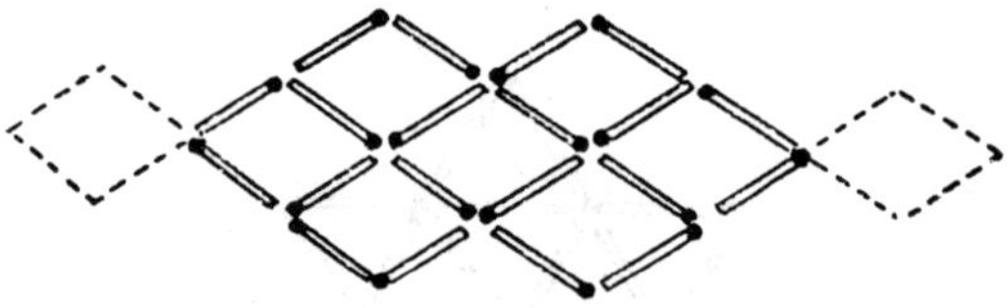

图9

注意图中还有两个大的菱形,故总共有9个菱形.

3.3.9. 见图 10.

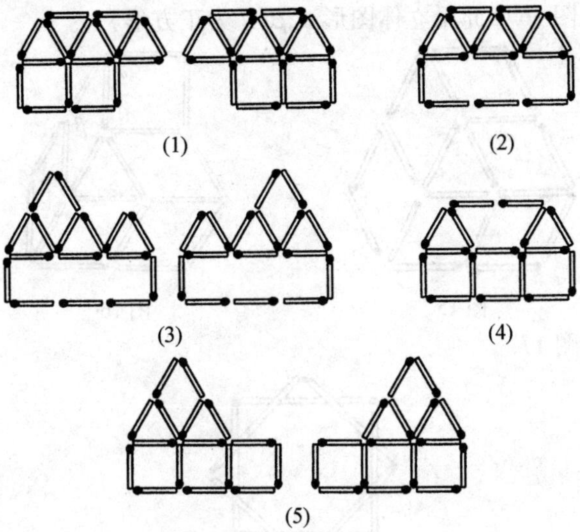

图 10

3.3.10. 见图 11.

3.3.11. 见图 12.

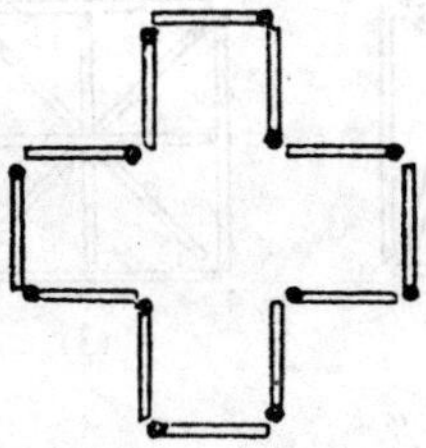

图 11

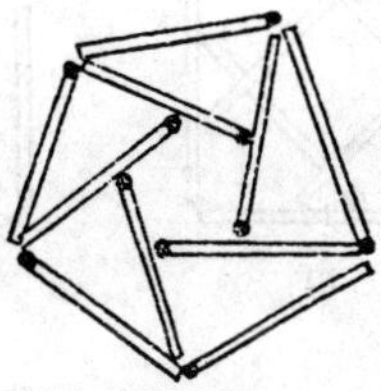

图 12

注 由图可以看出,问题还可以进一步要求:

用 10 根火柴搭成一个有两个正五边形和 5 个直角三角形.

3.3.12. 见图 13,即摆成一个空间(立体)图形三棱柱.

3.3.13. 见图 14,注意这里是一个平面图形(请与 3.3.9. 题对照),当然它也可以摆成一个空间(立体)图形,仿 3.3.9. 题图,即可.

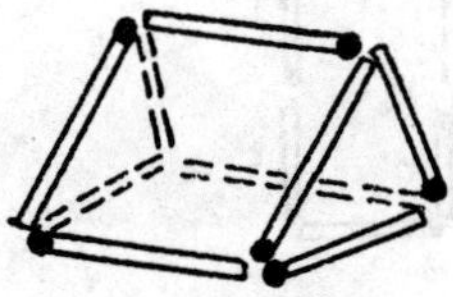

图 13

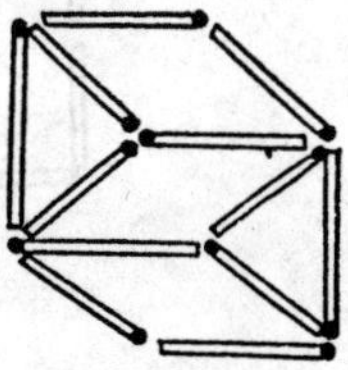

图 14

3.3.14. 见图 15.

3.3.15. 见图 16.（此系立体图形 α,β,γ 为正方形）

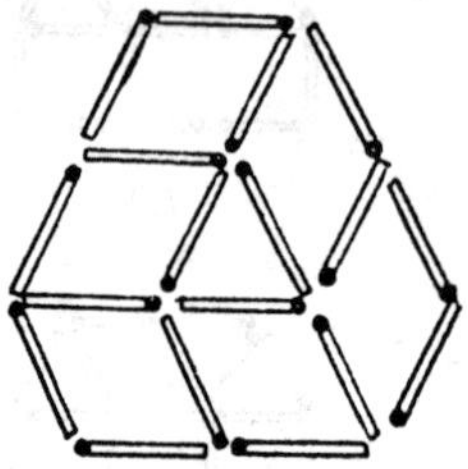

图 15

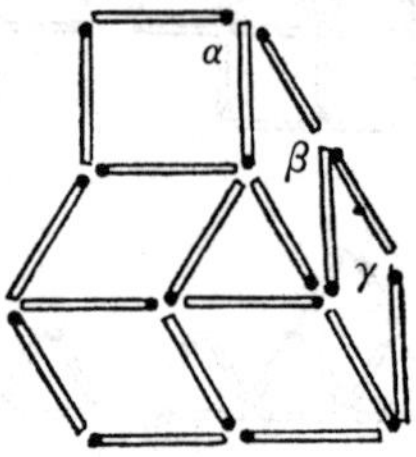

图 16

3.3.16. 见图 17.

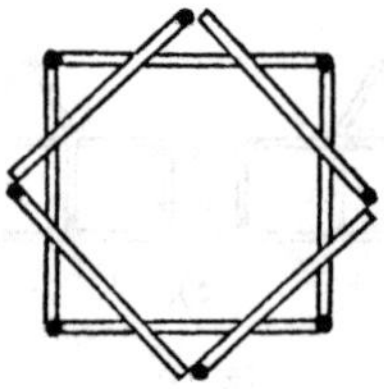

图 17

3.3.17. 摆法请见图 18(1)(2)，注意图 18(2)中不同三角形数为 8+4+4=16 个.

(1) (2) (3)

图 18

3.4 火柴图形的面积与剖分

3.4.1. 见图 1，其中虚线处为拿去的火柴.

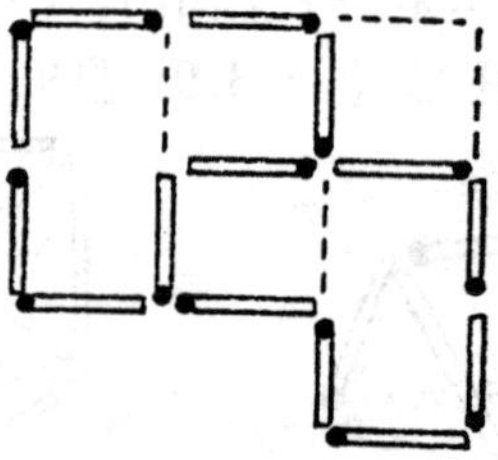

图 1

3.4.2. 见图 2.

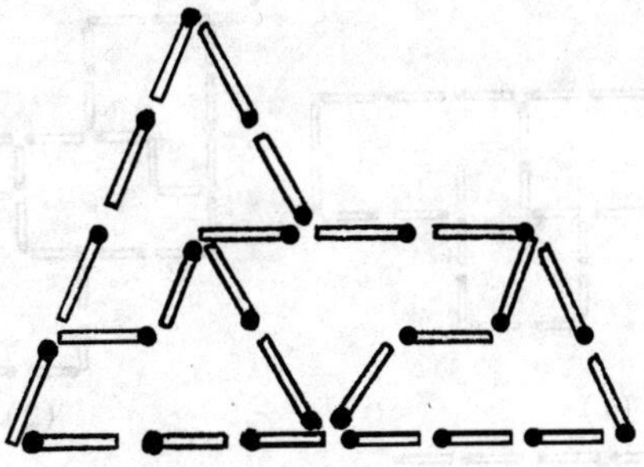

图 2

3.4.3. 见图 3(请与原图对照).

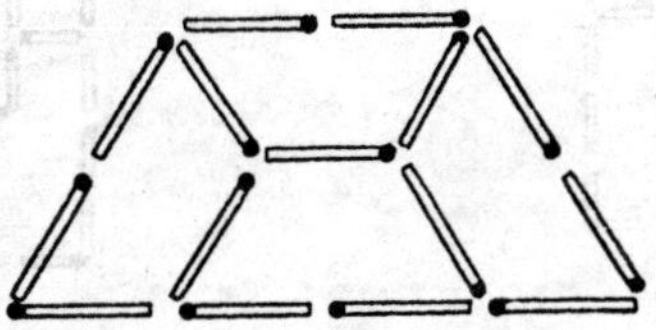

图 3

3.4.4. 见图 4,虚线为移去的火柴位置.

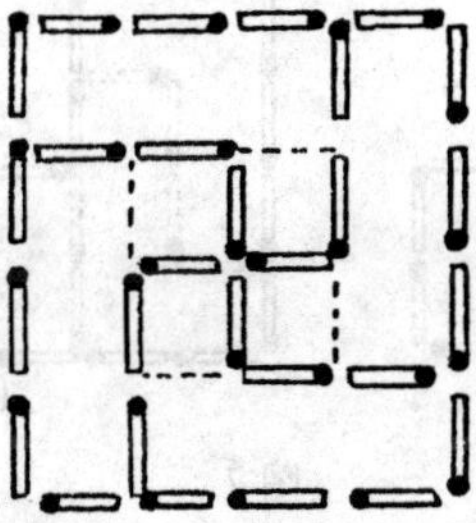

图 4

3.4.5. 分法见图 5.

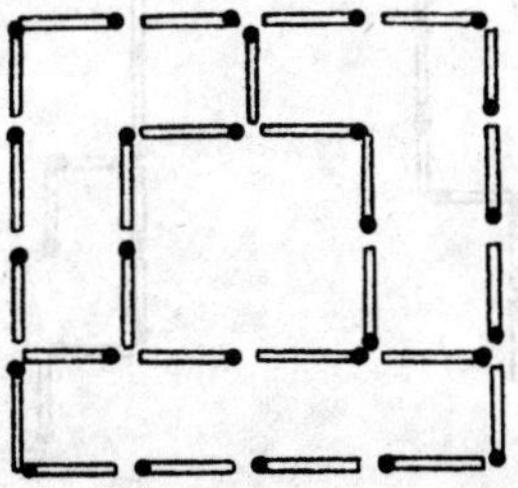

图 5

3.4.6. 见图 6.

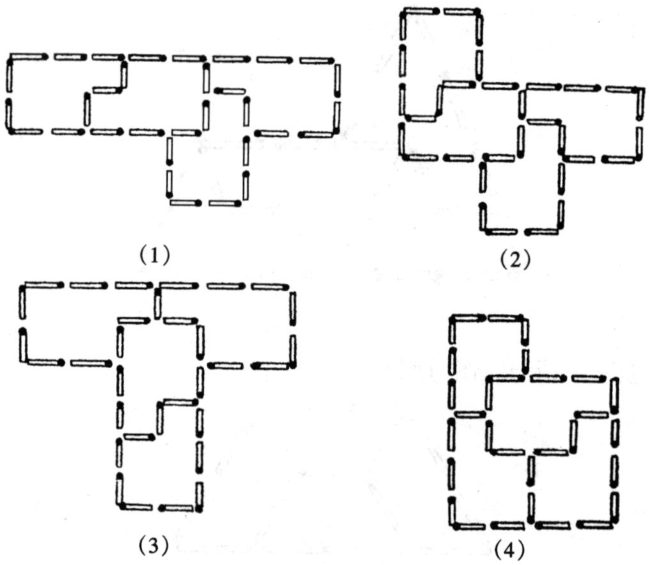

图 6

3.4.7. 见图 7,注意图 7(2)有两种答案(虚线火柴为添加的).

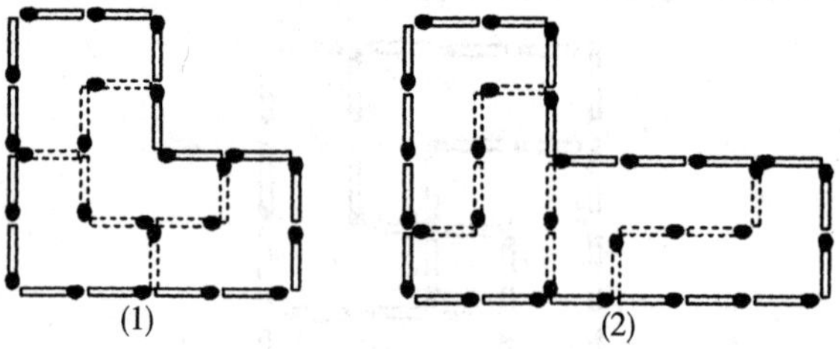

图 7

3.4.8. 见图 8(图中虚线火柴为所添加的).

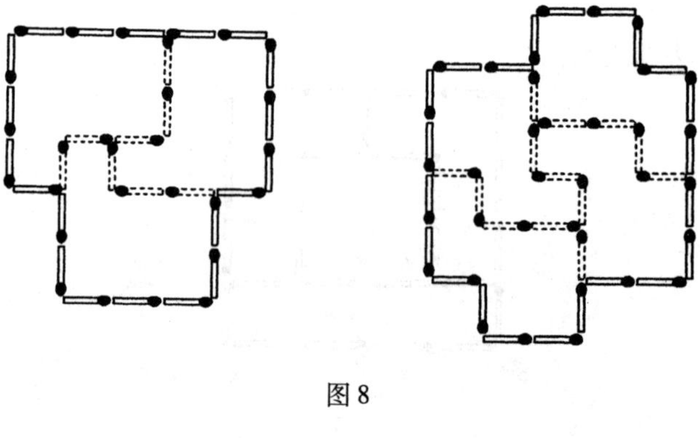

图 8

3.4.9. 见图 9(图中虚线火柴为所添加的).

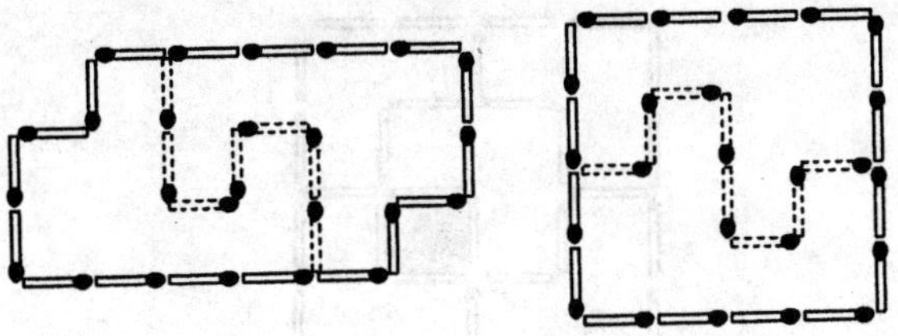

图 9

3.4.10. 见图 10.

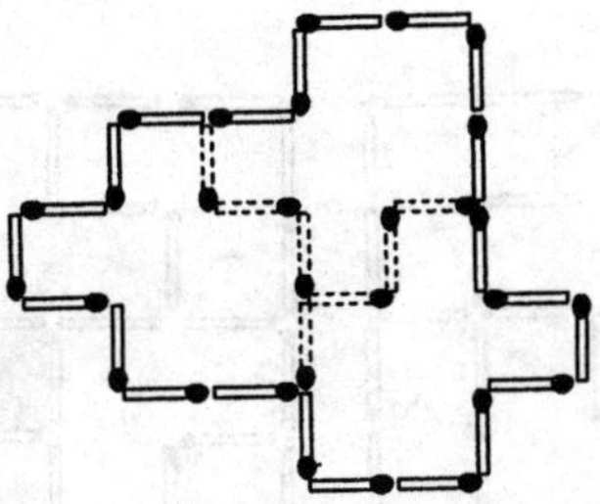

图 10

3.4.11. 见图 11.

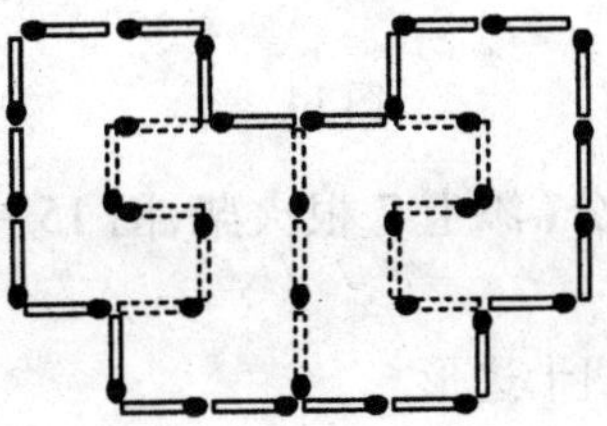

图 11

3.4.12. 答案不唯一,比如图 12.

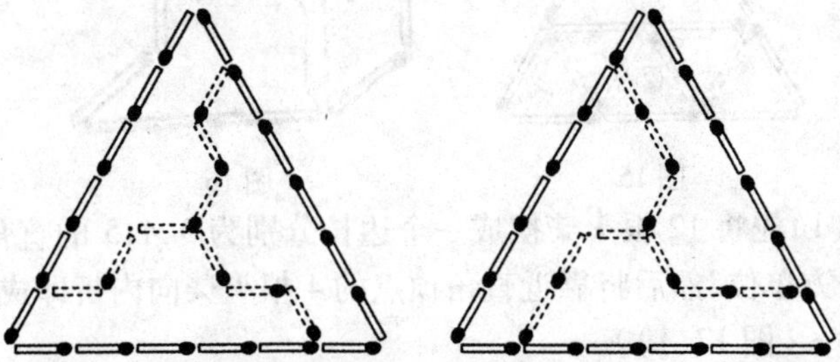

(1)　　　　　　　　　　(2)

图 12

3.4.13. 分法见图 13.

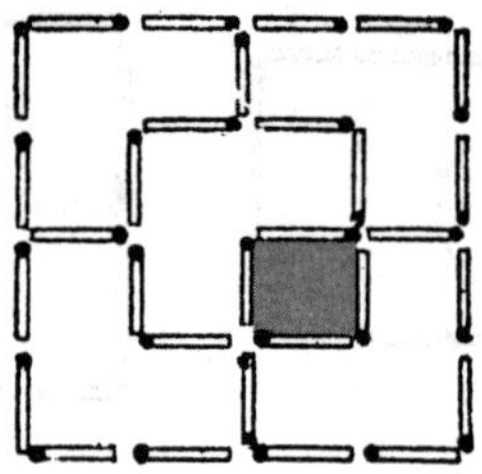

图 13

3.4.14. 分法见图 14.

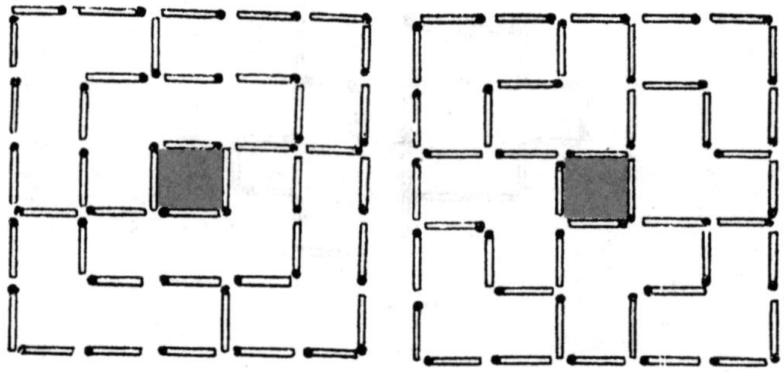

(1)　　　　(2)

图 14

3.4.15. 注意下面的剖分(添上 7 根火柴,图 15 中虚线火柴所示)后你会发现:$S_{②}>S_{①}$.

3.4.16. 见图 16,此为凹十边形.

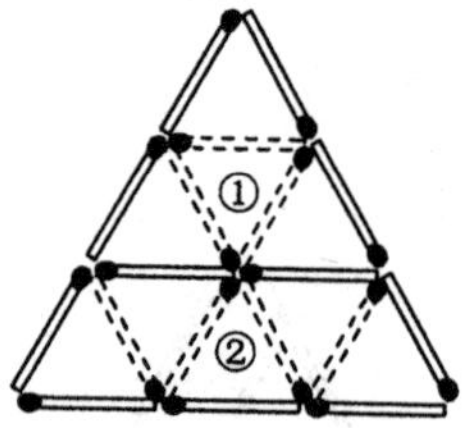

图 15

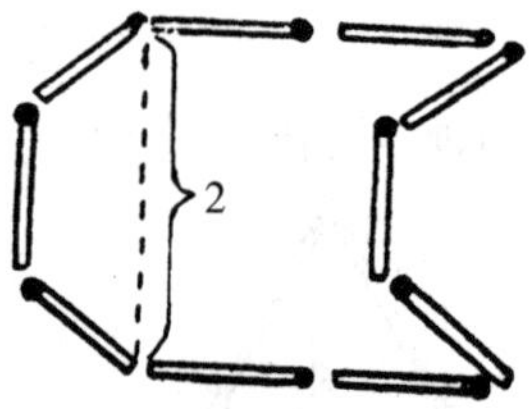

图 16

3.4.17. (1)先将 12 根火柴摆成一个边长分别为 3,4,5 的直角三角形,它的面积为 6 平方单位,然后将靠近直角顶点的 4 根火柴向内折即成面积为 3 平方单位的图形了(图 17(1)).

另外它还可以解如:

先用 8 根火柴摆成一个正方形如图 17(2)(面积为 4 平方单位),然后再利用等积变换设法去掉为 1 平方单位的图形.

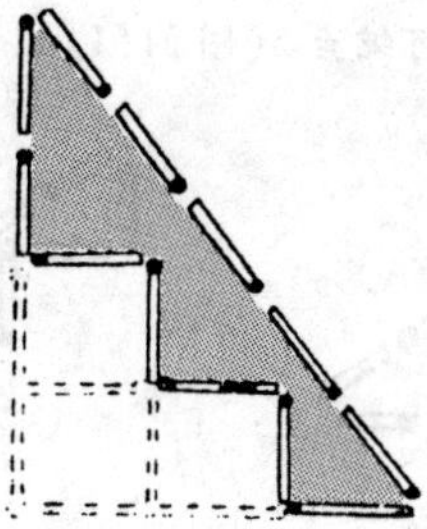

(1)

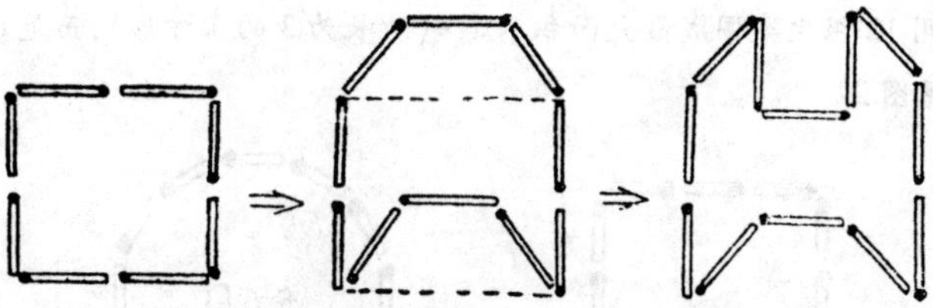

(2)

图 17

或者摆成下面图 18(1)的情形.

图 18(2)(3)由(1)的启示不难得到下面的解:

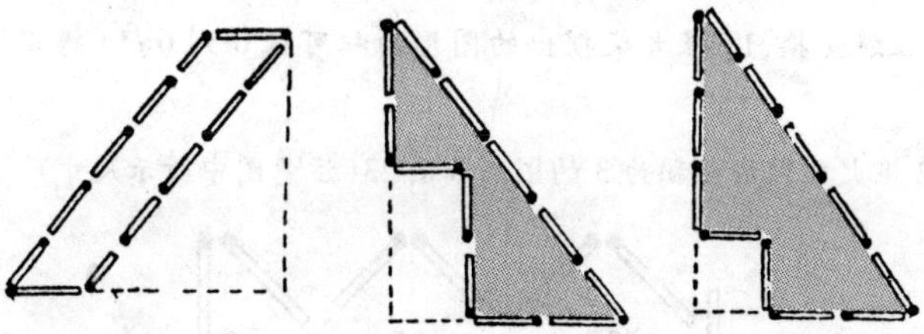

(1)3单位面积　　(2) 4单位面积　　(3) 5单位面积

图 18

这里的解都不唯一,比如图 19 也可给出 5 单位面积的图形.

注 1　用 12 根火柴可恰好摆成一个直角三角形(3 边长分别为 3,4,5),其面积为 6(图 20).

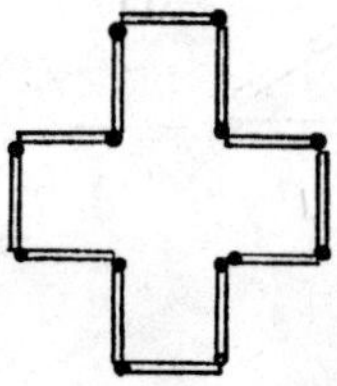

图 19

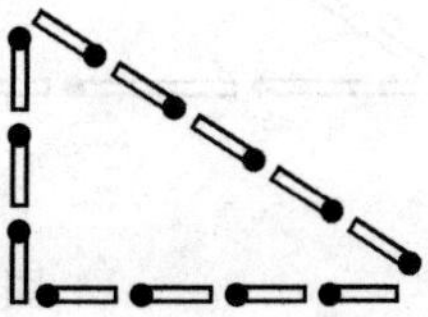

图 20

若把图中直角缩进去图形面积可缩至5(图21(1));再缩一次面积为4(图21(2)).

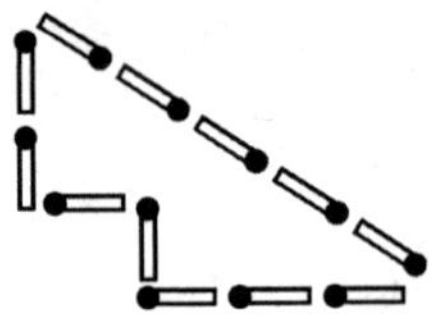

(1)　　　　(2)

图21

注2　当然用12根火柴围成最大面积不是9(边长为3的正方形),而是$6\sqrt{3}$(边长为1的正12边形),见图22.

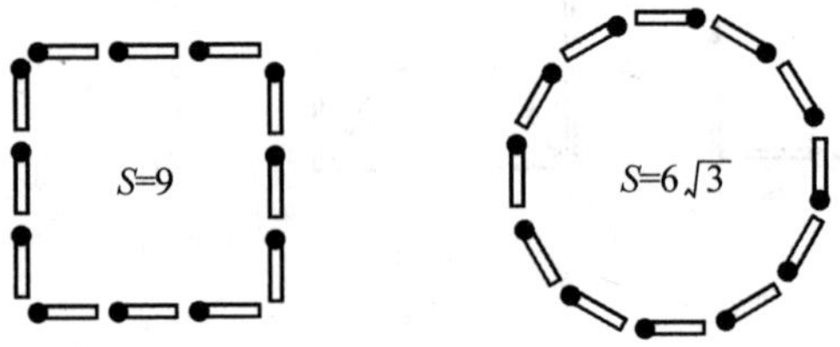

(1)正4边形　　　　(2)正12边形

图22

注3　通过压缩变换,12根火柴摆出的图形面积可从0到$6\sqrt{3}$(将正12边形适当压缩).

注4　用12根火柴围成面积为3的图形如图23(注意图中所示尺寸).

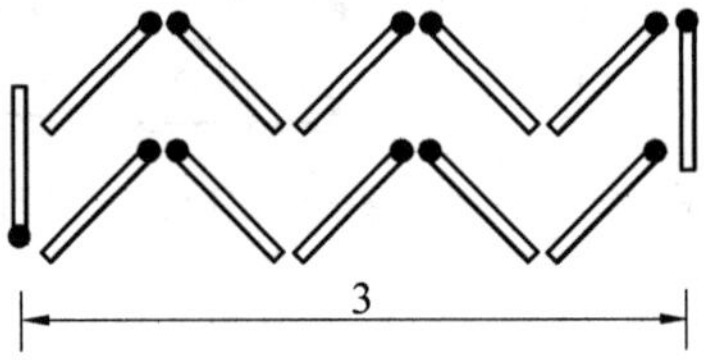

(1)

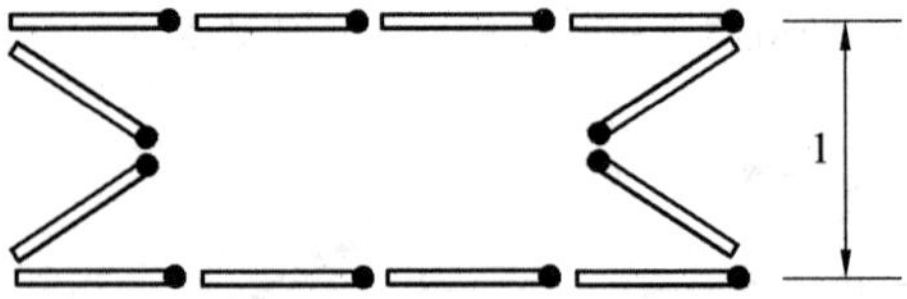

(2)

图23

3.4.18. 见图 24.

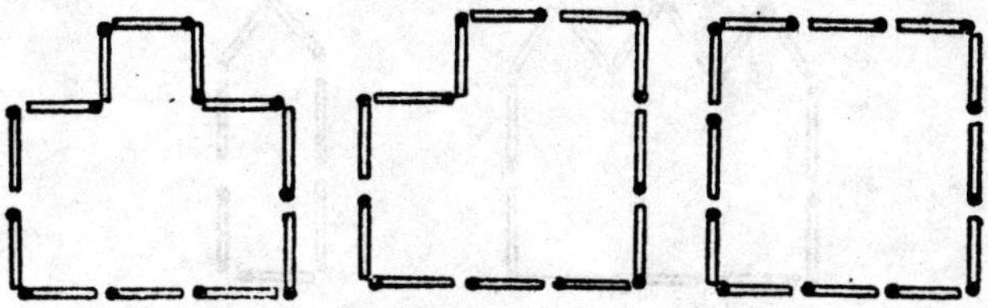

（1）面积为 7　（2）面积为 8　（3）面积为 9

图 24

3.4.19. 12 根火柴摆成面积为 5 的图形如图 25.

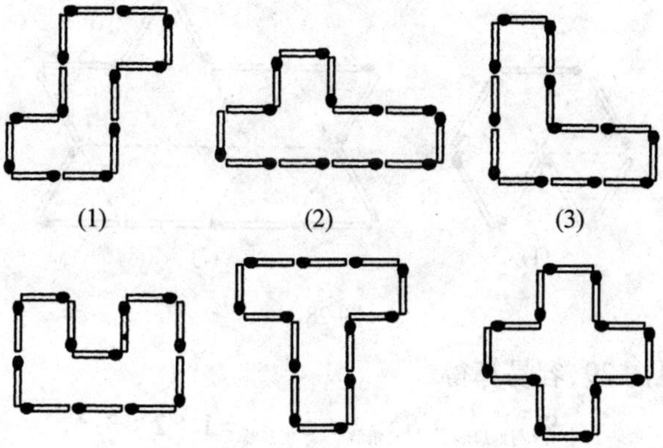

(1) (2) (3) (4) (5) (6)

图 25

14 根火柴摆成面积为 8 的图形如图 26.

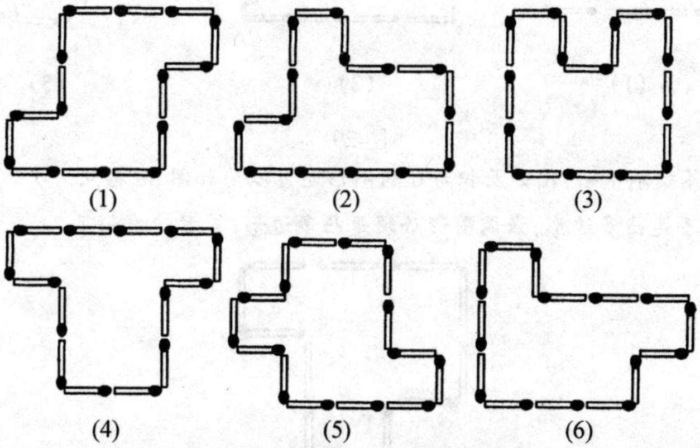

(1) (2) (3) (4) (5) (6)

图 26

3.4.20. 见图 27.

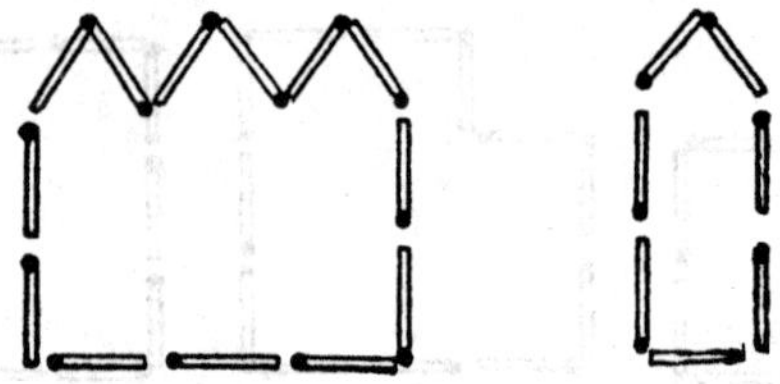

(1) (2)

图 27

3.4.21. 见图 28,当然还有别的摆法.

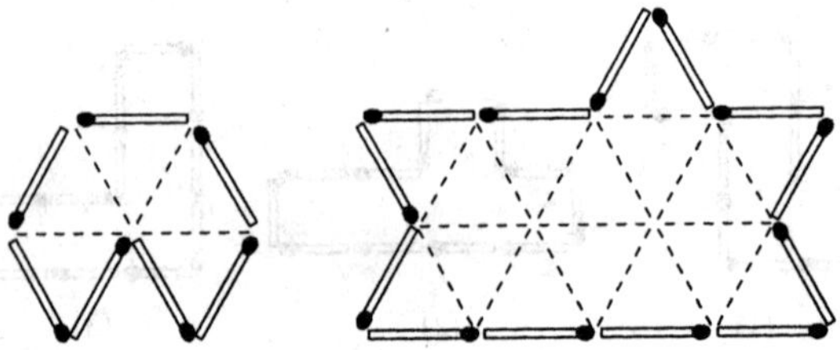

(1) (2)

图 28

3.4.22. 见图 29,容易算得

$$S_{平行四边形}:S_{三角形}:S_{正方形}=1:2:3$$

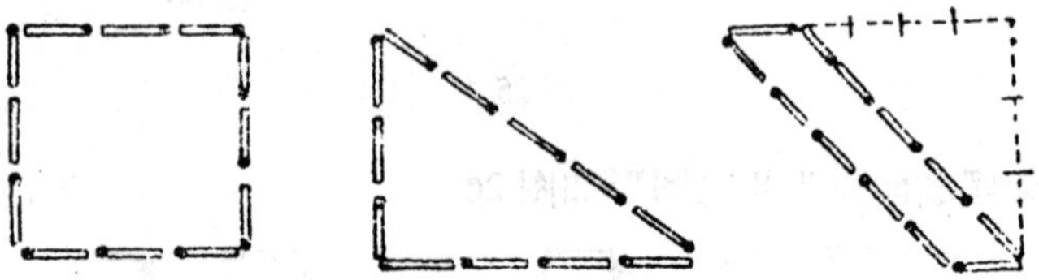

(1) (2) (3)

图 29

注 此图答案不唯一,比如面积为 6 的图形还可以为如图 30 摆法. 当然图 30 不是凸多边形,强调图形必须是凸多边形. 答案便唯一了.

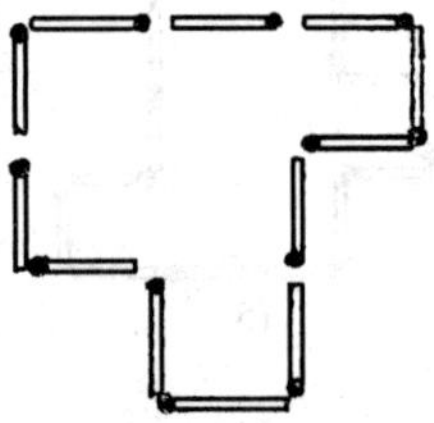

图 30

3.4.23. 见图31. 若火柴长为1单位,则图31(1)中图形Ⅱ的面积为(摆出适当角度的平行四边形可使其高为1.5)

$$S_{\text{Ⅱ}}=4\times 1\frac{1}{2}=6,\quad S_{\text{Ⅰ}}=1\times 2=2$$

而图31(2)只需从图中虚线即可看出结论.

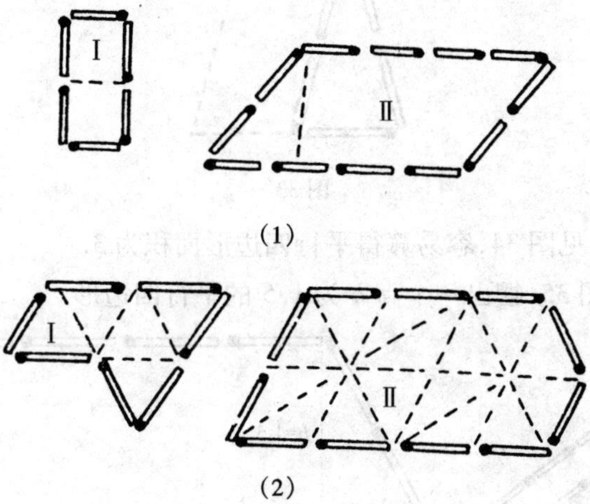

图31

3.4.24. 见图32(2). 具体做法应分两步:①先在左边再摆一根火柴(虚线处),从该火柴顶端A与下面三根火柴的前两根之间B连线,交上边火柴于点C(○处),从此处连摆三根火柴(图32(1)所示);②再连CD交底边于E,从E再连摆两根火柴即可(显然这三块形状是一样的).

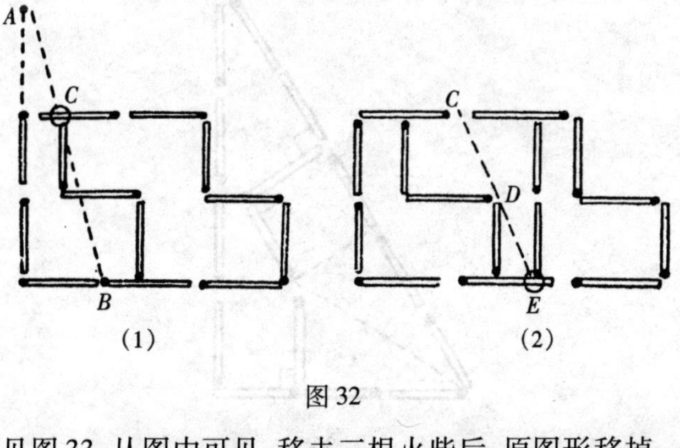

图32

3.4.25. 见图33. 从图中可见,移去三根火柴后,原图形移掉一个平行四边形,它的面积恰为原三角形面积之半.

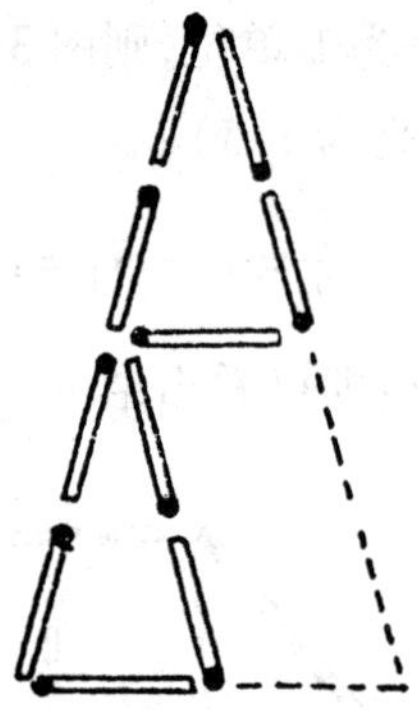

图 33

3.4.26. (1)见图 34,容易算得平行四边形面积为 3.

(2)答案如图 35,摆出一个高 h 为 1.5 的平行四边形.

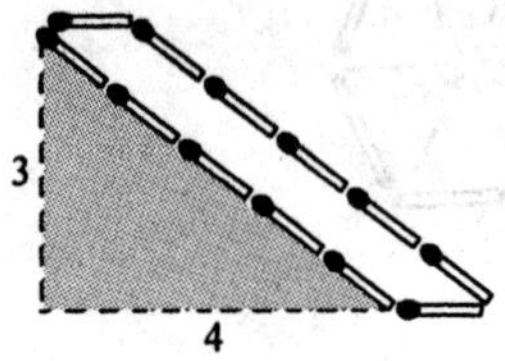

图 34

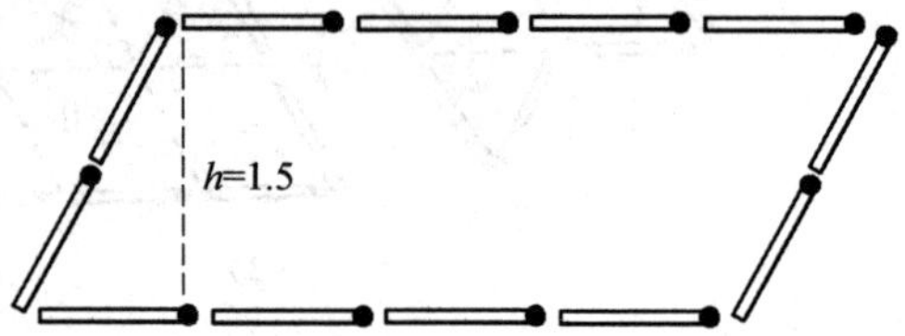

图 35

3.4.27. 见图 36. 原直角三角形面积为$\frac{1}{2}\times3\times4=6$(每根火柴长设为 1),图中加入火柴后左下角被分割出来的图形面积为 $2\times\left(\frac{1}{2}\times1\times2\right)+1\times1=3$.

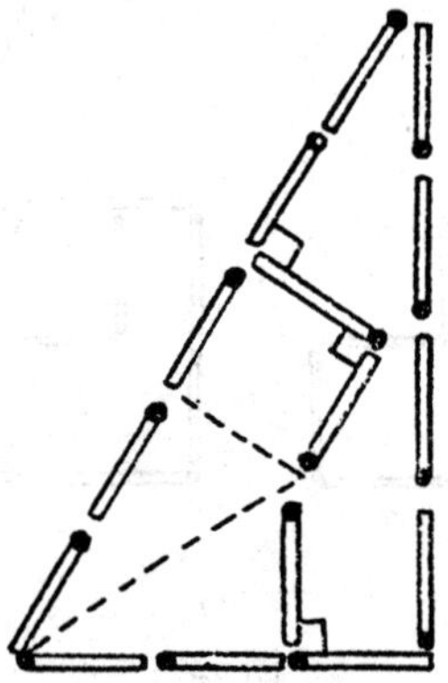

图 36

3.4.28. 面积是 4,注意到

$$S=3^2-\left(\frac{1}{2}\times1\times3\right)\times2-\frac{1}{2}\times2\times2=4$$

3.4.29. 最简单的摆法见图 37(还有其他摆法).

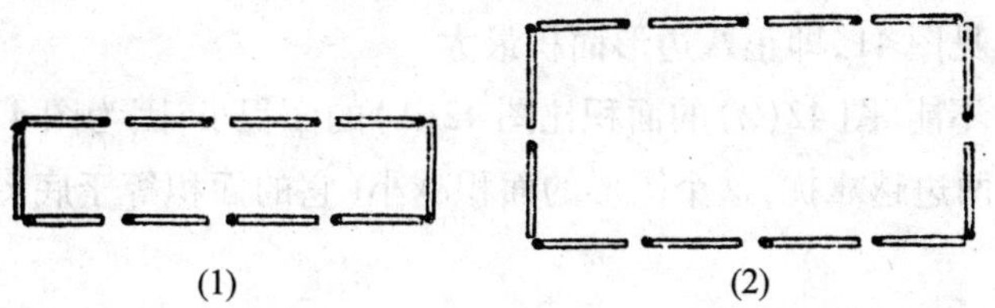

图 37

3.4.30. 见图 38(注意周长一定的四边形以正方形面积最大).

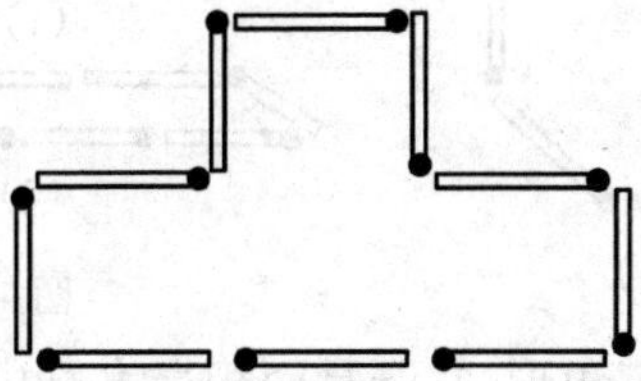

图 38

3.4.31. (1)剖分及组装可见图 39(注意到 $3^2+4^2=5^2$ 的事实).

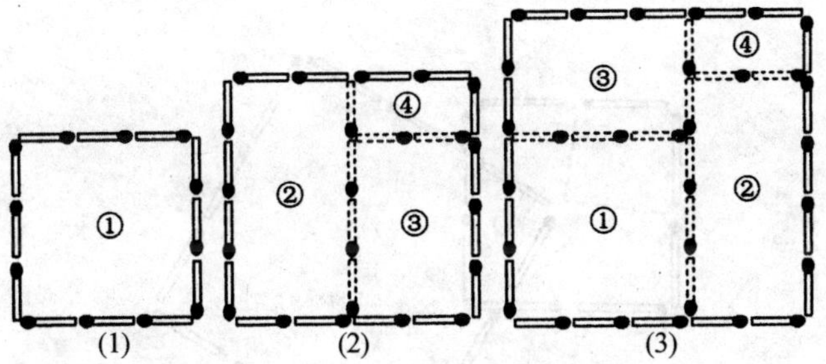

图 39

(2)此问题与 3.4.21. 无异,只是问题提法不同. 答案如图 40.

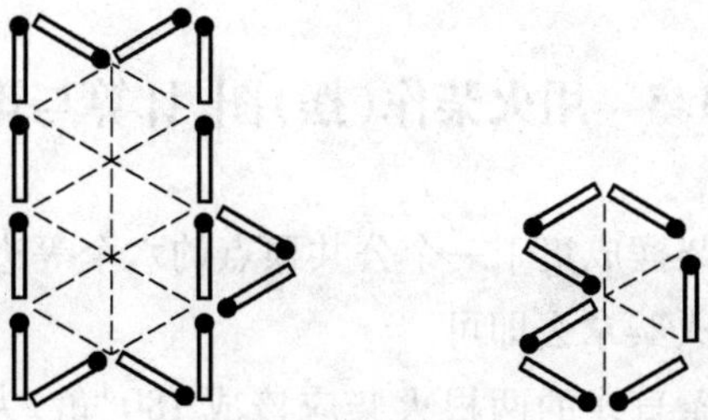

图 40

注 如前文方法,我们可将原大正方形摆成正 9 边形,与小正方形通过压缩变换,使它们面积比为 3 : 1.

类似的问题还可见 3.4.21 及 3.4.24.

3.4.32. 见图 41,即正八边形面积最大.

3.4.33. 不能. 图 42(2)的面积比图 42(1)的面积小,因为图 42(2)的平行四边形上、下两边越靠拢,这个图形的面积越小(它的面积等于底×高),因而最小者不存在.

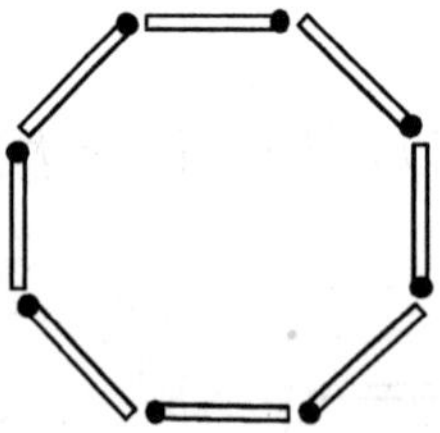

图 41

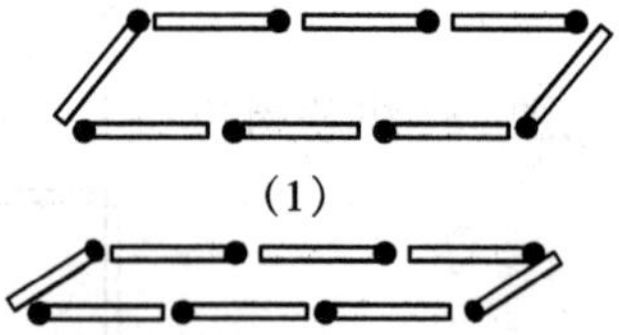

(1)

(2)

图 42

3 根火柴只能摆成正三角形,它既是面积最大,也是最小(三角形稳定性).

3.4.34. 从图 43 虚线作完后可见,Ω 恰为小正方形面积的四分之一(火柴及两虚线恰好把小正方形一分为四等份),故 Ω 部分面积为 $\frac{1}{4}S_{小正方形}=1$.

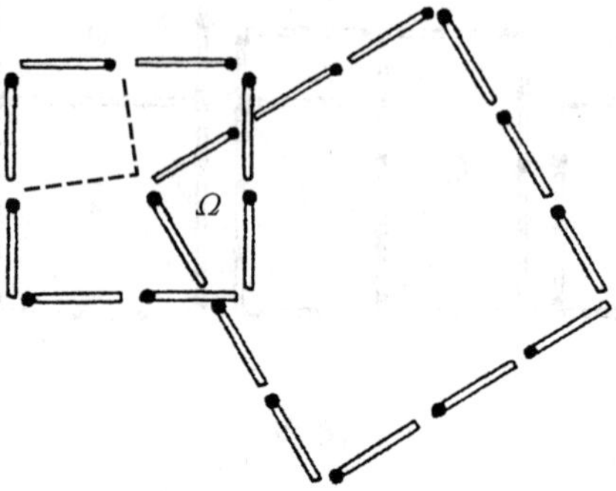

图 43

3.5 用火柴作(摆)图、计算与论证

3.5.1. 先用火柴摆成集于一个公共顶点的六个等边三角形(图 1),再将里面(图中虚线所示)火柴拿去即可.

3.5.2. 摆成一条直线的两根火柴应该成 180°角,为此我们用另外的火柴摆成三个等边三角形(图 2),有公共顶点处的三个内角之和恰为 180°.

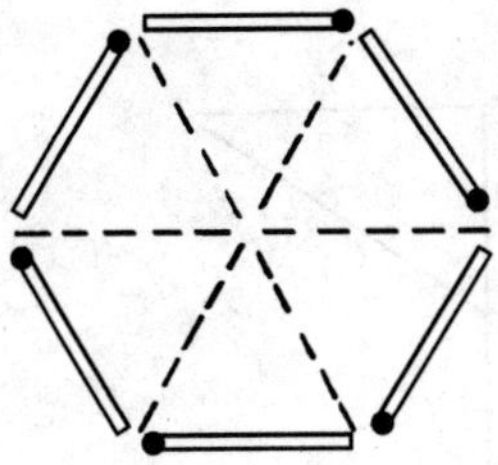

图 1

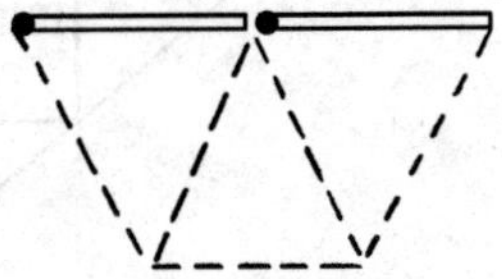

图 2

3.5.3. 摆法见图 3,即摆成一个空间坐标系架,注意 OE,OF 可分别与 OA,OB,OC,OD 各组成一个直角,又 OA,OB,OC,OD 两两又可组成一个直角,计 12 个直角.

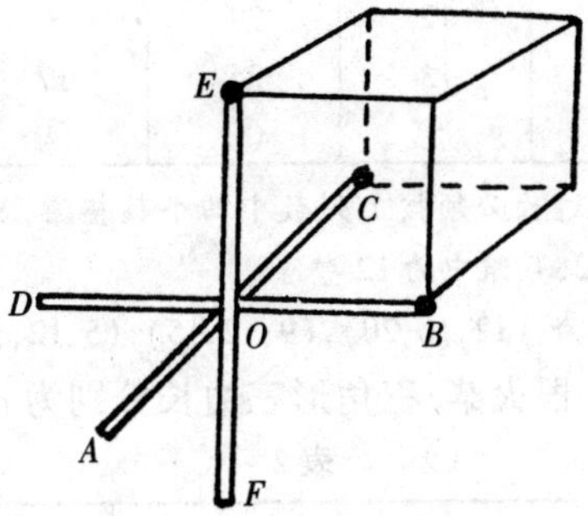

图 3

3.5.4. 只需分别用 8,12,18 和 12,18,27 根火柴摆成两个三角形(图 4)即为所求,图中数字表示火柴根数(下同). 因为这时两个三角形对应边成比例

$$8:12=12:18=18:27$$

故它们相似,从而两个三角形三个内角分别相等,又它们有两条边分别相等,但这两个三角形不全等.

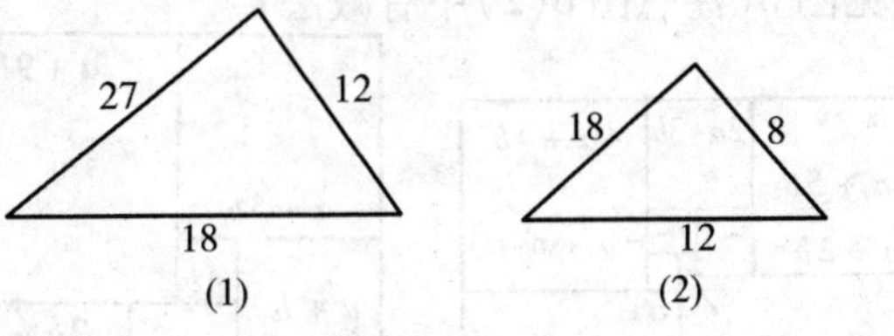

图 4

3.5.5. 见图 5,其中三角形各边旁的数字表示火柴根数(总数为 198 根).

注 三边为整数的直角三角形三边长 x,y,z 分别可表示为:$mn,(m^2-n^2)/2,(m^2+n^2)/2$,这里 m,n 为不同的正奇数. 对于最小的 m,n 值见表 1.

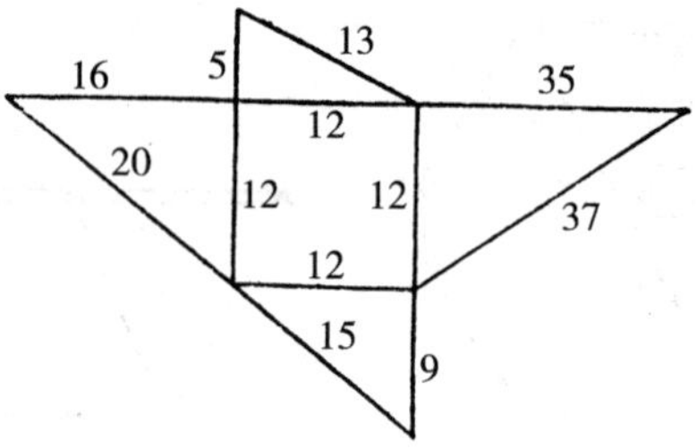

图5

表1

(n,m)	(1,3)	(1,5)	(1,7)	(3,5)	(3,7)	(5,7)
x	3	5	7	15	21	35
y	4	12	24	8	20	12
z	5	13	25	17	29	37
组别	①	②	③	④	⑤	⑥

显然我们寻找的正方形边长必须被上列数中四个数整除,显然最小者为12,因为它可被①组中的3,4,②组中的12,⑥组中的12整除.

故四个三角形的边分别为:(12,16,20),(9,12,15);(5,12,13)和(35,12,37).

3.5.6. 最少需要19根火柴. 三角形三边长分别为a,b,c,见表2.

表2

a	1	2	3	3	4	4	5	5	5	9
b	9	8	7	8	6	7	5	6	7	6
c	9	9	9	8	9	8	9	8	7	7

注 这里显然运用了几何中的定理:

(1)三角形一边小于其他两边和;

(2)三角形一边大于其他两边差.

3.5.7. 摆法见图6(注意图6(2)中有减法).

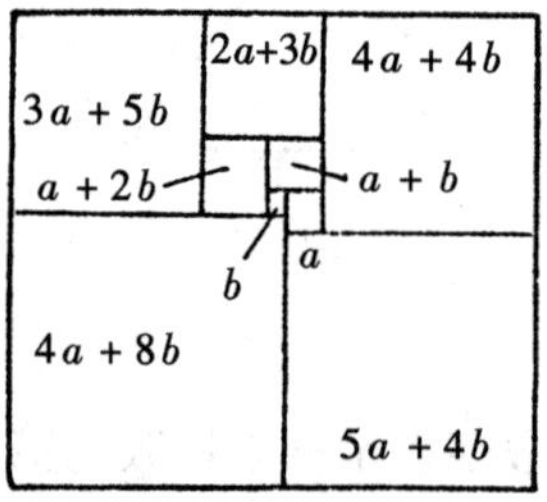

$a = 5$, $b = 2b$

(1)

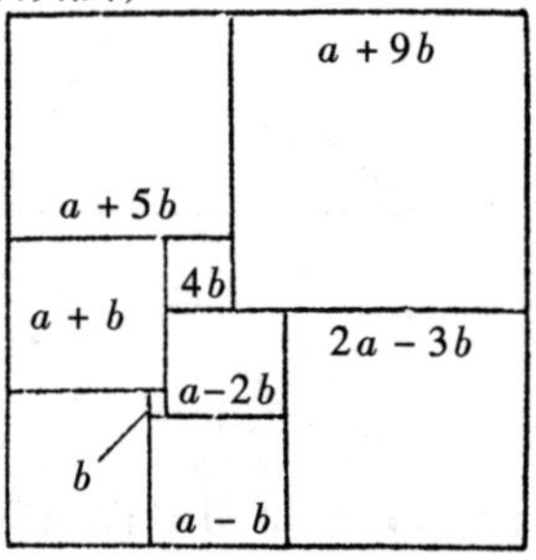

$a = 9$, $b = 1$

(2)

图6

注1 由上推算:图6(1)(2)可分别建立方程

$$7a+13b=9a+8b \text{ 和 } a+9b=3a-9b$$

(由整个矩形的高) (由右上方的正方形)

对于前者最小整数解为 $b=2,a=5$,对于后者最小整数解为 $b=1,a=9$.

显然,能分割成九个正方块的完美矩形的长宽之比必须是32/33或61/69.

注2 如果用同规格的火柴来摆,则可按图7中办法摆出(正方块中的数字表示该正方形边长所须火柴根数).

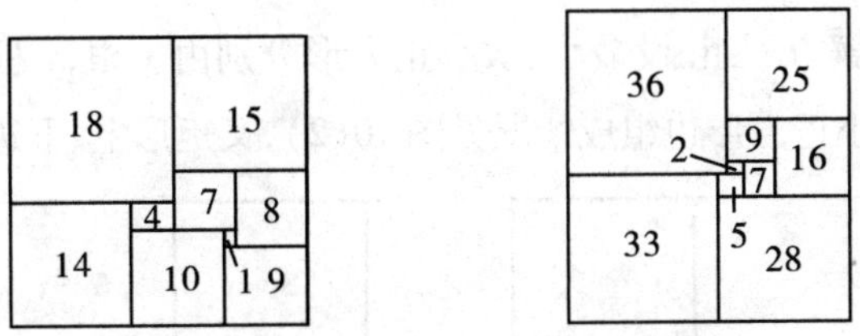

图7

注3 正方形可分割成许多规格不同的边长为整数的小正方块,则称它为完美正方形.关于它的存在是1926年由苏联数学家鲁金提出的.

第一块完美正方形是1938年由美国坎布里奇大学的四位学者发现的,它由69个小正方块组成(称之为69级的).

1939年,人们又找到一个39级的;直到六十年代末,级数最小的纪录是24(它的边长为175).

1978年,荷兰特温特大学的阿·杰·乌·杜依维斯蒂尤用电子计算机给出一个21级的完美正方块(图8).

人们已证得低于21级的完美正方块不存在.

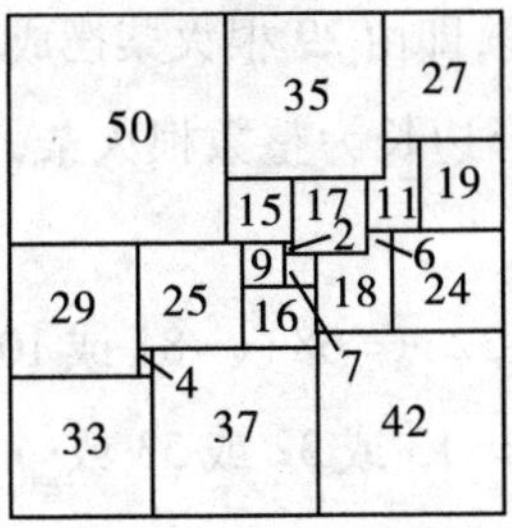

图8

3.5.8. 见图9(图中数字代表该正方块边长).

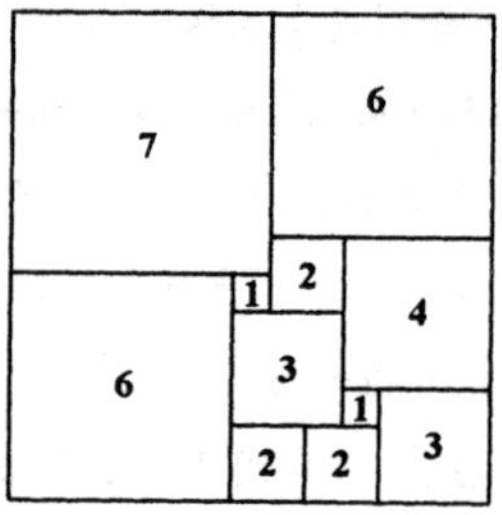

图 9

3.5.9. 考虑解方程组. 设最小、次小正方形分别由 x 根，y 根火柴组成，见图 10(1)，这样其余小正方形边组成情况见图 10(2)，又矩形上、下边长为 32.

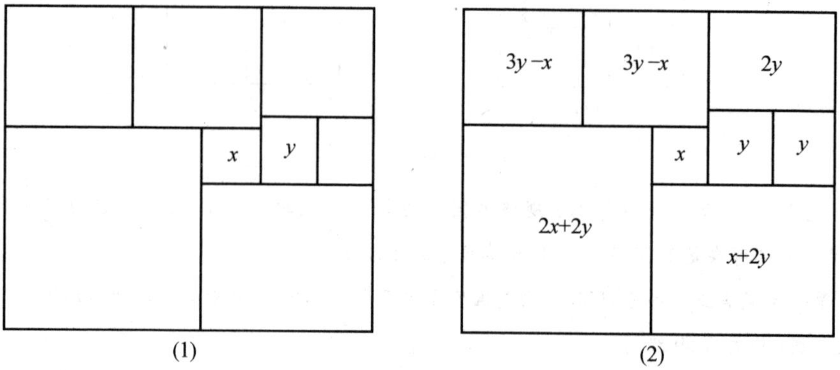

图 10

这样由矩形上、下边组成可分别得方程

$$\begin{cases}8y-2x=32\\3x+4y=32\end{cases}\Rightarrow\begin{cases}x=4\\y=5\end{cases}$$

则矩形左、右边长为 $5y+x=29$，即由 29 根火柴摆成.

3.5.10. 由题设知正方形边长为整数根火柴，故正方形面积 $16+20+32+x$ 应为完全平方数

$$S_{正方形}=16+20+32+x=68+x=81 \text{ 或 } 100 \text{ 或 } 121 \text{ 或}\cdots$$

则
$$x=13 \text{ 或 } 32 \text{ 或 } 53 \text{ 或}\cdots$$

注 此题中 $S_{正方形}$ 还可为 144，169，…

3.5.11. 如图 11，联结 AC，设该正方形对角线长为 x. 在 AE 的延长线上摆 3 根火柴，在与 EF 平行方向摆 5 根火柴（这时 $EGCF$ 为矩形）.

在直角三角形 ACG 中，由勾股定理有

$$AC^2=AG^2+CG^2$$

即

$$x^2=(9+3)^2+5^2$$

得 $x=13$.

设 $BC=a$,则 $2a^2=x^2$,$a^2=\frac{x^2}{2}=84.5$,即正方形面积.

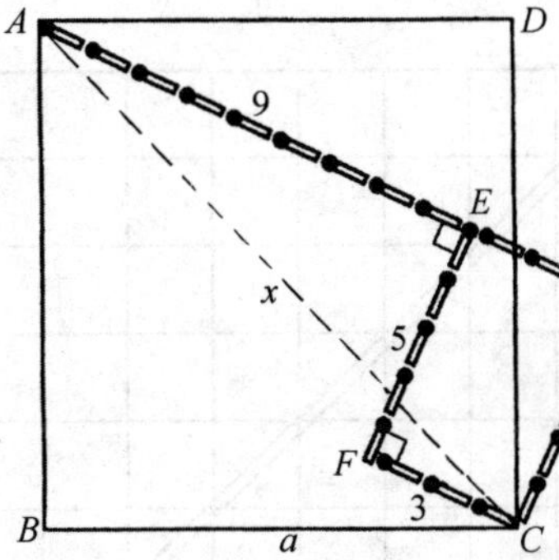

图 11

3.5.12. 剖分如图 12,其中 N 形 1 块,L 形 15 块.

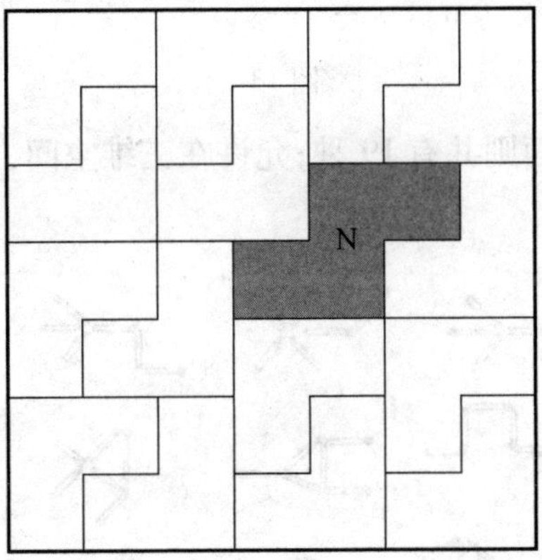

图 12

注意:L 形由 8 根火柴组成 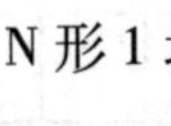,N 形由 10 根火柴组成 .

注 因为图形面积 $7\times7=49$,它不是 3 的倍数,而 $49-4=45$ 是 3 的倍数,剖分可行.

3.5.13. 如图 13,用一根长火柴(比大正方块对角线稍长)在方格上移动:横竖向火柴穿过方格显然不多(8 个),放到大方块的对角线上火柴也仅穿过 8

个方格.

火柴沿对角线平行方向稍稍下移，情况发生变化，它可穿越 15 个方格，再往下移，火柴穿过的方格越来越少，故它是最多的.

其实棋盘有 18 条线，火柴在对角线下方摆放时，火柴只能与四条边线中两条相交. 火柴至多与方格有 16 个交点，它将火柴分成 15 段，这样火柴至多与 15 个方格相交.

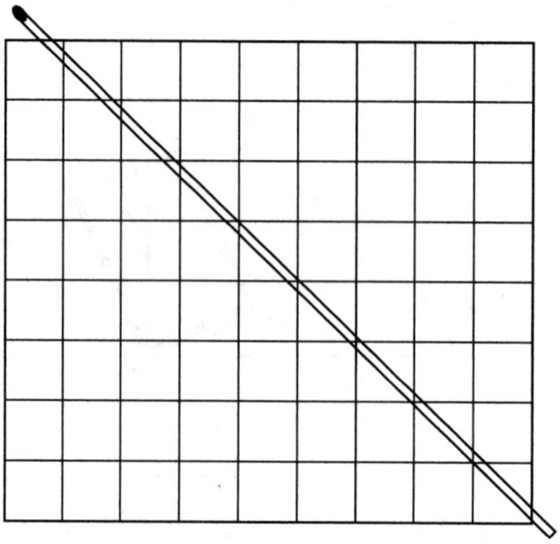

图 13

3.5.14. 若限于平面则共有 19 种；允许在三维空间，则可加上第 20 种——正四面体骨架(图 14).

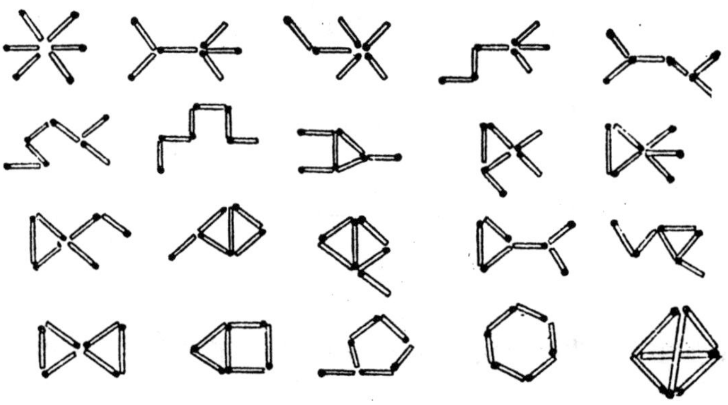

图 14

第4章　搬与取答案

4.1　搬　火　柴

4.1.1. 搬法如图 1.

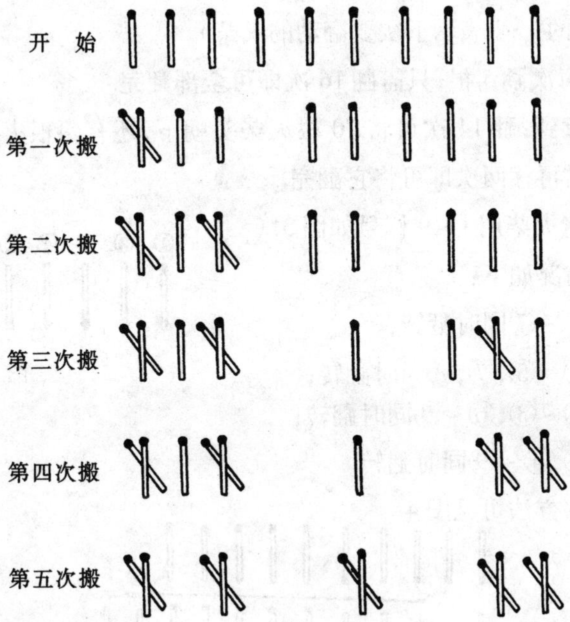

图1

此外还可以按下面办法搬:

5→2(表示第 5 根搬在第 2 根上),7→10,3→8,1→4,9→6.

4.1.2. 搬法有两种(记法同上题):

第一种搬法:

5→1,6→1,9→3,10→3,8→14,7→14,4→2,11→2,13→15,12→15;

第二种搬法:

5→1,6→1,9→3,10→3,8→14,4→13,11→14,15→13,7→2,12→2.

4.1.3. 要翻 6 次,具体翻法如图 2.

图 2

(箭头下面的“·”表示下次要翻动的火柴)

72 根火柴每次翻 5 根,只需翻 16 次即可全部翻完.

这只需注意到:翻 14 次可将 70 根火柴头朝下,还有两根火柴再与其他 4 根火柴相配只需再移两次即可将它翻完.

4.1.4. 先将火柴用 1 ~9 标号如图 3.

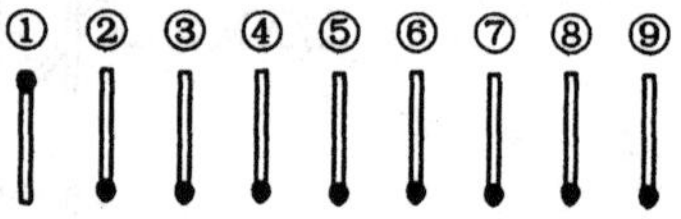

图 3

四次翻动情况如下:

第一次　①~⑦同时翻转;

第二次　①~⑤,⑦,⑧同时翻转;

第三次　①~③,⑥~⑨同时翻转;

第四次　①,④~⑨同时翻转.

4.1.5. 搬移方法可见图 4.

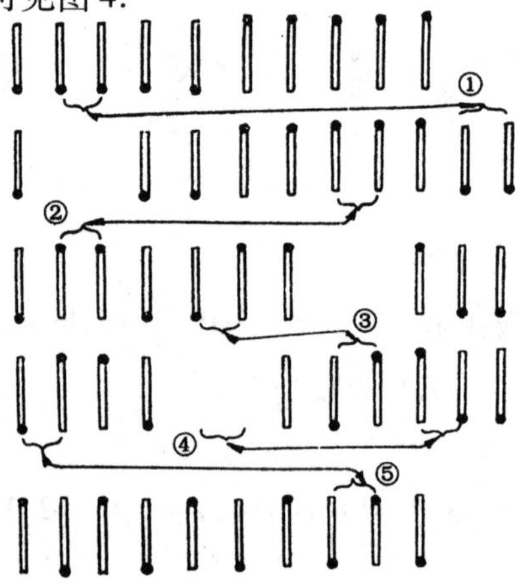

图 4

注 可以证明:当火柴有 k 对时,按照上面摆法与搬法,一般经过 k 步可完成要求.

下面给出 $k=3,4$ 的情形(●表示火柴头朝上,○表示火柴头朝下):

$k=3$ 的情形

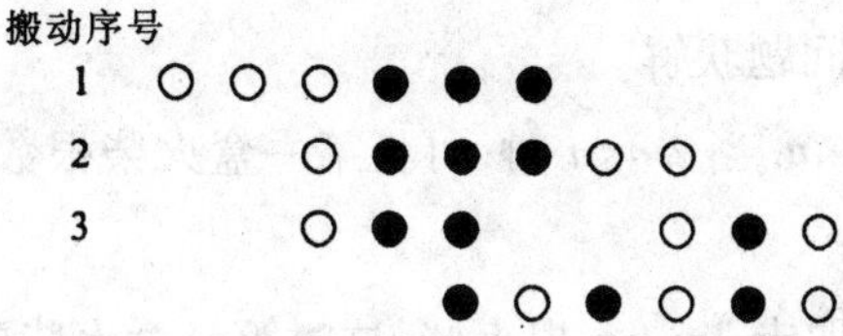

$k=4$ 的情形

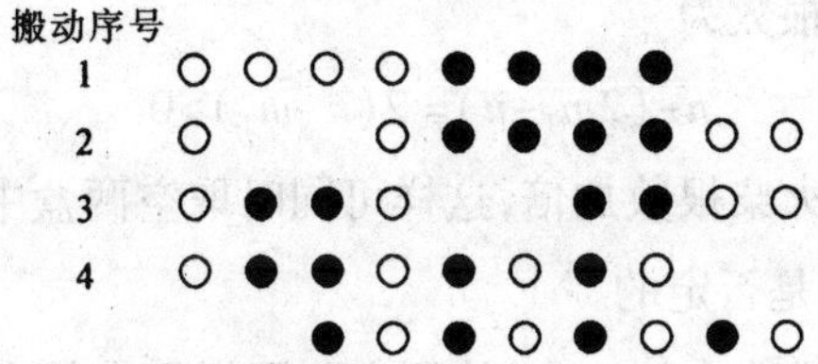

4.1.6. 按下面 24 步即可($a\to b$ 表示 a 到 b):

6→5,4→6,3→4,5→3,7→5,8→7,6→8,4→6,2→4,1→2,8→1,5→3,7→5,9→7,8→9,6→8,4→6,2→4,3→2,5→3,7→5,6→7,4→6,5→4.

4.1.7. 数法见图 5,其中⑤表示第 5 次数等.

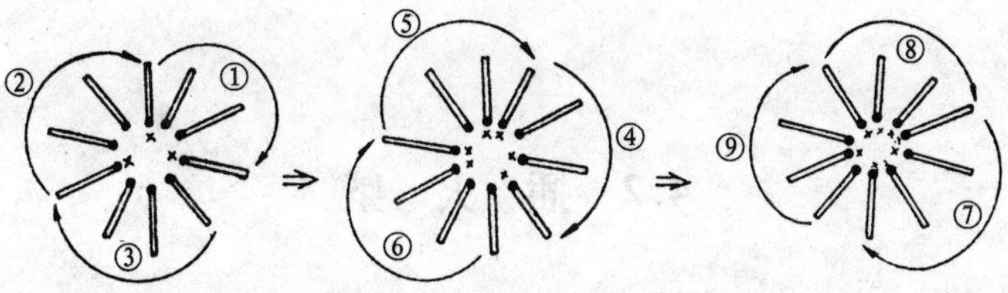

图5

又从上面过程可以看出:此问题倒过来推算更方便:第一次数的起点,应为第二次数的终点(即打×处);第二次的起点,应为第三次的终点……余类推.

4.1.8. 搬动的方式见表 1.

表1

堆号	开始时	第一次搬	第二次搬	第三次搬
第一堆	11	11−7=4	4	4+4=8
第二堆	7	7+7=14	14−6=8	8
第三堆	6	6	6+6=12	12−4=8

上表可简记为：

$$(11,7,6)\to(4,14,6)\to(4,8,12)\to(8,8,8)$$

4.1.9. (1)当 $k=2$ 时，要求可以做到.

事实上，若 $m=n$ 问题获解.

当 $m\neq n$ 时，设 $m<n$. 当 $2m<n$ 时，可将第一盒火柴根数加倍至 m_1($m_1<n\leqslant 2m_1$)，这样有 $2m_1\geqslant n$.

从两盒中同时各取走 $2m_1-n$ 根火柴，这时第一盒火柴剩余根数为

$$m_1-(2m-n)=n-m_1>0$$

第二盒火柴剩余根数为

$$n-(2m_1-n)=2(n-m_1)>0$$

接下来将第一盒火柴根数加倍，这样可同时取空两盒中的火柴.

(2)$k=3$ 时，答案是否定的.

设 s 为两盒火柴根数之差，这对从两盒取同样根数的火柴操作，s 值不变.

又若某盒有 t 根火柴，将其翻 3 倍，即 $3t$ 根时，它的奇偶性不变，从而 s 奇偶性不变.

比如取$(m,n)=(1,2)$为初始状态，易知火柴根数差 $s=1$ 或-1，无论如何翻 3 倍，它们的差不会为 0. 故此时无法实现题目要求的两盒火柴同时取空的状况.

4.2 插 火 柴

4.2.1. 答案不唯一，见图 1 及后一问题的答案.

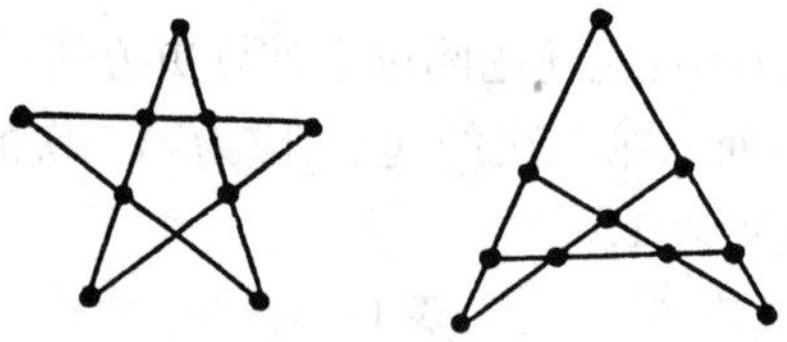

(1)　　(2)

图 1

4.2.2. 答案有 50 种(因为移动上一行中根火柴的方法有 $C_5^3=10$ 种，移动下一行中根火柴的方法有$C_5^1=5$ 种，上下配合共有 $10\times5=50$ 种). 例如见图 2.

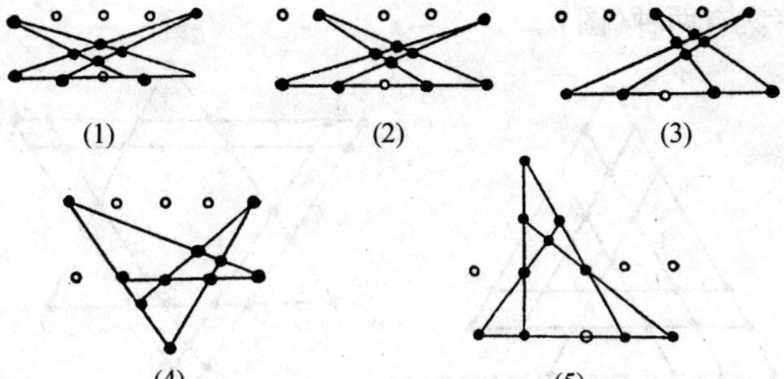

(1) (2) (3)

(4) (5)

图 2

注 1 若在上下两行中各挪动 2 根火柴,且允许两根火柴插到一起,则该问题答案更多. 移动任意四根火柴的方法(约有 300 多个)比如有(图 3):

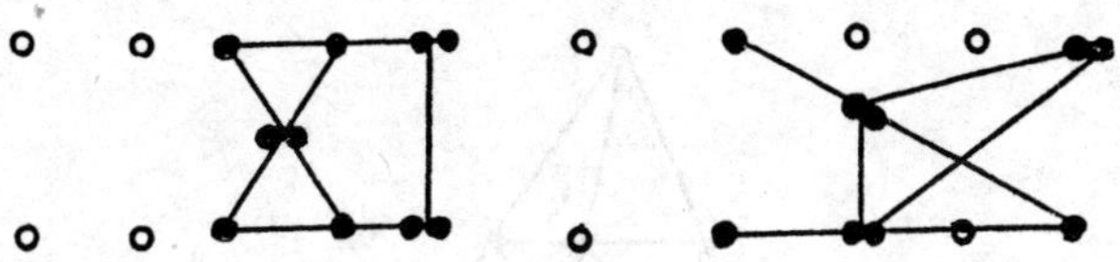

图 3

●●表示两根火柴并放在一起.

注 2 此游戏亦可改为在一硬纸板上等距地钻一些孔,然后将火柴插在孔中亦可.

4.2.3. 它共有四种解,下面给出其中的三种(图 4),另一种情况请你设法找出.

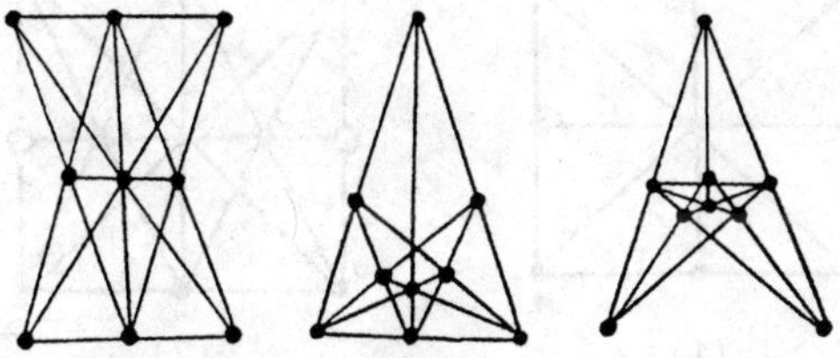

(1) (2) (3)

图 4

4.2.4. 山姆 · 劳埃德十八行插法见图 5.

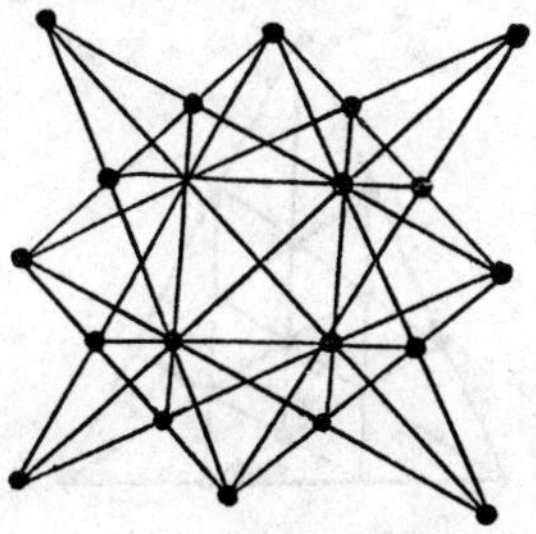

图 5

4.2.5. 答案有两种(图6).

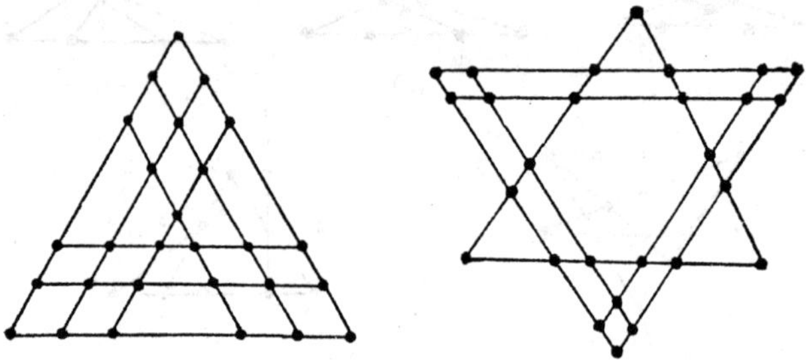

(1)　　　　(2)

图6

4.2.6. 见图7.

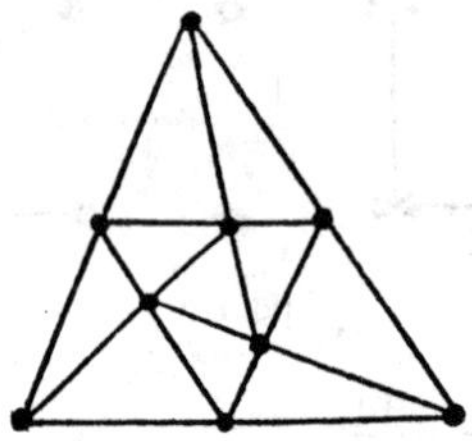

图7

4.2.7. 见图8其中○表示移去火柴位置.

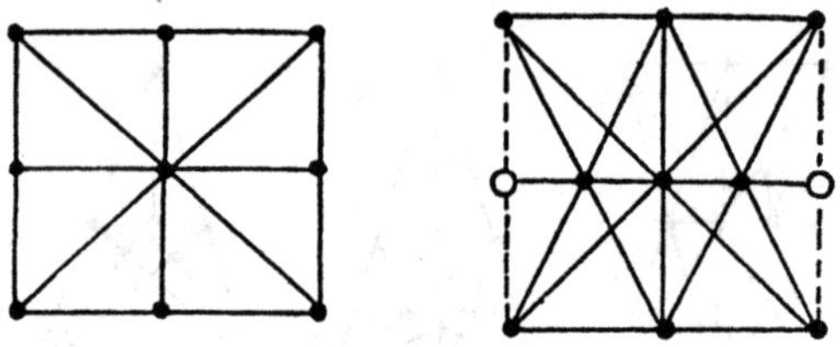

(1)　　　　(2)

图8

4.2.8. 见图9.

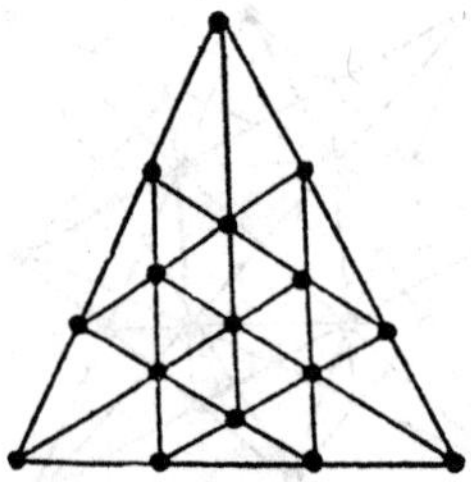

图9

4.2.9. 见图 10(问题(1)有两种解).

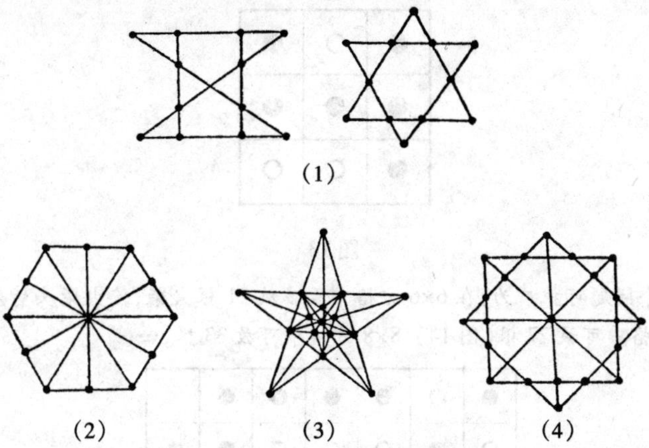

图 10

4.2.10. 见图 11,其中○表示移去的火柴位置.

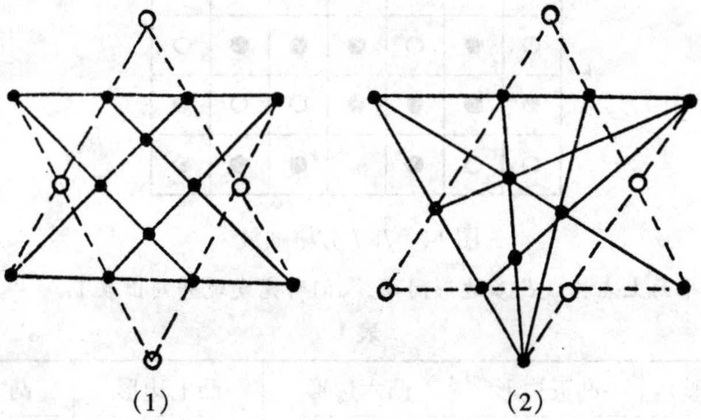

图 11

4.2.11. 见图 12,其中打“×”处为移插的火柴.

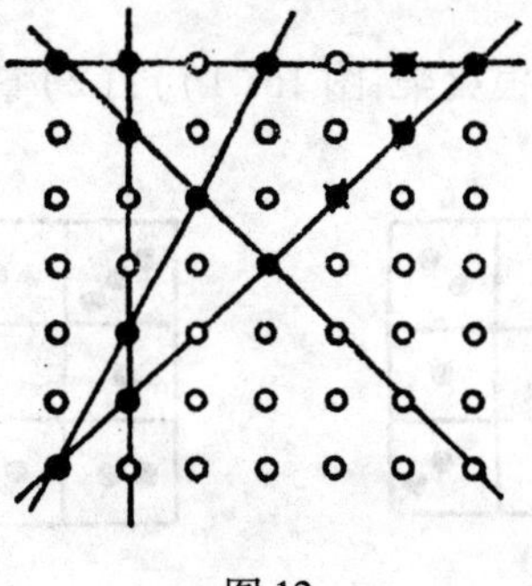

图 12

4.2.12. 最多放 6 根，见图 13.

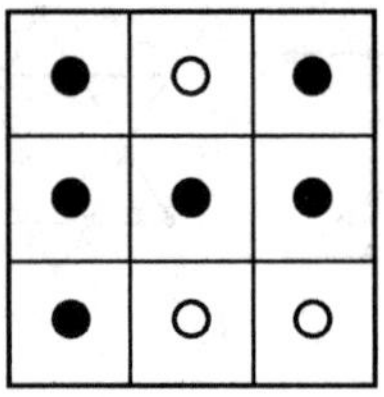

图 13

注 1 这个问题可推广为：在 6×6 方格中至多放 21 根火柴，使火柴头皆不在某正方形顶点上，7×7 方格中可放 27 根(图 14)，8×8 方格中可放 33 根，……

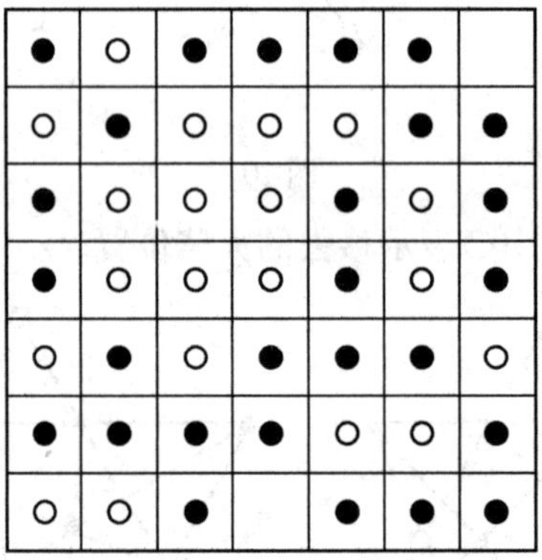

图 14 7×7 方格插放

注 2 对于平面上点构成凸多边形问题，人们研究发现并列出表 1.

表 1

凸多边形	凸五边形	凸六边形	凸七边形	凸 n 边形
至少点数	9	17	?	$1+2^{n-2}$(猜测)

4.2.13. 插法见图 15.

(1)拿去 2 根火柴(14 根火柴，图 15(1))；(2)拿去 1 根火柴(15 根火柴，图 15(2)).

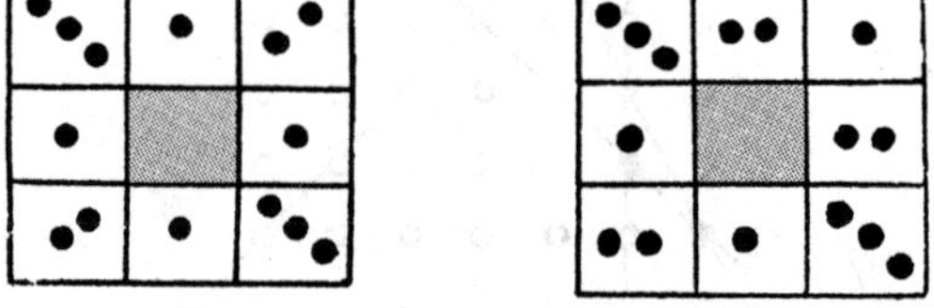

(1) (2)

图 15

(3)添上 1 根火柴(17 根火柴,图 16(1));(4)添上 2 根火柴(18 根火柴,图 16(2)).

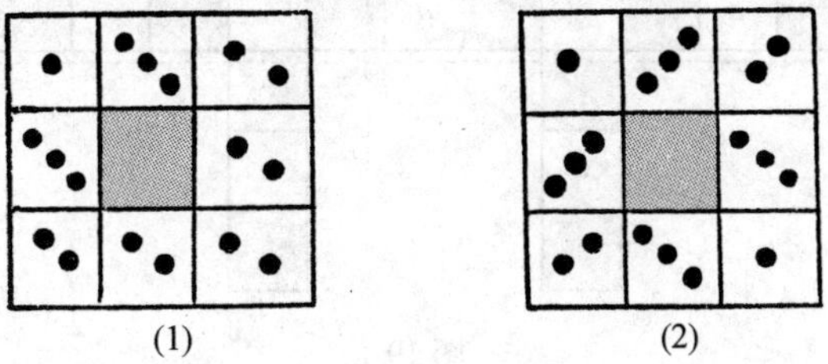

图 16

4.2.14. 答案是否定的,试想在如图 17 的四个阴影矩形内每个矩形放置的火柴数一样.

它们分别与图中 3×3 的白方格矩形皆又组成3×4的矩形.

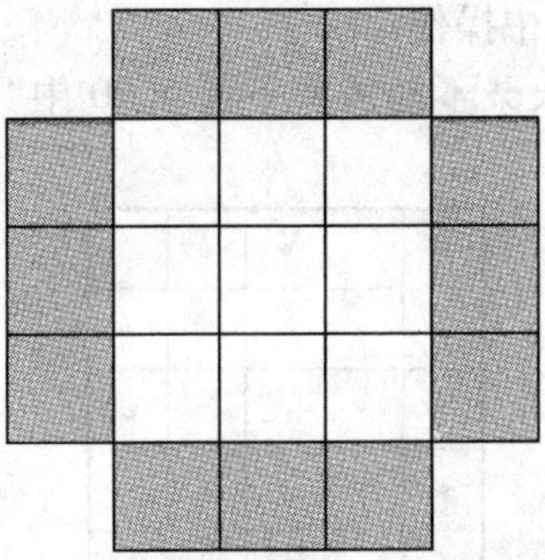

图 17

此外,若每个 1×12 的条件方格中存在题目要求的火柴放法.

图 18 中相同字母表示火柴放置根数相同 3×1 矩形,如此一来每个 3×4 矩形中皆有与 a,b,c,d 放法相同的 3×1 矩形一个.

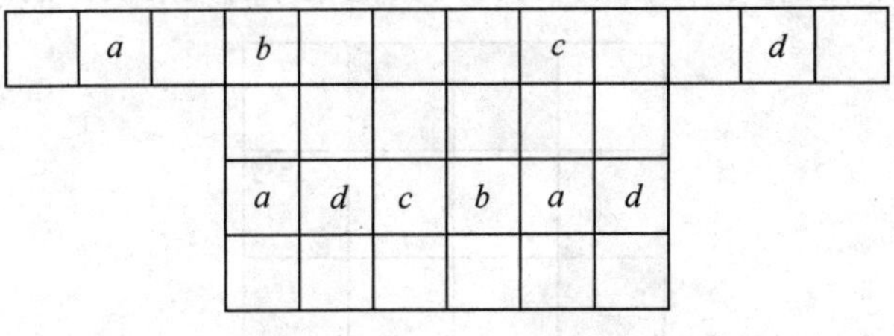

图 18

它们中均有 5 个方格放 2 根火柴.

另外,不在 100×100 边缘上的至少放置 2 根火柴的 3×1 矩形,它们在任何四个 3×1 矩形构成的 3×4 矩形中皆能找到. 由图 18 知,这种矩形能像图 19 那样一个个排起来,形成一个 1×12 的矩形长条,其中至少有 $2\times3=6$ 个 2,这与题设相抵.

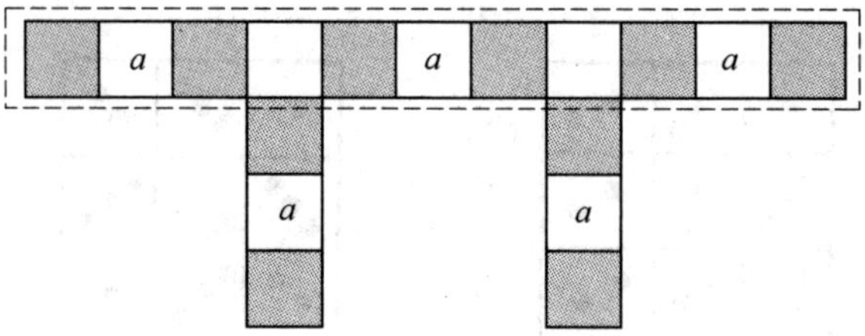

图 19

4.2.15. 火柴头朝下的火柴放在正方形中心格，则经 5 次操作，便可使正方形中火柴头全部朝上，具体做法：

①在左下角和右上角 3×3 方格进行操作；

②在左上角和右下角 2×2 方格进行操作；

③在 5×5 方格正方形中操作.

注意，火柴头朝下的火柴不能放在下面图 20 中“ * ”号处，否则无法完成题目中要求的操作.

*		*	*	
	*			*
	*			*
*		*	*	
	*			*

图 20

4.2.16. 答案是否定的. 因为每条平行于方格边或对角线的直线，皆与图 21 中偶数个阴影方格相交，而这些方格中火柴朝向的奇、偶个数. 奇偶性不会改变，注意到全部方格中火柴放置方向与其他相异的火柴仅 1 根(奇数).

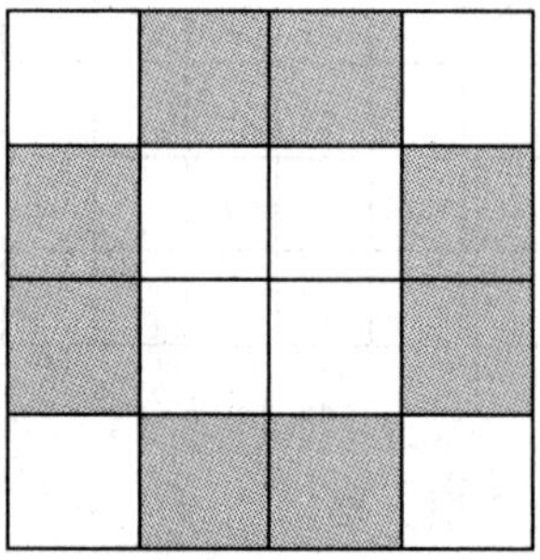

图 21

结论可以推广到 8×8 方格的情形.

再请你考虑下面类似的问题.

在一个 $m \times n$ 的矩形方格中，每一小格皆放一枚火柴，这些火柴均竖放且有的火柴头朝上，有的火柴头朝下，且每种放法的火柴数均不少于两个. 则必有两行和两列，使它们交汇处格子中火柴恰好两根火柴头朝上，两根火柴头向下.

4.2.17. 放法如图 22.

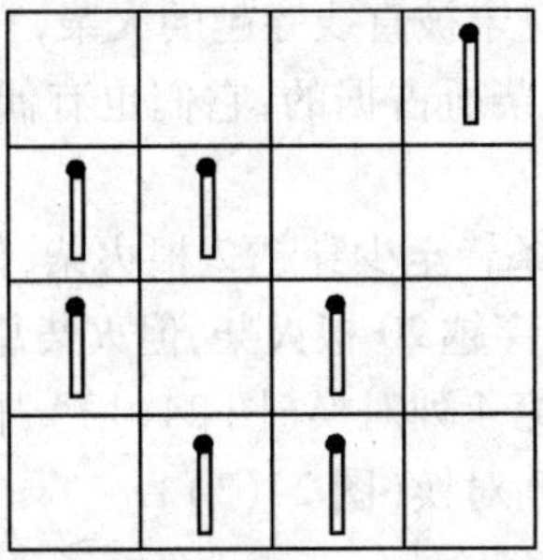

图 22

若火柴根数少于 7 个，则可找出两列，其中每列至多有一根火柴，删去其中两列后，至少剩下的 3 根火柴，从而再删去它们所在的任两行，余下的格子里至少有一根火柴.

注 本题结论还可推广为

在 $m \times n$ 方格矩形中，至少放多少根火柴，可使任意划去 e 行 k 列后($l<m, k<n$)，剩下格中至少有一根火柴?

4.2.18. 至少放 16 根火柴，放法如图 23.

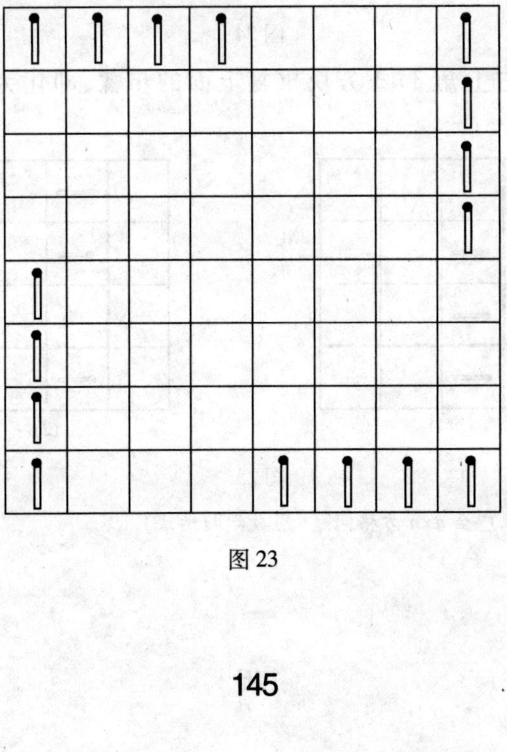

图 23

火柴根数不能再少,平行于对角线的直线上均有一根火柴,其对角线上有两根火柴.

4.2.19. 若有一种放法使任何一条水平方向的直线与任何一条竖直方向直线都至少穿过一根火柴.

注意到,这样的直线共有 10 条,每一条都将表格分成两部分,每部分皆含有偶数个方格,且每部分皆有未被直线穿越的火柴,它们占据着偶数个方格,余下的方格为被直线穿越的火柴所占据的,它们也有偶数个,这样被直线穿过的火柴数也为偶数.

如此一来,10 条直线每条皆至少穿越 2 根火柴,但每一根火柴仅能被一条直线穿越,故 10 条直线至少穿越 20 根火柴,但火柴总数为 18,矛盾.

4.2.20. 先将第 1 列与第 4 列对换(图 24(1)),再将第 1 行与第 4 行对换(图 24(2)),第 4 列与第 2 列对换(图 24(3)).

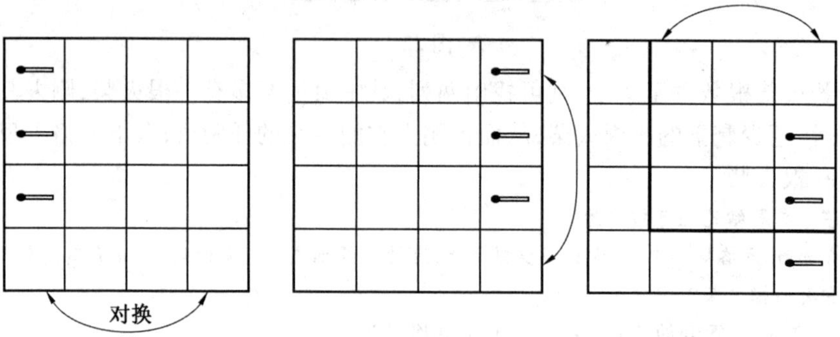

(1)　　(2)　　(3)

图 24

接下来考虑右上角 3×3 方块重复上面的步骤,即化为 3×3 方格问题(图 25).

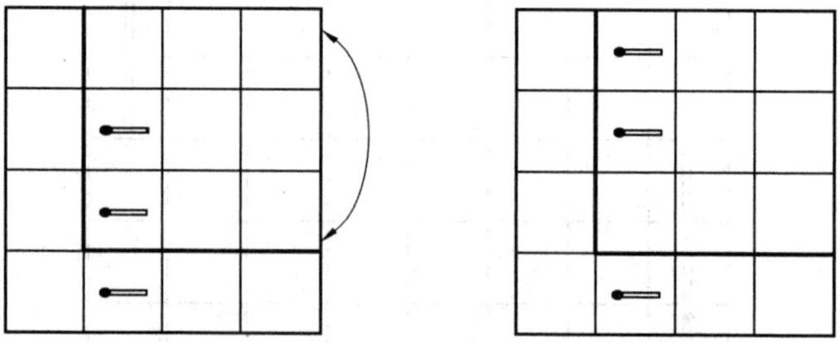

(1)　　(2)

图 25

注　此问题可推广至 $n\times n$ 方格问题(用数学归纳法).

4.2.21. 见图 26.

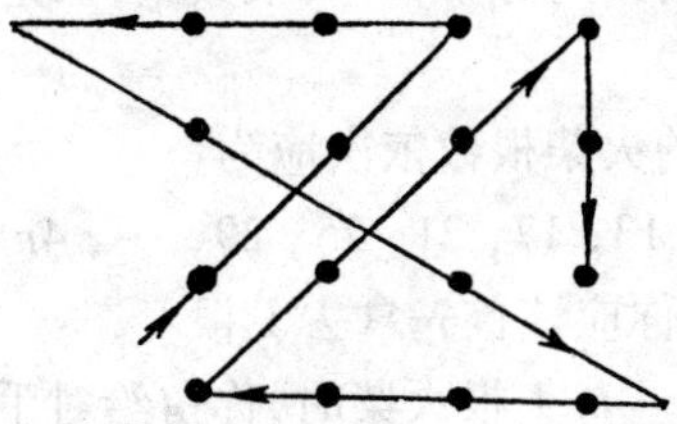

图 26

4.2.22. 从红头火柴起顺时针方向数到第 7 根(包括红头火柴本身),它便为所求的火柴(数时仍应按顺时针方向).

注 此问题可按下面办法逆推:

从图 27 中带"×"处顺时针方向数起,每数到 13 者将火柴拔去,最后剩下的一根视为红头火柴,再从红头火柴处去反推"×"距红头火柴的位置.

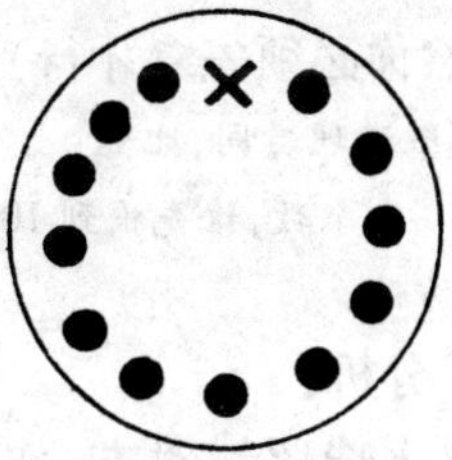

图 27

4.2.23. 答案是否定的. 首先开始时火柴总根数为 $1+2+3+\cdots+10=55$,同时从相邻两盒中取或放一根火柴,火柴根数变化为偶数.

换言之,无论怎么放、取,火柴总根数为 $55+2k$,它是奇数.

而十盒火柴每盒皆 101 根,总计为

$$101\times10=1\ 010$$

它是偶数,故题目要求的无法实现.

4.3 取 火 柴

4.3.1. 此题用"倒推法"分析较方便:

在最后一轮,应留给对方 1 根火柴;在倒数第二轮,应留给对方 $1+4=5$ 根火柴;这时不管对手拿几根,你只需拿走与对方所拿火柴数之和为 4 的数目即可,换句话说,如表 1.

表 1

对手拿火柴数	1	2	3
你拿火柴数	3	2	1

在倒数第三轮，应该留给对方 $5+4=9$ 根火柴，如是，开始你应拿 2 根(因为总数为 11 根火柴).

仿上分析，留给对手的火柴根数依次应为

$$1,\ 5,\ 9,\ 13,\ 17,\ 21,\ 25,\ 29,\ \cdots,\ 4n+1,\ \cdots$$

故当火柴为 30 根时，你应该首先拿去 1 根.

同样地，每次规定拿 $1\sim p-1$ 根火柴时，你留给对手的火柴数应该是

$$1,\ 1+p,\ 1+2p,\ \cdots,\ 1+kp,\ \cdots$$

且当对手拿完后，你所拿火柴数与对手拿取数之和始终为 p，如表 2 所示.

表 2

对手拿取火柴数	1	2	3	…	$p-2$	$p-1$
你应取火柴数	$p-1$	$p-2$	$p-3$	…	2	1

这样你便可稳操胜券(当然你必须先拿才行).

注 这种游戏与“抢数”游戏取胜道理类同，比如：

两人轮流报数，每人每次可报 $1\sim3$ 个数，谁先抢到 100 谁胜.

仿上可得到如何取胜的分析与方法.

4.3.2. 我们仍用“倒推法”分析：

倘若最后一轮你能将 7 根火柴留给对方，你就能获胜(对手只能从中拿 $1\sim6$ 根，因而总有火柴留给你，且火柴数 $\leqslant 6$)；

再往前面几轮留给对手的火柴数依次应为：14，21，28，…且每一轮应做到你所取火柴数与对手所取火柴数之和为 7.

如此，火柴数为 30 时，先取者应拿 2 根，往后再遵循前面方法便可获胜.

4.3.3. 我们用反推法从简单的情况入手，通过分析把取胜的关键找到.

因为每次最多只能拿 5 根，若现在只有 6 根火柴，则谁先拿谁就要输. 因为按规定每次只能拿 $1\sim5$ 根，现有 6 根火柴，一次不可能拿完，但剩下的火柴总可以一次拿完，那样后取者必可抢最后一根火柴而获胜.

这种谁先取谁就失败的局面称为“留给后手的胜利局势”，下简称“胜局势”.

游戏者设法让此局势留给对手. 那么除 6 外，不难知道 12，18，…，$6k$，…都是这种局势.

如开始有 $6k$ 根火柴，则先取者必输. 因为若对方取 r 根，按规定 $0<r<6$，则余下的是 $6k-r=6(k-1)+6-r$；另一方只要取 $6-r$ 根，余下 $6(k-1)$ 根，这样下去，到最后剩下 6 根火柴，就回到上述情况.

由上述分析可知，若开始处于 $6k$ 的局势，则先取者输. 若开始有 $6k+r$ 根火柴，$0<r<6$，则先取者可胜. 因为先取者先取 r 根，使其转到 $6k$ 根局势，他可稳操

胜券.

因 54=6×9,所以谁先取者定输.

当然,若与一个不懂得这个秘诀的人进行游戏,则先手(先取者)也有可能取胜.因为只要对手一旦取错,机会便留给了自己.

4.3.4.先取者第一次应拿 2 根,然后据对手所取火柴数决定你在这轮所取火柴数,方法应为表 3 所示.

表 3

对方所取火柴数	偶　数	奇　数
你取后留给对方的火柴数	6 的倍数加 1	6 的倍数减 1 (或 6 的倍数)

这样先取者可获胜.这一点可以从下面的分析中看出:

如甲、乙两人游戏,甲先取、乙后取:

(1)若最后一轮剩 5 根火柴,对甲来讲获胜的条件应为:

接下来应该乙取,且乙手中现有火柴数为奇数(因他们已共取出 22 根火柴,故甲手中火柴数亦为奇数),且下一轮取法应为表 4 所示.

表 4

	甲	乙	甲	乙	甲	乙	甲	乙
手中已有数	奇数	奇数	奇数	奇数	奇数	奇数	奇数	奇数
拿取数	—	1	—	2	—	3	—	4
拿取数	3	1	3	—	1	1	1	—
总计数	偶数	奇数	偶数	奇数	偶数	奇数	偶数	奇数

如果乙手中火柴数为偶数,甲取后留下 5 根火柴的取法会输.

(2)若最后一轮剩下 6 根火柴,则甲获胜的条件应为:

接下来乙取,且乙手中火柴数是奇数(这时甲手中火柴数为偶数),且下一轮取法应为表 5 所示.

表 5

	甲	乙	甲	乙	甲	乙	甲	乙
手中已有数	偶数	奇数	偶数	奇数	偶数	奇数	偶数	奇数
拿取数	—	1	—	2	—	3	—	4
拿取数	4	1	4	—	2	1	2	—
总计数	偶数	奇数	偶数	奇数	偶数	奇数	偶数	奇数

若乙手中火柴数为偶数(此时甲手中火柴数为奇数),甲取后留下6根火柴的取法对自己不利.

(3)若最后一轮剩下7根火柴,则甲获胜的条件应为:

接下来乙取,且乙手中火柴是偶数(这时甲手中火柴数也为偶数),且下一轮取法应为表6所示.

表6

	甲	乙	甲	乙	甲	乙	甲	乙
手中已有数	偶数	偶数	偶数	偶数	偶数	偶数	偶数	偶数
拿取数	—	1	—	2	—	3	—	4
拿取数	1	—	4	1	4	—	2	1
总计数	余下变情况(1)		偶数	奇数	偶数	奇数	偶数	奇数

若乙手中火柴数为奇数,则甲取后剩下7根火柴对自己不利(乙只需取1根,可使甲处于情况(2)中乙所处的剩下6根火柴的情形).

(4)若甲取后还剩8,9或10根火柴,都会对自己不利.实因:

假定甲取后还剩火柴8根,则有两种可能:

①甲手中火柴数为奇数,乙手中火柴数为偶数;乙接下去拿走3根,则乙手中火柴数为奇数,且桌上还剩5根火柴,此时已使甲处于情况(1)中乙的地位;

②甲手中火柴数为偶数,乙手中火柴数为奇数;乙接下去拿一根,这样乙手中火柴数为偶数,且桌上还剩7根火柴,此时已使甲处于情况(3)中乙的地位.

对于甲取后剩下火柴9或10根的情形,可仿上得到同样的结果.

(5)甲取后桌上火柴数为11,12,13,…时,取胜的关键是化为剩下5根、6根、7根、……的情形,可仿情况(4)考虑.

例如甲取后桌上还剩火柴11根,且乙手中火柴数为奇数的话,则甲可取胜,取法如表7所示.

表7

	甲	乙	甲	乙
手中已有数	奇数	奇数	奇数	奇数
拿取数	—	1或3	—	2或4
拿取数	3或1	—	4或2	—
下一轮	变成情况(3)		变成情况(1)	

类似地可讨论剩下的火柴数为12或13根的情形.

(6)我们来分析一下先取者为何要从 27 根火柴中第一次取 2 根？

你若取 1 根，对方可取 2 根而使余下火柴数为 24 根，从而无法按前面法则留给对手 19 根；

你若取 3 根，对方可取 1 根而使余下火柴数为 23 根，这时使你处于情况(5)中乙的地位；

你若取 4 根，对方可取 4 根而使余下火柴数为 19 根，这时也使你处于情况(5)中乙的地位.

若你拿 2 根，则不管对手如何拿取，你总可以按前面的法则使对手处于不利的地位.

4.3.5. 先考虑一般的情形.

若火柴根数为 2^n-1，则乙(后执步者)总可获胜(可用数学归纳法证).

比如火柴根数为 $3(n=2)$ 时，甲将火柴分成 1 与 2 根两堆，轮到乙时他只能将有两根火柴的一堆分成各有 1 根火柴的两堆，此时各堆火柴皆只有一根，故甲输.

其余情况甲总能胜，注意他只需将火柴分成最多一堆为 2^l-1 根的情形即可. 比如火柴根数为 100 时，甲先走可将火柴分成 $63(63=2^6-1)$ 和 37 根两堆，接下来仍按上面规则去分每堆火柴(大堆火柴根数为2^k-1)，他总可获胜.

比如火柴根数为 8，先执步者将其分成分别有火柴 $7(7=2^3-1)$ 和 2 的两堆，这样乙(后执步者)必输.

4.3.6. 注意到 $0<k<5$ 即 $k=1,2,3,4$. 故甲每次至少取 1 根火柴，乙每次至少取 3 根火柴.

甲取 36 次至少可取 36 根火柴，乙取 40 次至少可取 120 根火柴.

若要两人所取火柴根数相等，甲至少也要取 120 根.

这样，火柴根数不能少于 240 根.

4.3.7. 由于每次执步时，先取火柴者可从堆中取 1，2，3，4 或 5 根火柴($1=p^0$，2，3，5 为素数，$4=2^2$)，这样他可选如下策略.

不论后取火柴者如何抓取，先取者总在执步之后，给对手留下 $6k$ 根火柴(注意他可从堆中取 1 ~5 根火柴)，如此一来，二人经有限步抓取后，先取者给对手留下 6 根火柴，这样后手可从中抓取 1 ~5 根，结果如表 8 所示.

表 8

后手取火柴根数	1	2	3	4	5
剩余火柴	5	4	3	2	1

先手再取火柴时只需将余下火柴全部拿走即可(显然，当火柴剩 6 根时，先

手不会从中取5根而给对手留下1根).

4.3.8. 今设 $a_1 \leqslant a_2 \leqslant \cdots \leqslant a_9$(彼此不全等). 若 $a_1+a_9>a_2+a_8$,则先手可将 a_9 放方格 A 处,第2步将 a_2(或 a_1)放方格 B 处或方格 C 处(图1).

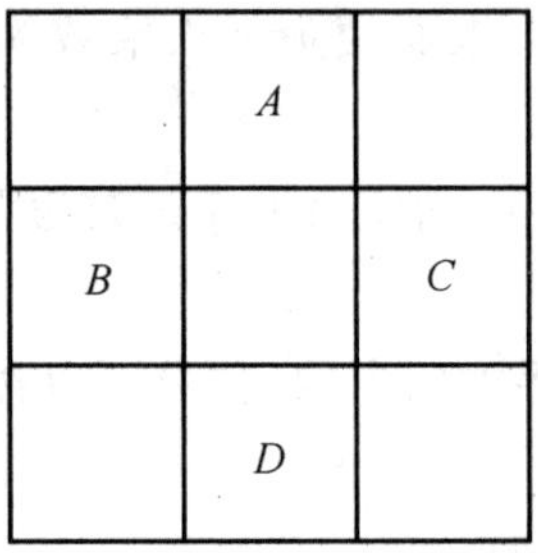

图1

若 $a_1+a_9<a_2+a_8$,则先手可将 a_1 放方格 B 处,第2步将 a_9(或 a_8)放方格 A 处或方格 D 处.

若 $a_1+a_9=a_2+a_8$,先手可用上述两放法之一去做(若后手方法正确,两人平局).

4.3.9. 若桌上经某步后剩火柴 d 根. d 除以 n 后余 $r(1\leqslant r\leqslant n-1)$. 这里假设后取者有制胜策略.

先取者可拿 n 的倍数的火柴,使桌上剩下 $a_k=r+nk(0\leqslant k\leqslant n-1)$ 根.

又后取者在必胜策略下(自认为)取 c_k 根(不是 n 的倍数,否则剩下 $r+n\left(k-\frac{c_k}{n}\right)$ 根,先取者首轮便可达到,然后按后手策略可胜).

这样 $c_k<n$. 故存在 $0\leqslant k\leqslant l\leqslant n-1$,使 $c_k=c_l$.

由前面讨论表明,先手首轮抓取后,桌上剩 a_k-c_k 根火柴,后手有必胜的策略.

而先手首轮抓取后桌上剩 a_l 根火柴,后手取走 c_l 根,先手又取 $n(l-k)$ 根火柴后,剩下火柴根数为

$$a_l-c_l-n(l-k)=a_k-c_k$$

则先手有必胜策略,矛盾!

若双方均懂得"窍门",则在游戏开始时,若火柴根数是下面数列中某数时

$$1,1,2,3,5,8,13,21,34,55,\cdots$$

(此数列特点是:第一项为1,第二项为1,以后各项均为它前面两项之和,比如 $8=5+3,13=8+5$ 等等——它称为斐波那契数列).

则后取者可获胜;若火柴根数不是上面数列中的某数时,则先取者可获胜.

例如火柴根数为8,它是上面数列中的数,这时甲、乙取火柴数情况如表9

所示.

表 9 火柴根数为 8 时

甲先取火柴数	7	6	5	4	3	2	2
乙后取火柴数	1	2	3	4	5	1	1
剩下火柴数	0	0	0	0	0	5	5

虽然火柴余数为 0 时，乙已经获胜，对于后面两种情况，即火柴余数为 5 时，不管甲如何取，乙的对策如表 10 所示.

表 10 火柴根数为 5 时

甲取火柴数	4	3	2	1
乙取火柴数	1	2	3	1
剩下火柴数	0	0	0	3

火柴余数为 0 时仍然是乙获胜(乙后取)，而对火柴余数为 3 时，甲无论怎样取，乙必获胜：甲取 2 根时，乙取最后一根；甲取一根时，乙取最后 2 根——即乙获胜.

当火柴数不为斐波那契数列中的某数时，先取者可取掉若干火柴，而使火柴余数为斐波那契数列中的某数，则化为前面的情形.

4. 3. 10. 获胜的策略是：①必须争取先拿，且第一次从 15 根的堆里拿走 7 根，而剩下 8 根，这时两堆火柴数一样；②以后若对方在某一堆取若干根，你只需在另一堆里取他所取的根数即可. 后取者一般不能获胜.

注 1 若两堆火柴根数一样，后取者仿上面取法可获胜；

注 2 这个结论可推广到两堆任意多根火柴的情况，比如一堆 m 根，一堆 n 根，照上面取法：

①若 $m \neq n$，则先取者可获胜；

②若 $m=n$，则后取者可获胜.

4. 3. 11. 两堆火柴数只要为表 11 中的数对时，将它留给对手；或者设法将火柴数为下面数对中的某一对数时，你便可以获胜.

表 11

序号	1	2	3	4	5	6	7	8	9	10	11	12	…
A 堆火柴数	1	3	4	6	8	9	11	12	14	16	17	19	…
B 堆火柴数	2	5	7	10	13	15	18	20	23	26	28	31	…

比如起初两堆火柴数为(7,11)，若你先拿可从第二堆拿走 7 根，这时两堆

火柴数变为(7,4),它恰好是上面表中的一列数,这样余下不管对手如何取,你总可以获胜:

$(7,4)\xrightarrow{\text{对手取后}}(6,3)\xrightarrow{\text{你再取后}}(5,3)$它恰好又是表中某一列数. 递推地你只需遵循前面的诀窍,你总可以取胜.

注 上面表中两列数,实际上是下面两种数(即通项公式):

$$A\text{ 列}:【n\varphi】;B\text{ 列}【n\varphi^2】;$$

这里 $\varphi=(1+\sqrt{5})/2$,【x】表示不超过 x 的最大整数.

实际上 φ 也是方程 $x^2-x-1=0$ 的一个实根.

当然还有更简单的办法记住上表:

①第一对数是(2,1);

②下一轮:比 1,2 大的数是 3,3+(序数 2)=5,(3,5)为下一对数;

再下一轮:在前面对数中没有出现的最小整数是 4,4+(序数 3)=7,则(4,7)为第三对数;

③若 $1\sim n-1$ 对数均已列出,在这 $n-1$ 对数中没有出现的最小整数记为 A,则另一个数 $B=A+$(序号 n),即第 n 对数为 $(A,n+A)$.

4.3.12. 设 $m\geqslant 2n$,我们只需考虑:

若开始两堆火柴记为 (m,n),若布局 $(m-n,n)$ 为可能输掉的局面(势),则先取火柴者可从 m 中取走 n 根火柴,留下局势 $(m-n,n)$ 给后手;

若布局 $(m-n,n)$ 为可能获胜的局面(势),考虑到 $m-n\geqslant n$,则先取者可以从中取 kn 根,而将 $(m-kn,n)$ 留给后手,(这里 k 是自然数),即使局势化为上面使对手输掉的局势.

顺便讲一句,当 $\alpha\geqslant\dfrac{1+\sqrt{5}}{2}$ 时,若 $m\geqslant\alpha n$,则先取火柴者(先手)总可获胜.

注 对于那些 α,可使当 $m>\alpha n$ 时,先取者总可获胜问题,请见下面的讨论.

对于局势 (m,n) 来讲,其中 $m\geqslant n$,令 $x=\dfrac{m}{n}$,则 $x\geqslant 1$,其在实数轴上表示当局中人每走一步,x 向左移 k(整数),若其落入(0,1)区间,作变换 $x\to\dfrac{1}{x}$,一旦落入 0 处,则该局中人告败.

当 $\beta=\dfrac{1}{2}(1+\sqrt{5})=1.618\cdots$ 时,区间 $[\dfrac{1}{\beta},\beta]$ 长为 1,即 $\beta-\dfrac{1}{\beta}=1$(β 为黄金数的倒数).

当时 $x=\dfrac{m}{n}$ 落入该区间时,其局势导致对方输;若落在区间右方,可获胜.

事实上,若 x 落在区间右方,对方可走一步使 x 落入上区间.

若 x 落在区间右方,对方可走一点,使 x 落入正区间.

又若 $1<x<\beta$,则轮到的一方可跳出该区间;

若 $x=1$ 时,则局中人告负(设法将局势留给对方).

由于火柴数目在游戏中单减,故游戏会在有限步骤内结束.

4.3.13. 先执步者,若拿走较小一堆火柴后,设法把另一堆火柴分成($5k+2,5k+3$)两堆,如此下来,最后的对手会遇到两堆火柴根数或者为(3,2)或者为(2,3)的情形.此时对手必输.

对于剩下两堆为(2,3)的情形,取走较小的一堆后另一堆分成(1,2)两堆,先手从中取走一根,另一堆再分成(1,1)两堆,对手又取走1根后,另一堆仅有一根火柴,先手胜.

这总可以做到,注意到先手可将35分成17+18,对后拿走17后,无论如何将18拆分,留给先执步者的机会总有:如上记(m,n)为两堆火柴数,后执者分堆情况如

(1,17),(2,16),(3,15),(4,14),(5,13),(6,12),(7,11),(8,10),(9,9)

之一,但无论如何,先手总可以将这些数中较大者分成两堆,比如

$$17=1+16,\quad 16=5+11,\quad 5=4+1,\cdots$$

(较大数中避免出现15,10及5,否则对手会获机会).

对手取完小堆,再分另一堆后,先手可将其中较大一堆分成7+8或3+7或2+8或2+3.接下来请你去验证(总之最后凑出(2,3)的布局).

4.3.14. 不妨设三堆火柴记为(m,n,l),考虑下面几种情形:

①若只剩下两堆,而且两堆的数目相等,则这是一个"留给对手的获胜局势".因为只要按对方所取火柴数,你就在另一堆中也拿同样多根,这样一定能取得最后一根而获胜.

②(1,2,3)局势是"胜局势".因为无论对方如何取法,你也可以立刻把它化为两堆相同.

③(1,4,5)是"胜局势".因为对方如何取法,你总可以化为上述两种"胜利局势".

④由上可知(2,4,6)是"胜局势";然后(3,4,7);(2,5,7);(3,5,6)都是"胜利局势".

⑤(3,5,7)开始的不是"胜局势",故只要懂得道理,先取者一定胜.因为先取者首先可将局势化为(3,4,7)或(3,5,6),(2,5,7)等"胜局势"而稳操胜券.

上述分析"胜局势"的方法是否有什么内在的数学规律,更便于掌握和记忆?有,请看:

把各堆的数目化为二进制的数字,然后把对应位数上的数字分别相加,若各个位数相加后都是得到偶数,则这种局势必定是"胜局势".

由十进制化为二进制的方法是：将十进制数不断除以 2，直到商数为零，然后按运算相反的顺序列出各余数即可.

把 $19_{(10)}$ 化为二进制数过程可如：

$$\begin{array}{rll} 2 \,|\, \underline{19} & & \text{余 } 1 \\ 2 \,|\, \underline{9} & & \text{余 } 1 \\ 2 \,|\, \underline{4} & & \text{余 } 0 \\ 2 \,|\, \underline{2} & & \text{余 } 0 \\ 2 \,|\, \underline{1} & & \text{余 } 1 \\ 0 & & \end{array} \quad \uparrow \text{自下往上读取}$$

则所得十进制 19 的二进制数是 10011.

反之，从二进制化为十进制的方法是：第 i 位数字乘以 2^{i-1}，然后相加可得.

例如把二进制的数 $10011_{(2)}$ 化为十进制数

$$10011_{(2)}=1\times2^0+1\times2^1+0\times2^2+0\times2^3+1\times2^4$$
$$=1+2+0+0+16=19_{(10)}$$

分析局势(1,2,3). 把 1,2,3 分别化为二进制数分别是 001,010 和 011，它们的对应位上数字相加和分别为 022

$$\begin{array}{rr} & 0\ 0\ 1 \\ & 0\ 1\ 0 \\ +) & 0\ 1\ 1 \\ \hline & 0\ 2\ 2 \end{array}$$

因相加后各数都是偶数，则它是“胜局势”.

类似地局势(1,4,5)，把 1,4,5 分别化为二进制数后，各位数仍是偶数，故(1,4,5)是“胜局势”.

局势(3,5,7)不是“胜局势”，因为 3,5,7 化为二进制后，各相应数位上数字和，有一个数字是奇数，故(3,5,7)不是“胜局势”.

上述的判别法则不仅对三堆火柴游戏适合，对四堆、五堆……火柴的游戏也适合(见后文注).

4.3.15. 当 $n=1,2,3$ 时，火柴无法分堆.

当 $n=4,5,6,7$ 时，甲有获胜的机会，因为甲可使 3 堆火柴中最多的一堆为 2 或 3 要有.

当 $n=8,9$ 时，甲操作一次后，石子最多的一堆可在 4 与 7 之间，此时乙有机会获胜.

当 $10\leqslant n\leqslant25$ 时，注意到 $25=9+8+8$，甲有机会获胜，因为甲可将火柴最多的一堆有 8 或 9 根火柴.

注 用数学归纳法可证：

当且仅当 $n=3^k$ 或 $3^k-1(k>1)$ 时，乙有获胜策略.

4.3.16. (1) 获胜的方法：①让对手先取；②你第一次拿取原则，是使剩下的火柴仅有两堆，且每堆根数一样.

我们把三堆火柴根数记为(1,2,3)；若对方拿后变为(0,2,3)，你只需使取后变为(0,2,2)；若对方取后变为(1,1,3)，你只需使取后变为(1,1,0)；其余情况类同.

只要三堆火柴数目变为$(0,k,k)$时，此时即化为两堆火柴的情形.

(2) 获胜的方法：①必须先取；且取后使三堆火数变为(1,8,9)；②以后再取时力争留给对方两堆根数相等的局面；如做不到，则应留下的三堆中有一堆可拆成其余两堆之和(这一堆根数不能是2,4,8,). 如此下去，定能获胜.

注 此问题若用二进制考虑，问题解决较直观，先将火柴数化为二进制，比如(2,5,7)局面(表12).

表12

十进制	2	5	7
二进制	10	101	111

然后将这些二进制数同一位诸数按十进制相加：

若各位数字之和均为偶数，则此称为偶势；若各位数字之和有一个数为奇数，则它称为奇势.

$$\begin{array}{c}0\,1\,0\\1\,0\,1\\\underline{1\,1\,1}\\2\,2\,2\end{array}\ (\text{偶势})$$

你取火柴原则是：让偶势留给对手，若遇奇势你应先取.

这个方法可以推广到任意 m 堆火柴的情形.

比如 m 堆火柴根数为$(a_1,a_2,\cdots,a_m)$，而$a_k(1\leqslant k\leqslant m)$的二进制表示为$\varepsilon_{k1}\varepsilon_{k2}\cdots\varepsilon_{kn}$，则

$$\begin{array}{l}\ \ \varepsilon_{11}\,\varepsilon_{12}\cdots\,\varepsilon_{1n}\\\ \ \varepsilon_{21}\,\varepsilon_{12}\cdots\,\varepsilon_{2n}\\\qquad\vdots\\\underline{+\varepsilon_{m1}\,\varepsilon_{m2}\cdots\,\varepsilon_{mn}}\\\ \ b_1\ \ b_2\ \cdots\ b_n\end{array}\ (\text{按十进制加})$$

如果 $b_1,b_2,\cdots,b_n$ 均为偶数，则称局面为偶势，如果 $b_1,b_2,\cdots,b_n$ 之一为奇数，则称局面为奇势.

m 堆火柴的二人游戏取胜策略是：

(1) 若遇奇势应争取先走，且将偶势留给对方；

(2) 若遇偶势，应让对方先走.

又如何将奇势化为偶式，尚须做些计算，比如奇势(3,5,7,9)，你应按下面方法拿取.

十进制	二进制		二进制
3	0 0 1 1		0 0 1 1
5	0 1 0 1	(从第四堆拿取 8 根) →	0 1 0 1
7	0 1 1 1		0 1 1 1
9	+) 1 0 0 1		+) 0 0 0 1
	1 2 2 4		0 2 2 4
	设法去掉它		（偶势）

再如奇势(3,5,10,13),你可按下面方式拿取:

十进制	二进制		二进制
3	0 0 1 1		0 0 1 1
7	0 1 1 1	(从第三堆拿取 1 根) →	0 1 1 1
10	1 0 1 0		1 0 0 1
13	+) 1 1 0 1		+) 1 1 0 1
	2 2 3 3		2 2 2 4
	设法变为偶数		（偶势）

4.3.17. 无妨设甲先取,甲若遵守以下原则:

(1)桌上只要有仅剩一根火柴的堆时,就取这样的一堆;

(2)绝不在仅剩 2 根火柴的堆里抓取;由于火柴根数 $1+2+3+\cdots+10=55$ 为奇数,故当甲抓取时桌上火柴总数始终是奇数.

但当甲在第一次抓取后,桌上仅剩一根火柴的堆,故当乙抓取后,桌上至多出现一个仅一根火柴的堆,甲可取走它. 换言之,甲取火柴后不会将仅有一根火柴的堆出现. 这样甲会胜出.

4.3.18. 若每取一次后,剩下火柴数相同的为一组. 假定某时刻共有 n 组(包括火柴数为 0 者).

若下一次取时,取出火柴数分别属于不同的 k 个组,取完火柴后,则它们仍属于 k 个不同的组(每次从每堆火柴所取数目相同).

而未涉及的火柴堆至少属于 $n-k$ 组,这样现有的组数不少于 $\max\{k,n-k\}$. 这里 $\max\{a,b\}$ 表示取 a,b 中较大者. 由此表明,每次操作至多将原来火柴堆数减少一半.

而该问题中,诸次操作后剩下的组数分别不少于

$$995,498,249,125,63,32,16,8,4,1$$

由此即说明至少需要 11 次方可将火柴取完.

若 n 次操作后,每堆火柴堆中剩下的火柴数分别为

$$0,1,2,\cdots,a_n-1$$

的组,而其余组中每堆都取出火柴 a_n 根,这样经 11 次操作后仅剩下一组,其火柴根数为 0.

4.3.19. ①至少要取出 4 根火柴才能保证抽到两根同颜色的火柴;

②考虑极端情形(最不利),先取出 8 根火柴,它们全是同色的.

接下来再取 2 根,若它们异色且与上面 8 根火柴颜色不同,再取 1 根即可实现目标.

换言之,至少要取 11 根火柴.

③仿上,因火柴颜色有 4 种,故至少要取 5 根才能保证取到一对同色火柴.

接下来考虑最不利的情形,须取火柴数

$$5+2+2=9$$(为什么?请思考)

显然 $5+2+2+\cdots+2$ 是保证可取到 $n+1$ 对同色火柴.

4.4 猜 火 柴

4.4.1 设三人手中火柴数分别为 $4k$,$7k$ 和 $13k$ 经调整后,见表 1.

表 1

	第一人	第二人	第三人
手中原有火柴	$4k$	$7k$	$13k$
第一次调整后	$8k$	$14k$	$2k$
第二次调整后	$16k$	$4k$	$4k$
第三次调整后	$8k$	$8k$	$8k$

由上可见,经三次调整后每人手中火柴数都相等且为 $8k$,其余推算读者不难完成.

4.4.2. 按照要求取,当他第二次取完火柴时,桌上总剩下 9 根火柴.

这样你只需看看桌子上还剩几根火柴,便知道此人口袋里有几根火柴了.

4.4.3. 甲左手火柴数无论是单、双乘 2 后均为双数,这样:

若和为偶数,则其右手火柴数也是偶数(只有偶数乘 3 才仍为偶数),则左手是单数;

若和为单数,则其右手火柴数也是单(只有单数乘 3 积才是单数)则左手是双数.

注意:单数+双数=单数;双数+双数=双数.

4.4.4 最少 119 根火柴.

注 此题与我国古算中“物不知数”问题类同.

此类问题原载于算书《孙子算经》,原题为:

今有物不知其数,三三数剩二,五五数剩三,七七数乘二,问物几何?答曰:二十三.

书中记述的解法西方至十九世纪才为德国数学家高斯解决,国外称之为“中国剩余定理”或“孙子定理”.

这只需注意 2,3,5,6 最小公倍数为 30,这样可在下面数列中

$$30-1,\quad 30\times2-1,\quad 30\times3-1,\quad 30\times4-1,\quad\cdots$$

再找其中能被7整除数者,其中119为这类数中最小的.

4.4.5. 在原来排号的第32根火柴剩下了.

注 注意 $32=2^5$,且能写成2的幂次不大于50的数是32,故它最后剩下. 它的道理请读者思考一下.

又若火柴数为100时,剩下哪根火柴?

4.4.6. (1)这五堆火柴数分别是1,2,3,4,5.

(2)这种分堆无法实现. 若十五堆火柴每堆根数不同,最少应有火柴

$$1+2+3+\cdots+14+15=120(\text{根})$$

但题中仅有火柴100根,故分法办不到.

4.4.7. 这六堆火柴数分别为1,1,4,4,7,10根(因为 $1+4+7+10=22$,还有5根火柴,故另两堆火柴数分别为1和4).

4.4.8. 注意到六堆火柴总数 $15+16+18+19+20+31=119$,此数减去六个数中的20,即 $119-20=99$,可为3的倍数,则剩下的数只能是20. 甲拿去火柴数为15,18的两堆,乙拿去火柴数为16,19,31的这三堆,剩下的为20根的那堆.

因此 $(15+18)\times2=(16+19+31)$.

4.4.9. 甲手中23根、乙手中25根、丙手中22根.

注 具体解法可设甲、乙两手中火柴数分别为 x,y,z 根,依三人话可有算式:

甲说: $x=22,x=y-2,x=z+1$;

乙说: $y>x$ 或 $z,|y-z|=3,z=25$;

丙说: $z<x,x=23,y=x+3$.

(1)若甲说: $x=22$ 真,则丙说 $x=23$ 是假,则 $z<x,y=x+3$ 真. 既然 $y=x+3$ 真,则甲说 $x=y-2$ 假,故甲说 $x=z+1$ 真.

因 $y=x+3$,故 $y=25$;因 $x=z+1$,故 $z=21$,

将它们代入乙说的话中,有两句不真,故不符合题设.

(2)若甲说 $x=22$ 假,则 $x=y-2,x=z+1$ 真. 既然 $x=y-2$ 真,则丙说 $y=x+3$ 假,故 $x=23$, $y<x$ 真.

因 $x=z+1$,则 $z=22$;因 $x=y-2$,故 $y=25$.

代入乙说的话中检验,符合题设,故 $x=23,y=25,z=22$ 为所求.

第5章　搭与折答案

5.1. 搭　火　柴

5.1.1. 见图1.

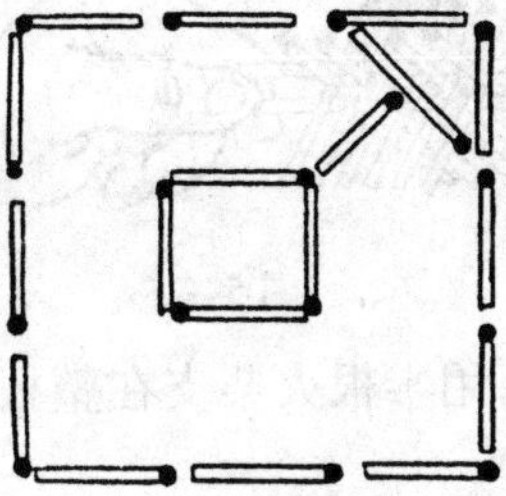

图1

5.1.2. 见图2.

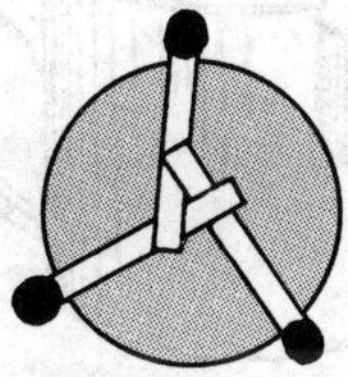

图2

5.1.3. 将四根火柴交错编成井字，将其另一端搭在杯口上，见图3(1).

注　若四个杯子用5根火柴搭桥可搭见图3(2).

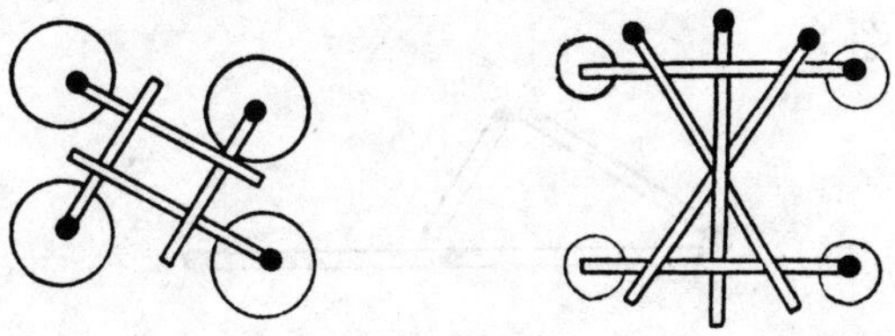

(1)　　　　(2)

图3

5.1.4. 摆法较多，其中最简单的如图4(1)所示. 另外的摆法如图4(2)，这里若火柴长大于火柴截面正方形对角线长的$7\sqrt{3}/2$,便可放置第七根火柴,图4(2)中中心小正方块即为所放位置,当然它是与纸面方向垂直的.

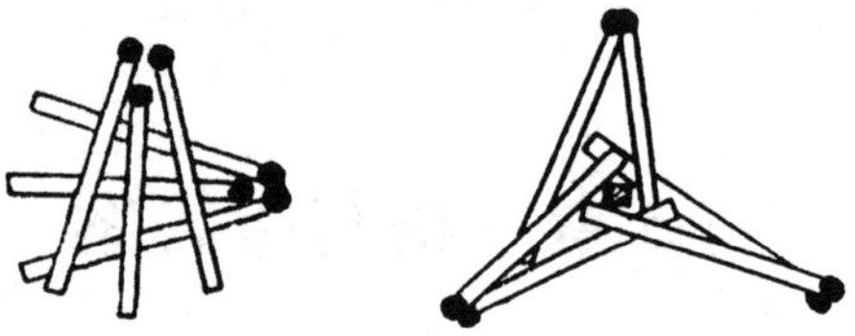

(1)　　　　　　(2)

图4

5.1.5. 如图5上、下各用一根火柴夹住其余火柴就可以了.

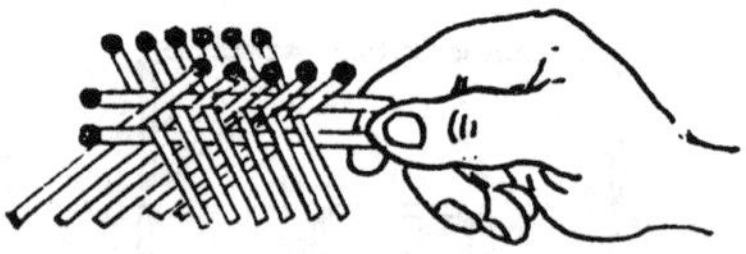

图5

5.1.6. 将一根火柴折断,用半根火柴支在整根火柴和锁头之间,挂在茶杯口上(图6).

图6

5.2　折火柴与杂题

5.2.1. 能,见图1.

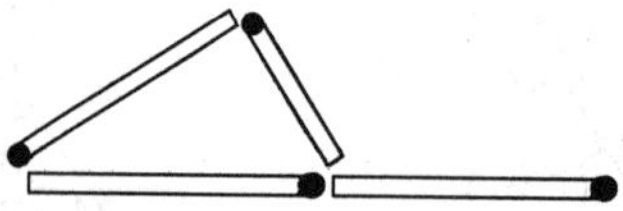

图1

注　欧氏(欧几里得)几何中有著名的定理:三角形两边之和大于第三边.此命题常约束人们思路,但对不懂几何的人来说,此图形或许不难摆出.

5.2.2. 将这4根火柴都折断,再按图2办法摆置即可.

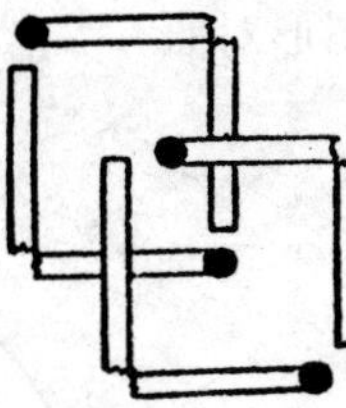

图 2

注 显然，这里折断火柴也不是"常规"方法. 下个问题亦然.

5.2.3. 将一根火柴在其长的四分之一处折断，再按图 3 的方法摆即可（注意边长比为 3 : 4 : 5 的三角形为直角三角形）.

5.2.4. 将其中一根火柴折断后可摆成图 4，图中含十个不同的三角形和三个正方形（一大两小）.

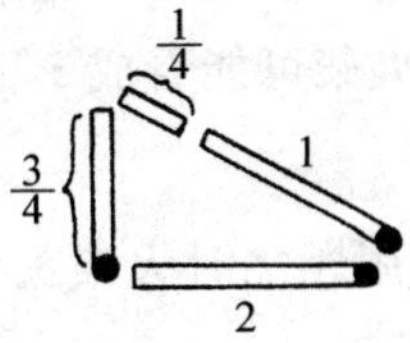

图 3

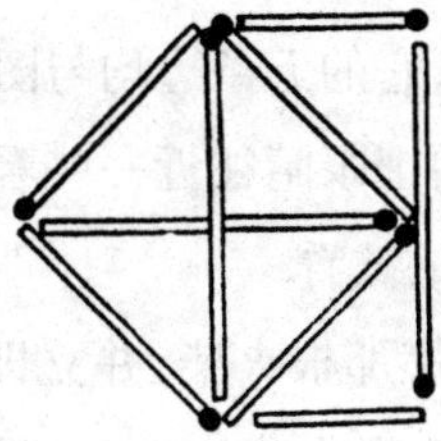

图 4

5.2.5. 答案不唯一，比如见图 5.

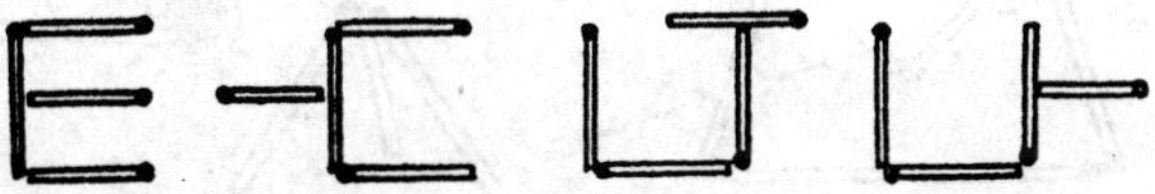

图 5

注 本题还有一个意想不到的歪解法：

先将 4 根火柴摆成十字形如图 6(1)，然后将火柴 1 向上提起一些如图 6(2)，4 根火柴之间形成一个空当，这个空当恰好是一个正方形.

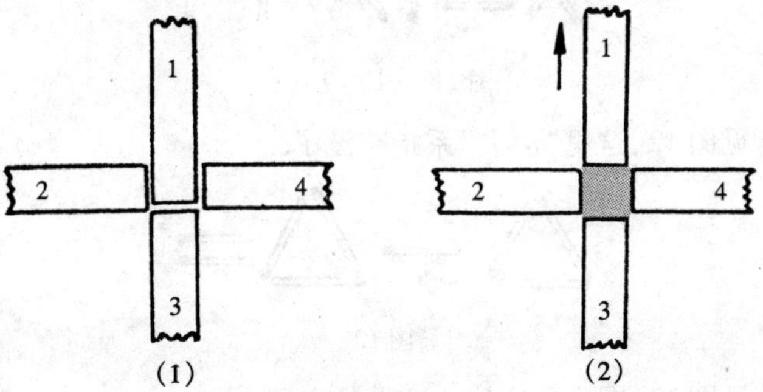

图 6

5.2.6. 见图 7(请与原题中图形对照).

5.2.7. 见图 8.

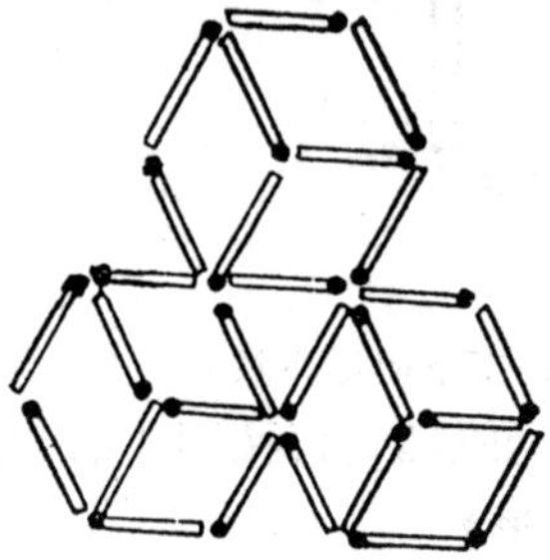

图 7

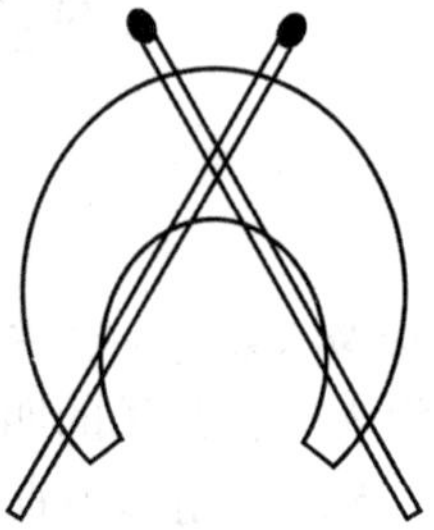

图 8

5.2.8. 见图 9,这是一个凹的五角形(它实际上是一个退化的五边形,也可视为凹四边形),它的五条边均与图中虚线相交(包括边的延长线).

5.2.9. 只要把眼睛往近一些看,这 2 根火柴可能看成 3 根,甚至也可能看成 4 根. 你无妨试试看.

5.2.10. 点燃那根火柴,并立即熄灭它,用燃烧时火柴头中的硫黄等材料的黏性,把其他 3 根火柴粘起来(图 10).

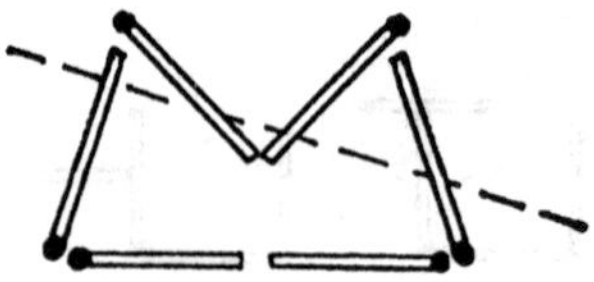

图 9

图 10

5.2.11. 如图 11,把式子倒过来看便正确了.

图 11 (10=9+1)

5.2.12. 见图 12,这里“消失”系指减没了.

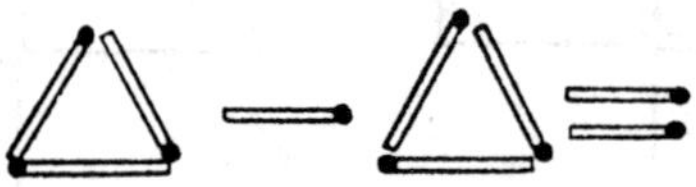

图 12

5.2.13. 见图 13. 图中数字皆为罗马数字.

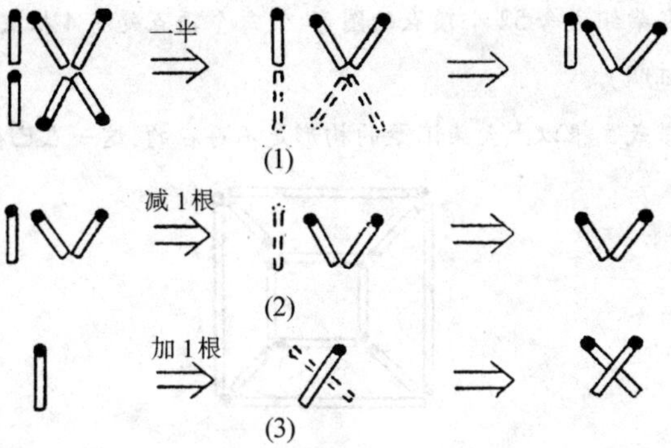

图 13

5.2.14. 将三根火柴摆三角形,再按图 14 虚线处切三刀即可.

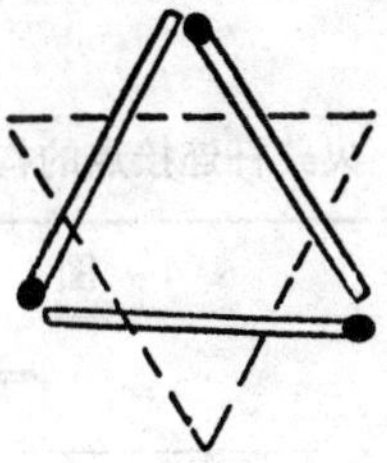

图 14

5.2.15. 见图 15.

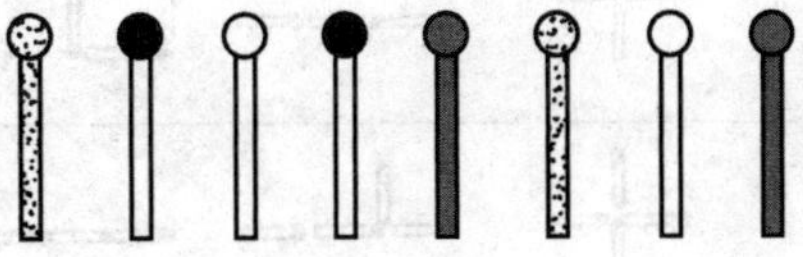

图 15

5.2.16. 用 16 根火柴摆成图 16,图中有八个顶点,每个顶点处均有 3 根火柴汇聚.

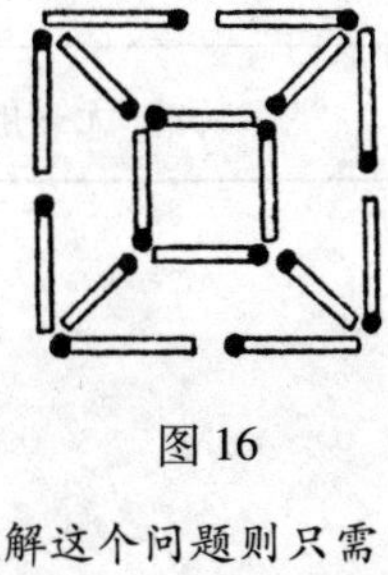

图 16

注 1 若采用长短不同的火柴解这个问题则只需 12 根即可(图 17). 联邦德国一位科

学家找到用 104 根火柴组成含 52 个顶点的图形，使每个顶点处有 4 根火柴汇聚.（但这是否是最少的根数尚未证明）.

顶点处均有 5 根或 5 根以上火柴汇聚的构形是不存在的，这一点已被证明.

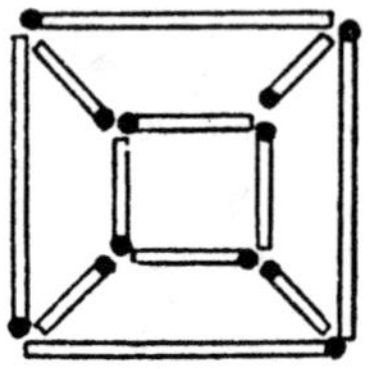

图 17

注 2 与该问题有关的另一类问题是关于火柴杆联结点问题：1 根火柴两头可视为 2 个节点；火柴能拼成 3 个节点的方式有两种；火柴能拼成 4 个节点的方式有五种……其余情形可见表 1.

表 1 火柴杆连接点的构形

节点数 p	图　　形
$p=2$	
$p=3$	
$p=4$	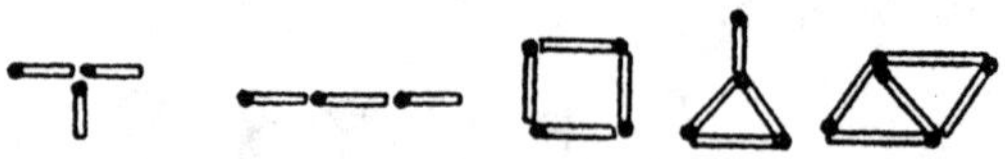
$p=5$	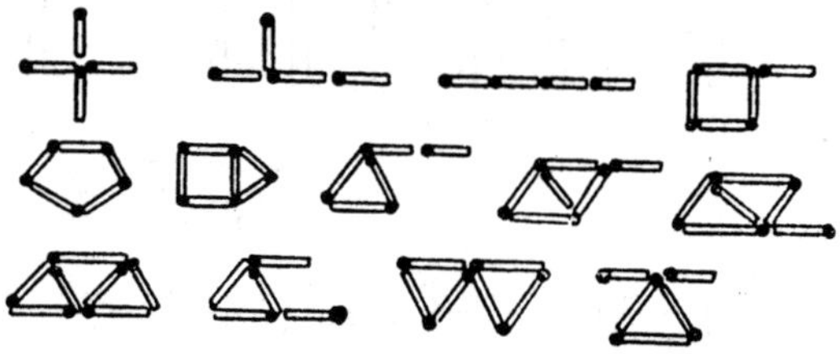
$p=6$	有 60 种（图略）
$p=n$	无一般公式

动一根火柴的算题

附记一

对于移动一根火柴使原来不等的火柴算式变成等式，是小学奥数的一类重要题型，它也是极具诱惑的一类智力题，它可以比智慧、比想象、比创造、比敏捷.

这类题目看上去很怪，获解后又顿感巧妙.

先来看一个例子，比如火柴算式（它显然不等）

$$7+9-6-5=1$$

移一根火柴变等式（由不等式变成等式）

$$1+9-6-5=-1$$

拿去一根火柴变等式

$$7+5-6-5=1$$

添一根火柴变等式

$$7+9-6-9=1$$

当然，对于移、添一根火柴，也可用“≠”使式子成立（是指式子成立而非等式成立）.

这类问题遇见多了之后，解后稍稍分析便会发现：它们通常是由下面操作完成的：

①数变数(添一根、去一根、移一根),比如:

9→6 2→3 3→5 0→6

4→11 7→1 8→9 9→5

9→3 8→6 8→0 …

其实变换时添一根即为去一根反向操作即可.

②数变运算符号(或反之)

③运算符号变运算符号(移一根、去一根或添一根)

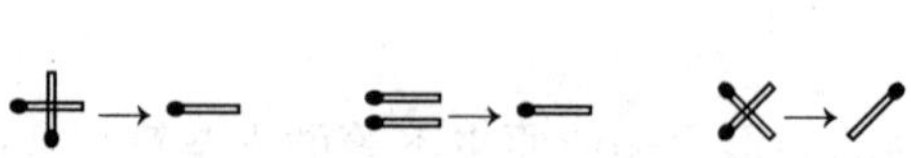(分式号)…

此外还有等号换位、加减易号,以及出现负数,……

④其他变换

顺便说一句,移动或添减多根火柴问题与之类同.

下面我们举例具体谈谈这类问题(其实这些问题火柴式都是人们从“火柴等式”中移动一根或几根使之不成立后产生的,人们解答过程只是反向操作即移回便可).

先介绍动(移)一根火柴问题.

1. 数变数

题1 下面诸火柴不等式,移动一根火柴使等式成立.

① 19－3＝9－5

答 13－9＝9－5

② 9＋5＝9

答 3＋5＝8

③ 9＋5＝14

(必须移动一根火柴)

答 5＋9＝14

④ 32 × 9 = 296

答 32 × 8 = 256

当然这类问题有时答案不唯一，请看：

题 2 移动火柴不等式中的一根火柴使其变为等式.

$$1+9=8+8$$

答 ① −1 + 9 = 0 + 8 (−1+9=0+8)

若允许移一根、再去一根火柴，有答案：

② 1 + 8 = 0 + 9 (1+8=0+9)

若允许添一根火柴，有答案：

③ 7 + 9 = 8 + 8 (7+9=8+8)

若允许移一根、再添一根火柴，有答案：

④ 11 + 5 = 8 + 8 (11+5=8+8)

严格地讲答③④不完全符合要求，因为式中 7 和 11 摆出的数字并不规范. 此外还有不少不同算式解的形式相同，比如算式

$$9+1=1$$

$$8-1=1$$

$$6+1=1$$

$$\vdots$$

移一根火柴最后都可化为算式

$$0+1=1$$

2. 数变算符或反之

先来看"数变算符"问题.

题 3 移动一根火柴使下面等式成立.

① 13 + 19 = 11

答 13 + 1 − 3 = 11 (13+1−3=11)

② 5 + 9 = 111

答 5+5=11−1（5+5=11−1）

③ 1−4+7=6

答 1+4+1=6（1+4+1=6）

④ 14−2+6=27（这里 2 和 7 与一般摆法有异）

答 14+7+6=27（14+7+6=27）

⑤ 17−14=9

答 17−14≡3（用上恒等号，17−14≡3）

⑥ 1−41=41

答 |−41|=41（用上绝对值，|−41|=41）

这个解答容易出现歧义，还可以变

|4|=|4|（|4|=|4|）

这种数摆的不规范（严格地讲）.

再来看看四则运算（+、−、×、÷）外的运算符号问题.

⑦ 111+1=2

答 $\sqrt{1}+1=2$ 或 $\sqrt{1}+1=2$（用于根号，$\sqrt{1}+1=2$）

下面是“算符变数”问题.

题 4 移动一根火柴使下面等式成立.

① 1+1+11=1（这里是短 1）

答 1+11−11=1（1+11−11=1）

② 26+14=14

答 28−14=14（28−14=14）

③ 15+6=10

答 16−6=10（16−6=10）

④ 5+5+5+5=14

答　9-5+5+5=14 (9-5+5+5=14)

下面变动后的算式出现“/”形式的分数.

题 5　移动一根火柴使算式成立.

24×6+15=13

答　24/6+15=19

这里“/”表式分式号(通常不用).

前文已述算符变数有时会遇到并不“规范”的情形,据称下面的问题英国大数学家哈代曾算过,动一根变等式.

题 6　14-1+1=3

答　114-111=3 (114-111=3)

这种算式摆法显然不够规范.

3. 符号变符号

题 7　符号移位的问题.

① 11-35=24

答　11=35-24 (11=35-24)

② 11-1+11=11 (短 1)

答　11=+11=11　(连等号,11=+11=11)

③ 14+7-24=31

答　14-7+24=31 (14-7+24=31)

④ 22+22=22

答　22-22=2-2 (22-22=2-2)

⑤ 16-25=4-1

答　16+25=41 (16+25=41)

(这里面还有某种意义的“符变数”技巧).

4. 其他变换

这类火柴问题有点绕,不常见. 比如:

题 8 只动一根火柴如何将下面式子变成等式？

528+629=1911

动几根也难将式变成等式，请注意 5，26，8，9 的反转变化.

先将上式 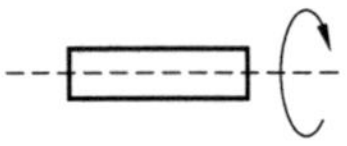 反转，再 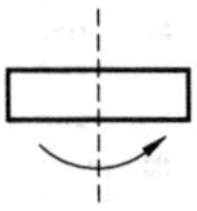 反转，这时式子变为

1161=926+825

这时再移动一根火柴等式就成立了，即

1751=926+825

这种例子其实并无技巧可言，并不可取.

对于移动多根火柴问题，其实与上面大同小异，比如：

题 9 移动两根火柴使等式成立.

① 6+9=111

答 5+5=10（5+5=10）

② 15−6=17

答 16−5≡11（16−5≡11）

③ 4×9=46

答 5×9=45（5×9=45）

④ 17−2=15（已是等式，要求移两根后仍为等式）

答 11+2=13（11+2=13）

添火柴问题其实是拿走火柴问题的反问题，先来看一个例子.

题 10 请在下式添一根火柴使等式成立.

5+5+5=550

乍一看问题很难，这里面有“符变数”技巧，还有“涨数位”（变三位数）方法，请看答案：

答 545+5=550

当然这个问题还可以有下列变形：

题 11　只移动(不是添、减)一根火柴使下面诸式成立：

① 6+5+5=550

② 5+5+5=558

③ 5+5+5=650

④ 5+5+5=950

它们的解答可仿上进行.

当然“添、去、移几根火柴问题”其实是添(或去、移)一根火柴问题的推广或反问题,依据或方法仍是前面讲过的数、符互换,只是增加了要变的数或符的个数而已.

题 12　添两根火柴使下面算式成立.

195-50=125

答　185-60=125

题 13　下面算式通过“移一根、添一根”使算式成立.

125+50=135

答　185-50=135

添、减、移火柴问题还有很多,不过万变不离其宗,只有多看、多想、多练才能融会贯通、举一反三.

最后我们来看看另类问题——火柴摆数,其中涨(缩)位数也是火柴游戏中容易忽略的问题,比如：

题 14　用火柴摆出算式

6985

移一根使其变为最大.

一般理解有位 6 变 9,其实还可利用涨数位的方法实现所变之数最大,比如(69951)

69951

这个尾数 1 其实并不规范,若不允许这种情形,最大的数是(9985)

9985

当然还有所谓移动火柴“缩位”问题，比如算式

89613

（这里是长1，两根火柴组成）.

移一根火柴变最小结果是(08613)

08613

方格摆放火柴问题

附记二

方格摆放火柴有许多花样，这一点我们前文已有介绍，不过说来道去无非是数字游戏的变形. 我们来看几个问题.

题 1 在 4×4 方格中放 10 根火柴（每格只许放一根）使得每行火柴数为奇数，每列火柴数为偶数. 如何放？

答 答案不唯一，比如图 1 即为放法之一.

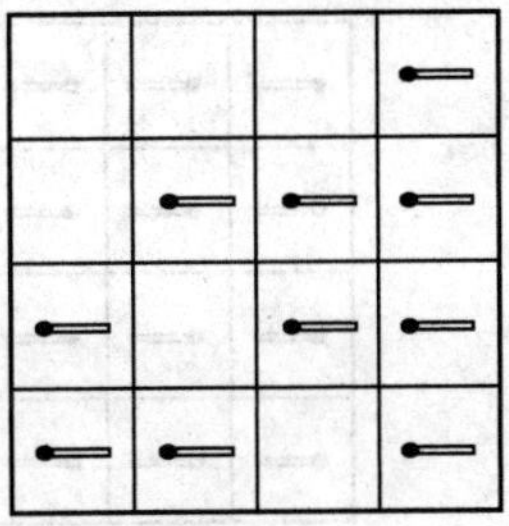

图 1

注 这类问题经过交换列或交换行，或经过 180°（有的还可以 90°，270°）旋转后所得亦为解（答案）.

题 2 在 3×3 方格中分别放上 3，4，5，…，10，11 根火柴，使得第 k 行（$1\leqslant k\leqslant 3$）火柴数之积等于第 k 列火柴数之积.

答 如图 2（图 2 中数字为该格所放火柴数）.

11	8	5
4	7	6
10	3	9

图 2

注　此问题为“乘积幻方”的变形或简化.

题 3　在 4×4 方格中如何放 44 根火柴，使得诸行火柴数之积的和为 5 的倍数，而诸列火柴数之积的和不是 5 的倍数.

答　放法不唯一，放法之一见图 3(图 3 中数字为方格所放火柴数).

5	5	5	1
5	5	1	1
5	1	1	1
5	1	1	1

图 3

题 4　在 4×4 方格中放 16 根红头(○—)或黑头(●—)火柴(每格放一根)，要使每行(列)有红头火柴的要有 3 根黑头火柴，且每列(行)有黑头火柴的要有 1 根红头火柴. 如何放？

答　放法见图 4.

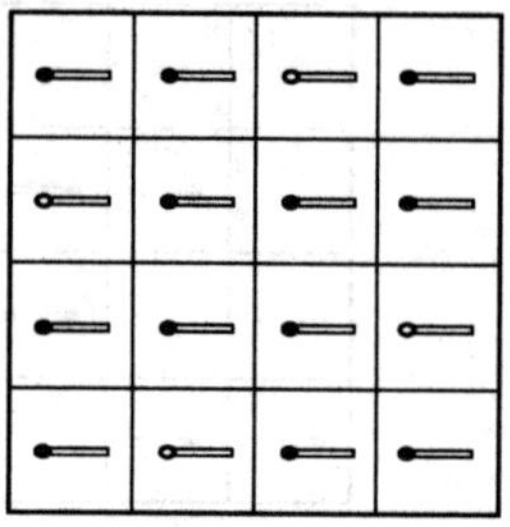

图 4

题 5　在 4×4 方格中放 8 根红头(○—)、8 根黑头(●—)火柴(每格仅放一根)，使得每行、每列皆有 3 根同色火柴.

答　放法见图 5.

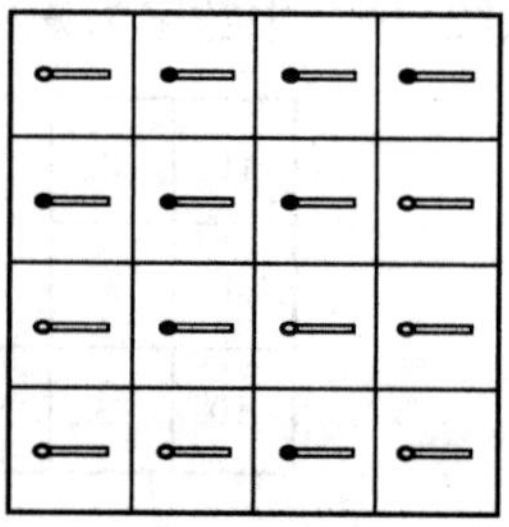

图 5

注　若 $4|m$，且 $4|n$，则 $m\times n$ 方格放 mn 根红、黑头火柴（各半）亦可有类似的结论. 比如，令 $m=4k,n=4l$，则 $m\times n=16kl$，即用 kl 个 4×4 方格拼起来即可.

题 6　如图 6，在 3×3 方格中，分别放入 1~4 根火柴，使得每个 2×2 方块中皆有 1，2，3，4 根火柴的方格.

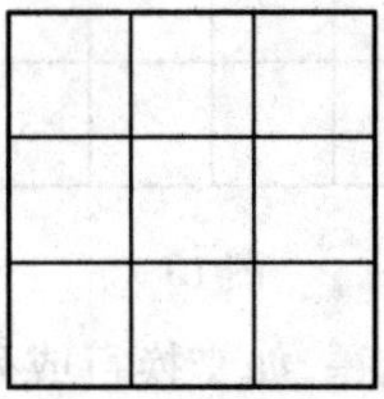

图 6

答　放法如图 7 所示（图 7 中数字为该格所放火柴数）.

1	3	2
2	4	1
1	3	2

图 7

题 7　如图 8，在 2×2 方格中放一些火柴，要求每行火柴数一格为另一格的 2 倍，每列火柴数两者所差 6. 如何放？

图 8

答　见图 9（可以证明这个放法唯一），数字为火柴数.

6	12
12	6

图 9

题 8　如图 10，在 4×4 方格中的一些方格放了火柴（数字为该格所放火柴根数）.

请在其余格中放入适当数的火柴，使图中每条线上的四个格子中火柴数皆相等.

1			
	9		
		8	
			3

图 10

答 放法见图 11(答案不唯一,如交换行或列即得另解).

1	8	3	9
3	9	1	8
9	3	8	1
8	1	9	3

图 11

注意图中有十条线:四横、四竖及两条对角线.

这个问题也是所谓"拉丁方"问题的变形. 拉丁方即是在 $n\times n$ 方格中分别填入 $1\sim n$ 这 n 个数,使得图中每行、每列及两对角线上皆有 $1\sim n$ 这 n 个数.

下面问题涉及所谓"完美矩形"问题. (详见前文)

题 9 假设火柴长为 1(单位),今用一堆火柴摆出如图 12 中的图形(图 12 中线段皆为整数根火柴摆成),其中每个方块皆为正方形.

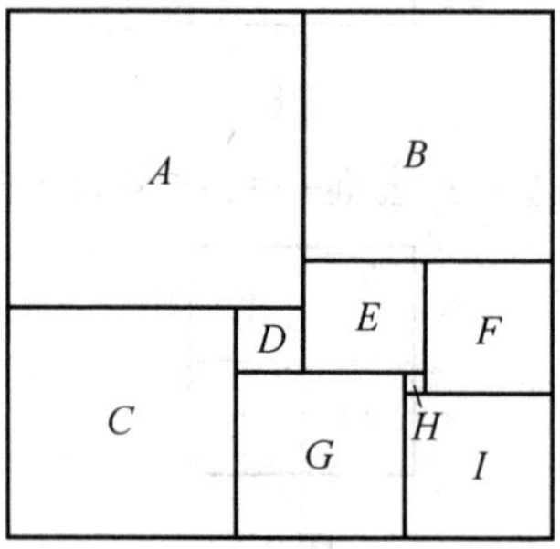

图 12

答 今用 $a,b,c,\cdots,h,i$ 分别表示该正方形边上火柴根数(或线段长),已知 $e=7,h=1$,求 a 是由多少根火柴摆出?

我们一步步推导看看:

首先,由

$$f=e+g=8\Rightarrow i=9,g=10$$

这样

$$g+i=19,e+f=15\Rightarrow d=(g+i)-(e+f)=4$$

故

$$c=g+d=14$$

从而

$$a=c+d=18$$

即 A 的边由 18 根火柴组成.

注 前文已述完美矩形仅有两种.

题 10 如图 13,在一个 3×3 方块中的 3 个格中分别放 1,3,12 根火柴,火柴数组成一个 3 阶幻方. 问标 x 的方格中放多少根火柴?

x	3	12
1		

图 13

答 先来考虑一般的情形,设 9 个方格中所放火柴数如图 14 所示. 设其行、列、对角线上数的和均为 S(幻和).

a	b	c
d	e	f
g	h	i

图 14

考虑第二行、第二列及两对角线上元素和为(它为 $4S$)

$$a+b+c+d+f+g+h+i+4e=4S \quad (*)$$

即

$$a+b+c+d+e+f+g+h+i+3e=4S \quad (**)$$

又

$$a+b+c+d+e+f+g+h+i=3S$$

则由式($**$)知

$$3e=S\Rightarrow e=\frac{S}{3}$$

回到原题,如图 15. 由 $x+3+12=x+1+g$,知 $g=14$.

又由 $3e=S$，知 $3e=12+e+14$，知 $e=13$.

又由 $3e=x+3+12=39$，知 $x=24$.

x	3	12
1	e	
14		

图 15

题 11 在 5×5 方格中分别放一些红头和黑头火柴（每格仅放一根），要使每个 3×3 方块中皆有一根红头火柴，问至少要放多少根红头火柴？

答 只需放一根红头火柴，放法见图 16，红头火柴放在方格中心即可.

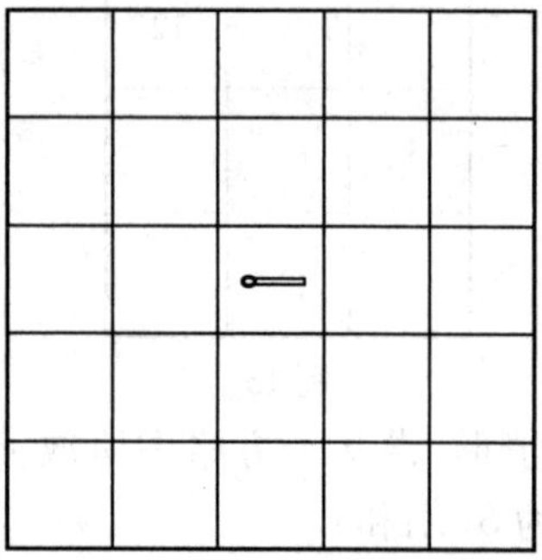

图 16

题 12 在 4×4 方格中每格至多放一根火柴，请问至少要放多少根火柴方可使得划去任意两行、两列，剩下的部分至少有一根火柴？

答 至少放 7 根火柴，放法如图 17.

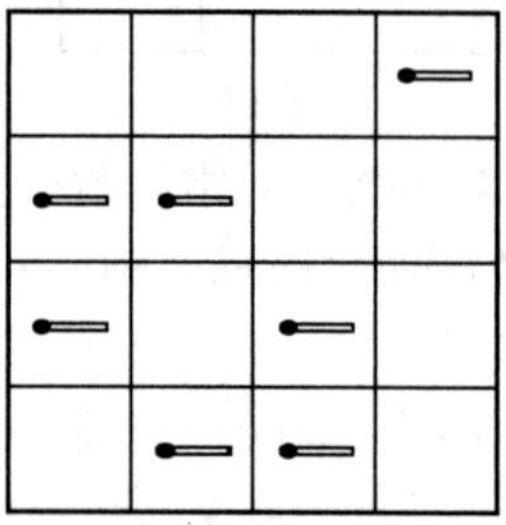

图 17

题 13 5×5 方格中放 13 根红头火柴，12 根黑头火柴（每格放一根），要求除第 1 行外其余每行黑头火柴比红头火柴多，除第 5 列外每列红头火柴比黑头火柴多，如何放？

答 放法如图 18.

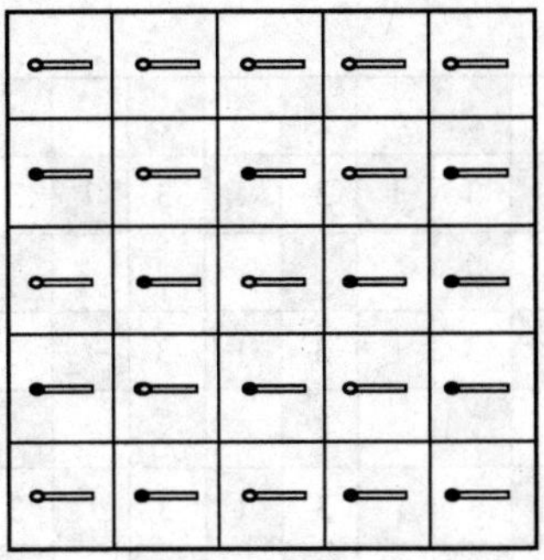

图 18

题 14 $n \times n$ 方格中每格放任意多根火柴,其中必有一格火柴数不超过它周围 8 个方格中的 4 个方格里的火柴数. 如何验证?

答 注意只需在图 19 中的 12 个方格中找出火柴根数最少的一个方格即可.

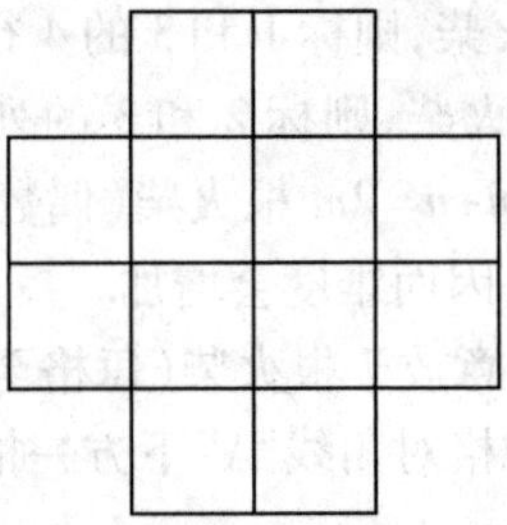

图 19

下面的问题还与国际象棋盘有关.

题 15 如图 20,在 8×8 的国际象棋盘中放上 8 根火柴(每格至多一根),使每行、每列皆有一根火柴,则棋盘黑格中的火柴数必为偶数.

图 20

答 先对棋盘标号，棋盘奇数列的黑格标 1，偶数列的黑格标 2，偶数列的白格标 3，如图 21.

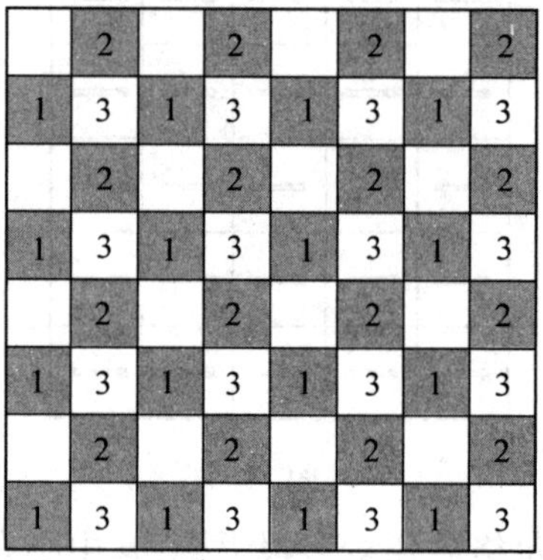

图 21

若标 1 的方格放 m 根火柴，标 2 的方格放 n 根火柴，标 3 的方格放 k 根火柴，因每行（每列）皆有一根火柴，则标 1 和 3 的 4 行有 4 根火柴，即 $m+k=4$；

又每列（每行）皆有一根火柴，则标 2 和 3 的列共有 4 根火柴，即 $n+k=4$. 这样 $m=n$，即棋盘黑格共放 $m+n=2m$ 根火柴（偶数根）.

下面的问题涉及了变换，因而难度会增加.

题 16 在 8×8 方格中任意放 7 根火柴（每格至多放一根），如何通过行、列交换，将 7 根火柴全部移至方格对角线“\”下方一格（副对角线上），即图 22 中的位置.

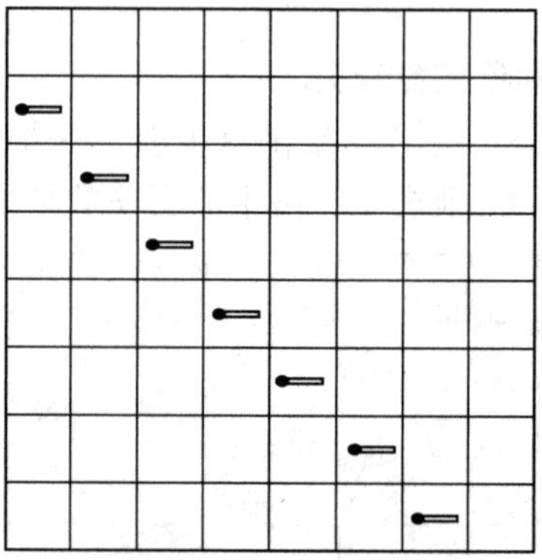

图 22

答 先将不放火柴的列（总存在这样的一列）与方格最右边一列对换，再将最下一行与任一放火柴的行对换，这样最右边一列没有火柴.

接下来考虑左上角 7×7 的方格，重复上面的步骤，最后可将有火柴的行皆换至主对角线下方，即所有火柴全部在 8×8 方块的主对角线下方——副对角线上.

注 这个结论可推广至 $n\times n$ 方格的情形.

题 17 在 5×5 方格上放一根红头火柴,其余方格皆放黑头火柴. 今考虑任取其中某个 $k\times k(2\leqslant k\leqslant 5)$ 的小方块,将其中的火柴全部换成相反颜色的火柴,这样在经有限步骤后,可使 5×5 方格中的火柴全部换成了黑头火柴. 请问:红头火柴应放在哪格?

答 先将该 5×5 方格中某些方格按图 23(1)标上"＊"号,这样当 5×5 方块在经过 90°,180°,270°顺时针旋转后,"＊"号会布满除中心一格外的整个 5×5方格(见图 23).

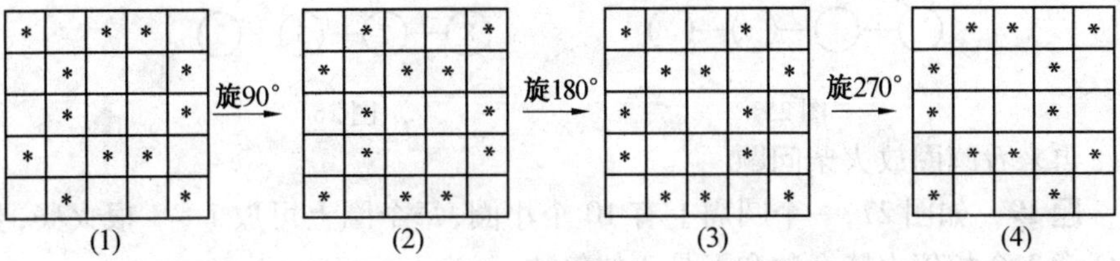

图 23

这种标有"＊"号的图 23 中,任一 $k\times k(2\leqslant k\leqslant 5)$ 的小方块皆有偶数个"＊"号格.

若开始将红头火柴放在每个有"＊"号的方格,每次在 3×3 和 5×5 方格按题设操作后皆有奇数未标有"＊"号的方格有红头火柴(黑换红),又由于任何 $k\times k(2\leqslant k\leqslant 5)$ 的方块中至少有一个"＊"号格,此即说开始时红头火柴不能放在标有"＊"号的方格里.

综上,红头火柴唯一可放的方格为中心格.

注 顺便讲一句,此题"＊"号标注,可用来制造密码通信的"密钥",即在"＊"号处挖空,然后按顺时针将密钥旋转 90°,180°,270°后可读 5×5 方格中除中心方格外的 24 格上的文字(密信也是这样书写来的).(图 24)

图 24 密钥

其实说穿了这些问题只是方格填数问题的变形,下面三角形、圆圈填数问题亦可变为放火柴问题.

题 18 在图 25 的三角形中有 9 个圆圈,请在圆圈中分别放 1 ~ 9 根火柴,使三角形每条边上的三个圆圈中火柴数和相等,且这些数的平方和也相等.

答 见图 26,图中边上诸数和为 20,诸数平方和为 126.

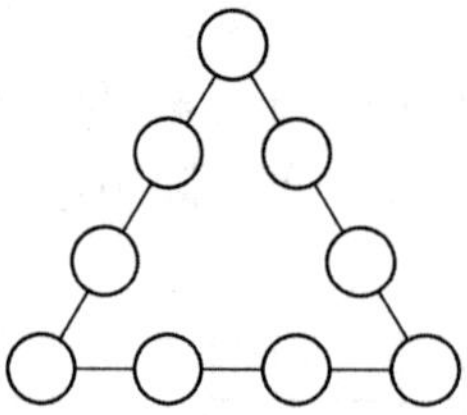

图 25

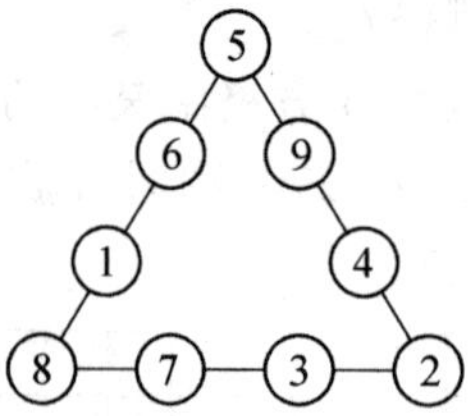

图 26

再来看圆圈放火柴问题.

题 19 如图 27,一个圆周上有 10 个小圈,每个圈上可放 1 ~ 3 根火柴,要求任意 3 个相邻火柴个数和不是 3 的倍数.

答 填数见图 28.

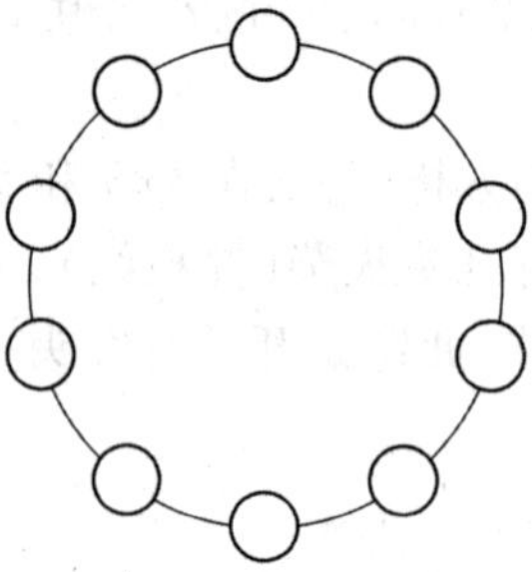

图 27

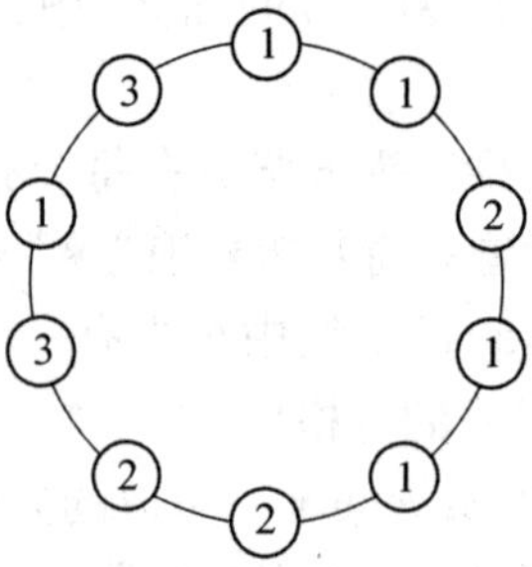

图 28

下面是一个稍难一些的问题,它涉及数的整除.

题 20 如图 29,在一个大圆圈上分布着 12 个小圆圈.

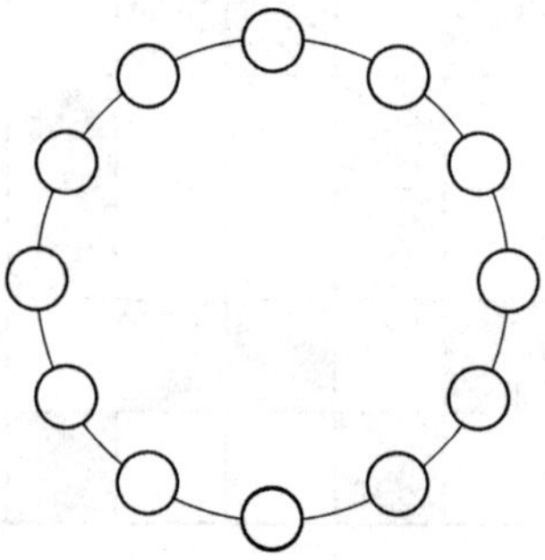

图 29

今打算在全部小圆圈上分别放 1 ~ 12 根火柴. 若相邻三个小圆圈上的火柴数分别为 a,b,c,能否给出一种放法,使 $|b^2-ac|$ 为 13 的倍数.

答 答案有两种,见图 30 和图 31.

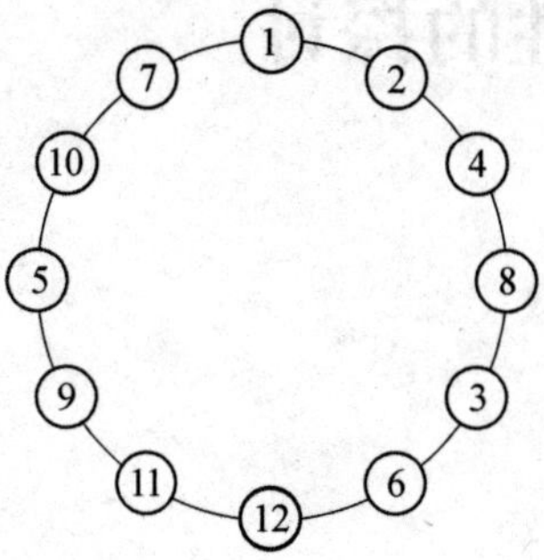

图 30

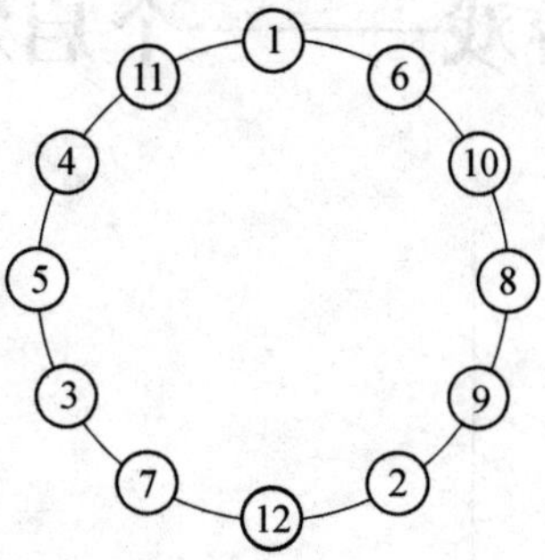

图 31

NIM 游戏——一个启发性的探讨

附录一

Julius G. Baron

NIM 游戏(The Game of Nim)①是一种两人玩的游戏.玩时,把筹码分成若干堆,每堆筹码的数目是任意的,然后双方轮流拿走筹码.每次拿时,只能从一堆里拿,不许从不同堆里拿,且每次至少拿走一个或拿几个甚至一堆筹码.谁抢到最后一次拿,谁就是胜者.

Bouton 在 1902 年出版的 Annals of Mathematics 上首先叙述了这种游戏,也给出了获胜的策略并论证了它的正确性.此后有许多文章曾论述过该游戏和它的获胜策略.Hardy 与 Wright 合著的书:"An Introduction to the Theory of Numbers"(1954,第 117~120 页)中,也讲述了该游戏的解.据我所知,还没有一本书和文章论述策略问题的解是如何发现的,从教学的角度来看,问题的解是如何得到的往往更重要,特别对 Nim 游戏更是这样,因为它的获胜策略看来似乎与问题并无直接联系.

1963 年,我曾与数学界朋友谈到 Nim 游戏,当我表示我对 Nim 策略如何获得的问题能给予一个解释时,匈牙利 High School Mathematics Magazine 的编辑建议我把它发表出来,这就是出现在 1964 年该杂志上的一篇论文.文中从具体问题出发一步步引导到一般策略的分析.此文是上文的修改稿.

① 据说这是一种古老的中国游戏,叫作筹码游戏.

正如 Hardy 与 Wright 所指出的,“这种游戏有一精确的数学理论,事先能判断其中一方可获胜”. 事实上,von Neumann 有这样一条定理:一种具有完全确定讯息的游戏(例如像 Nim 游戏)必有一确定的取胜策略. 但我们不打算应用这一理论,我们只在假定策略存在的前提下,指出如何从实践经验中捉摸出策略的一些性质,并由此揭示出获胜的策略.

我们称在任何一次拿取之后每堆筹码数目的集合为游戏在该时刻的“状态”,并用圆括弧内依非降顺序填入每堆筹码的数目所构成的数组来表示这个状态. 例如,(2,4,4,7,9)表示一个五堆的状态. 为简单起见,我们就把状态称为数组,并根据堆(即数组中的数)的个数相应地说一元数组,二元数组,三元数组等等.

若游戏的双方都熟知获胜的策略,显然初始数组便决定了游戏的结局. 因此,可以把初始数组分成两类:先拿一方能获胜的初始数组称为赢数组,先拿一方不能获胜的初始数组称为输数组.

经验指出,输数组的数量少,因此我们先寻求输数组的特征. 事实上我们认识了输数组,也就朝获胜策略的方向上前进了一大步.

下面关于两类数组的关系是显然的.

①输数组拿一次筹码后,必定变为赢数组;

②赢数组一定可以适当拿一次筹码后,使其变为输数组;

③输数组的一般特征必定包含最简单的输数组(1,1).

先考察一些简单的数组. 一元数组不管它包含多少筹码都是赢数组. 二元数组(a,b)是一输数组当且仅当$a=6$. 事实上数组(a,b)拿一次后使两堆数目不等,再拿一次后总可使两堆数目再度相等.

三元数组若是输数组,则三个数一定两两不等. 因为三元数组(a,b,b),拿走a后,将变为输数组(b,b).

最简单的三数不等的三元数组是(1,2,3). 拿一次后出现下列六种可能(0,2,3),(1,1,3),(1,0,3),(1,2,2),(1,2,1),(1,2,0),显然再拿一次后都变为输数组,所以(1,2,3)为一输数组. 保留最小数为 1 的情况下,接下去这种最简单的三元数组是(1,2,4),(1,3,4),经一次适当的拿取后,均能变为(1,2,3),所以它们是赢数组. 同理(1,2,5)与(1,3,5)也是赢数组. 另一方面,对于数组(1,4,5),考虑它的各种可能拿法,即可看出它是输数组. 一般地,数组$(1,2k,2k+1)$是一输数且因为任意拿一次后,总可再经一次适当的拿取使其变为$(2k,2k)$或(1,1)或$(1,2n,2n+1)$ $(n<k)$.

对最小数大于 1 的三元数组,拿一次后可能出现的情形大大增加,用上面这种讨论方法就行不通了,需要用别的办法来处理.

任一三元数组包含三个数对作为它的子集. 我们用下面的“排除原理”来

考虑这些数对. 如果一个三元数组的集合中的每一个都是输数组,那么任一数对只可能在这些数组的全部这种子集中出现一次. 事实上,若(a,b,c)与(a,b,d)是两个三元数组,且$d>c$,它们同以数对(a,b)为其子集. 拿一次后可使d变为c,这表明(a,b,c)与(a,b,d)不可能同时为输数组.

据此我们给出如何获得没有公共数对的三元数组的程序.

首先我们把具有相同较小数的数对排成一行,且按对中较大数递增的顺序排列这些数对. 再按行中较小数递增的顺序排列这些行. 由此得到一矩形阵(见表1).

表1

(1,2)	(1,3)	(1,4)	(1,5)	(1,6)	(1,7)
(2,3)	(2,4)	(2,5)	(2,6)	(2,7)	
(3,4)	(3,5)	(3,6)	(3,7)		
(4,5)	(4,6)	(4,7)			
(5,6)	(5,7)				
(6,7)					

由表看出,对角线上数对有相同的较大数,我们就用该数来称呼这对角线. 如在表1中,我们可以说对角线7正好在对角线6之下,矩形阵也可以看成不断地添加对角线而得到的.

我们先来说明如何利用对角线6以上的数对,得出无公共数对的三元数组的过程. 不妨引入一名词,称两个数对是相容的,如果它们的和集是一三元数组.

第一个数对(1,2)与下一个相容的数对(1,3)相结合得到三元数组(1,2,3). 根据"排除原理",进一步考虑时可以将数对(1,2),(1,3)和(2,3)排除.

下一个可用的数对是(1,4),相容的数对是(1,5),它们形成三元数组(1,4,5),因此数对(1,4),(1,5),(4,5)也可排除.

数对(1,6)在对角线6之上没有相容数对,但它不能排除,因为当添加对角线时就会出现相容的数对. 类似于第一行处理,后面几行有相容数对(2,4)与(2,6),(3,5)与(3,6),得三元数组(2,4,6)和(3,5,6). 这样对角线6以上的数对共形成四个三元数组,还留下三个数对备用.

我们添加对角线7的数对,如上考虑得三元数组(1,6,7),(2,5,7)和(3,4,7). 总共得七个三元数组. 这时对角线7以上的数对全部用完,没有一个数对留下备用.

不断地添加对角线,不断地形成可能出现的三元数组. 直到添至对角线15时,再次所有数对全部用完,我们称对角线7与15为完全对角线.

再下一条完全对角线是31,从对角线31以上的465个数对中,共形成155个三元数组. 为简单起见,我们称这些三元数组的集合为集合L_{31}. 这集合中的元素具有输数组的一些特征，如改变该集合的任一三元数组中任一数，所得数组就不属于该集合.

特别重要的是：在实际玩 Nim 游戏时，若初始数组是 L_{31} 的元素，当对方拿了一次后，利用 L_{31} 表总能取胜①，所以根据经验 L_{31} 集合是输数组集合. 为了把这结果引导到精确形式，我们来观察这 155 个三元数组.

基于观察方便，把 155 个数组按其最小数排成一列，每列按中间数大小顺序排（见表 2）.

表 2

1,2,3	2,4,6	3,4,7	4,8,12	5,8,13	6,8,14	7,8,15	8,16,24
4,5	5,7	5,6	9,13	9,12	9,15	9,14	17,25
6,7	8,10	8,11	10,14	10,15	10,12	10,13	18,26
8,9	9,11	9,10	11,15	11,14	11,13	11,12	19,27
10,11	12,14	12,15	16,20	16,21	16,22	16,23	20,28
12,13	13,15	13,14	17,21	17,20	17,23	17,22	21,29
14,15	16,18	16,19	18,22	18,23	18,20	18,21	22,30
16,17	17,19	17,18	19,23	19,22	19,21	19,20	23,31
18,19	20,22	20,23	24,28	24,29	24,30	24,31	
20,21	21,23	21,22	25,29	25,28	25,31	25,30	
22,23	24,26	24,27	26,30	26,31	26,28	26,29	
24,25	25,27	25,26	27,31	27,30	27,29	27,28	
26,27	28,30	28,31					
28,29	29,31	29,30					
30,31							
9,16,25	10,16,26	11,16,27	12,16,28	13,16,29	14,16,30	15,16,31	
17,24	17,27	17,26	17,29	17,28	17,31	17,30	
18,27	18,24	18,25	18,30	18,31	18,28	18,29	
19,26	19,25	19,24	19,31	19,30	19,29	19,28	
20,29	20,30	20,31	20,24	20,25	20,26	20,27	
21,28	21,31	21,30	21,25	21,24	21,27	21,26	
22,31	22,28	22,29	22,26	22,27	22,24	22,25	
23,30	23,29	23,28	23,27	23,26	23,25	23,24	

每一三元数组记为 $(a,b,c)(a<b<c)$，通过观察可得下面论证时要用到的一些性质：

①若 $(a,b,c)\in L_{31}$，则 $a+b+c$ 为偶数；

②若 $(2a,2b,2c)\in L_{31}$，则 $(a,b,c)\in L_{31}$；

① 即再拿一次使所得三元数组仍属于集合 L_{31}.

③若$(a,b,c)\in L_{31}$,且a,b,c中两个为奇数,则这两个奇数减1所得的三元数组也属于L_{31};

④完全对角线对应于数$2^n-1,n=3,4,5$.

设想形成三元数组的过程无限地进行下去,从而得到一个递增的三元数组集合L的序列.我们猜想它们都是输数组且具有上述几条性质.这样,集合L中每一三元数组必定或者只有一个数是偶数,或者三个数都是偶数;若三个数都是偶数,每个数除2所得的三元数组也属于集合L;若只有一个数是偶数,则其形式为$(2k+1,2m+1,2n)$或它的一个置换,奇数都减1,然后每个数除2所得的三元数组也属于集合L.

我们通过三元数组(25,43,50),(16,39,47)和(29,63,66)来说明这一点(见表3).

表3

例1	例2	例3
25,43,50	16,39,47	29,63,66
12,21,25	8,19,23	14,31,33
6,10,12	4,9,11	7,15,16
3,5,6	2,4,5	3,7,8
1,2,3	1,2,2	1,3,4
0,1,1		0,1,2

利用上述性质在例1中,我们最后得到的是输数组.所以数组$(25,43,50)\in L$;在例2,最后一个三元数组各数之和为奇数,所以数组(16,39,47)不属于集合L;例3的最后一个三元数组情形同例2.

所以数组(29,63,66)也不属于集合L.

事实上用此方法能判断任一三元数组是否属于集体L.当数字相当大时,这方法实际使用起来是很麻烦的,而且不能应用于n元数组$(n>3)$.

有一明显的技巧可简化上述方法,使实际应用起来很方便,尤其重要的是它对多元数组也适用,且提供了证明方法.

上面我们由一个三元数组得出下一三元数组,只用到两种算术运算:除2与减1.若把三元数组的数表示成二进位制的形式,则两种运算的结果只反映在最后一位数字上.若一个数是偶数,它的二进制表示的最后一位数字是0,该数除2,只是简单地抹去最后一位数字0.若一个数是奇数,它的二进制表示的最后一位数字是1,该数减1,只是简单地把最后一位数字1换成0.表3中的例1与例2,若用二进制来表示即为表4.

用二进制化简过程可概括如下:先看三个数的末位数字是否都是0或只有

一个是0,相当于看三个数的末位数字中,1出现的次数是否是偶数次,若是,就抹去三个数的末位数字.这样一步步做下去.若得到一三元数组,它的末位数字中,1出现的次数是奇数次,或末位数字之和为奇数,因而三个数之和也为奇数,则这个三元数组及导出它的前面所有三元数组都不是输数组.

表4

例1			例2		
11001	101011	110010	10000	100111	101111
1100	10101	11001	1000	10011	10111
110	1010	1100	100	1001	1011
11	101	110	10	100	101
1	10	11	1	10	10
0	1	1			

若我们把三元数组的三个二进位数如同作加法一样把它们纵排起来,考虑这些二进位数在同一位上的数字构成的列.这样,上面的逐步抹去法是看所得三个数的末位数字中,1出现的次数是否是奇数次,实际上就是看每一列数字中,1出现的次数是否是奇数次.于是,我们最终得到三元数组的判别法则:写每堆筹码数为二进位数,然后如同作加法一样把它们纵排起来,并求出每一列上的数字之和①.数组是输数当且仅当每一列上的和为偶数(表5).

表5

11001	10000
101011	100111
110010	101111
—	—
222022	211222

这就是通常所说的Nim策略规则.它的正确性的演绎证明可以在前面所提到的Hardy与Wright的书中找到.这证明把我们前面的猜测变为确凿的事实.此外,这一规则与它的证明对任意多堆筹码也成立.这一规则也为如何使赢数组拿一次后变为输数组提供了一个简单的方法.

① 注意:这些和可以出现2,3,不要进位.

尼姆游戏与类似的游戏[①]

附录二

C. A. B. Smith

一些游戏是由两个人 A 与 B 玩的，有一堆或几堆筹码，按约定，各人轮流取走一些或全部筹码，取得最后一个筹码为赢．前边所述第三个中古代的算术问题就是一个例子，其中仅有一堆筹码，每次可以取走 1 至 m 个筹码．许多此类游戏皆可用斯普拉格（R. Sprague）-格伦迪（P. M. Grundy）数 $G(C)$ 予以分析．对于空位置 0，那里没有筹码，$G(0)=0$．对于数目分别为 $x,y,\cdots$ 的筹码堆的任意组合 $C=(x,y,\cdots)$，假定有容许的取法使 C 变成别的组合 $D,E,\cdots$，则 $G(C)$ 是异于 $G(D),G(E),\cdots$ 的最小非负整数．这样就以归纳的方式定义了游戏规则所容许的一切组合 C 的 $G(C)$．因此，在第三个中古时代的问题里，我们找到 $G(x)=$ 用 $m+1$ 除 x 时的余数．

若 $G(C)>0$，下一个人，譬如说 A，只要取码使局势走向一个"安全"的组合 S 使 $G(S)=0$ 就能确保获胜了．因为按 $G(S)$ 的定义，或者 S 是空位置，此时 A 已获胜，或者对手 B 必须走到一个新的"不安全的"位置 U，$G(U)>0$，这就回到了讨论开始的情况．游戏以有限的步数结束而 A 获胜．

① R. Sprague, Tohoku Journal of Mathematics, 1936, Vol. XLI. p. 438; P. M. Grundy, Eureka, 1939, Vol. Ⅱ, p. 6.

在尼姆(Nim)游戏①里可有任几堆筹码,每个参加者轮流选定一堆并从该堆中随意取多少个(至少一个)筹码. $G(x,y,\cdots)$这时就是$x,y,\cdots$的"尼姆和",其中的尼姆加法运算的定义如下. 把$x,y,\cdots$换写为二进制数,然后相加而暂勿进位. 最后将每位上的和数换为用2除后的余数,将此结果视为二进制数. 例如求尼姆和:$3+_{nim}7+_{nim}9$. 列式如下:

十进制的3=二进制的	11
十进制的7=二进制的	111
十进制的9=二进制的	1001
相加但不进位	1123
尼姆和	1101=十进制的13
	$=G(3,7,9)$

事实上尼姆和满足斯普拉格-格伦迪数的条件. 证明实际归结于说明"若$G(C)>h\geqslant 0$,则存在着由C到某个组合D的走动,这里$G(D)=h$". 例如,在上列例子中,取h=十进制的11=二进制的1011. 它与$G(C)=1101$不同的是中间两位数码. 把第二堆筹码的个数由7=0111减为1=0001就完成了尼姆和所需的变化,于是$D=(3,1,9)$,$G(D)=11$.

这样的变化总是可能的. 安全的组合是那些尼姆和为零的组合,例如,两堆筹码时的(x,x),三堆筹码时的$(1,2,3)$,$(1,4,5)$,$(1,6,7)$,$(2,4,6)$,$(2,5,7)$与$(3,4,7)$. 在这些三数组中,任一个数都是其余两个数的尼姆和:$1+_{nim}2=3$,$1+_{nim}3=2$,等等. 由此推出,例如,$(1+_{nim}3)+_{nim}(7+_{nim}5)=2+_{nim}2=0$,所以$(1,3,7,5)$是一个尼姆意义上安全的组合.

在"有约束的尼姆游戏"里,一位参加者从某一堆里取去m个筹码. $G(x,y,\cdots)$是$x',y',\cdots$的尼姆和,其中$x',y',\cdots$分别是用$m+1$除$x',y',\cdots$所得的余数. 更一般地,若尼姆游戏的修改是限制每次取走的筹码数必须是正整数的某个容许的集合中的数,这时$G(x,y,\cdots)$是$G(x)$,$G(y)$,$\cdots$的尼姆和,其中$G(x)$是单独一堆x个筹码的斯普拉格-格伦迪数.

例如,取的个数必须是一个完全平方数,我们发现,视为5除x时余数为0,1,2,3或4而$G(x)=0,1,2$. 由此可以导出在多于一堆筹码的游戏里的安全组合.

穆尔游戏② 穆尔(E. N. Moore)的尼姆和Nim_k的规则和普通的尼姆和Nim(即Nim_1)的规则基本上是一样的,唯一不同的是参加者每一步可以从任意几(不超过k)堆中取筹码. 如果把数字$x,y,\cdots$换写成二进位数而作不进位的

① C. L. Bouton, Annals of Mathematics, 1902, series 2, Vol. Ⅲ, pp. 35-39.

② Annals of Mathematics, 1910, series 2, Vol. XI, pp. 90-94.

加法时,和的每个数位上的数码都是 $k+1$ 的倍数,则此组合$(x,y,\cdots)$为安全的. 如果把 Nim_k 的规则修改为取走最后一个筹码为输,那么安全组合不变,除了当所有的堆都只有一个筹码时,堆的数目比 $k+1$ 的一个倍数多一.

如果把 Nim_k 再作进一步的修改,限制从每一堆上取走筹码的数目必须是某一"容许集合"中的一个数,那么一般的分析是困难的. 但若仅有 $k+1$ 个堆,其筹码数目分别是 $x_1,x_2,\cdots,x_{k+1}$,且最后一个取筹码者为赢,则一个安全组合符合规律 $G(x_1)=G(x_2)=\cdots=G(x_{k+1})$. 如果堆数少于 $k+1$,则所有的 $G(x_r)$ 都必须为零.

凯尔斯游戏① 这个游戏里玩的是一行筹码. 每步取走一个或相邻的两个筹码,这样可能把一行分成两个较短的行,取走最后一个筹码为赢. 规律 $G(x,y,\cdots)$为 $G(x)$,$G(y)$,…的尼姆和仍成立. $x=0,1,2,\cdots$时 $G(x)$的值依次为 0,1,2,3,1,4,3,2,1,4,2,6,4,1,…. 盖伊(R. K. Guy)曾证明,从 $x=71$ 往后这个序列是有周期的,周期为 12. 在"复式凯尔斯(Kayles)游戏"里,参加者可以每次取相邻的两个或三个筹码. 这时$G(x)$的序列变成

$$0,0,1,1,2,2,3,3,1,1,\cdots$$

也就是简单凯尔斯游戏的 $G(x)$序列中的每一项都重复一次. 如果取筹码的规则是每次取相邻的两个或者孤立的一个,那么 $G(x)$的序列将是

$$0,1,1,0,2,1,3,0,1,1,3,2,2,3,\cdots$$

从 $x=33$ 以后它是周期的,周期为 34.

威索夫游戏 威索夫(W. A. Wythoff)②发明一个有两堆筹码的游戏. 参加者可以随意从哪一堆中任取几个或从两堆中各取同样多的筹码,取得最后一个筹码为赢. 第 r 个安全组合是$(x,x+r)$,其中 x 是 $\tau r=\frac{1}{2}(\sqrt{5}+1)r$ 的整数部分,因而 $x+r$ 是 $\tau^2 r$ 的整数部分. 在这些安全组合里,每个正整数出现一次,所以在任两个相邻的正整数或者两个都是 τ 的整倍数或者一个是 τ 的整倍数而另一个是 τ^2 的整倍数. 奥贝恩(T. H. O'Beirne)曾经指出,如果参加者取得最后一个筹码为输,那么安全组合中除了须把(1,2)换为(0,1)与(2,2)之外,其他不变. ③

自从毕达哥拉斯(Pythagoras)开始研究正五边形并算出其对角线与边长之

① S. Loyd, Cyclopedia of Tricks and Puzzles. New York, 1914, p. 232; R. K. Guy and C. A. B. Smith, Preceedings of the Cambridge Philosophical Society, 1956, Vol. LII, p. 514.

② Nieuw Archief Voor Wiskunde, 1907, p. 199. Also see H. S. M. Coxeter, Scripta Mathematica, 1953, Vol. XLX. pp. 135-143.

③ T. H. O'Beirne, Puzzles and Paradoxes, Oxford, 1965, pp. 109, 134-138.

比以来，$\tau=\frac{1}{2}(\sqrt{5}+1)=1.618\ 033\ 988\ 7\cdots$这个数吸引了许多数学家和业余的数学爱好者. 它的精微的性质之一属于用有理数逼近一个给定的无理数ζ的理论. 胡尔维茨(A. Hurwitz)①的一个定理说，若$0<c\leqslant\sqrt{5}$，则有无穷多个有理数h/k适合

$$|\zeta-h/k|<1/ck^2$$

但若$c>\sqrt{5}$，则有一些无理数，其中之一便是τ，相应地仅有有限个有理数适合此不等式.

① K. Chandrasekharan, An Introduction to Analytic Number Theory, Berlin, 1968, p. 23.

威索夫游戏

附录三

Ross Honsberger

1907 年数学家威索夫(Wythoff)发明了一项两个人玩的游戏,在这个游戏中两个人轮流从两堆火柴中移走一些火柴. 开始时每堆的火柴的数目是任意的,譬如说各是 m 与 n. 我们用有序偶(a,b)表示在每次移走后两堆中余下的火柴数目,并用这种办法来记录游戏过程中的状态. 这样游戏开始状态为(m,n).

游戏的规则规定,每次移走火柴必须是下列三种移法之一:

(1)从第Ⅰ堆中移走一些火柴;

(2)从第Ⅱ堆中移走一些火柴;

(3)从两堆中各移走同样数目的火柴.

用代数方法表达这些规则就是,把(m,n)变成下列三种数偶之一:

(1)$(m-t,n)$,(2)$(m,n-t)$,(3)$(m-t,n-t)$;

在所有情况中,$t\geqslant 1$,因为每次至少有一根火柴必须被移走. 移走火柴的数目取决于玩的人;他可以取走整个一堆,如果他愿意的话,谁取走最后一根火柴,谁获胜.

游戏的一个例子如下:在 A 玩过之后

A 留下$(16,13)$;B 玩成$(12,9)$;

A 玩成$(5,9)$;B 玩成$(2,6)$;

A 玩成(2,1);B 必然玩成下列四种之一:(1,1),(0,1),(2,0)或(1,0);

A 玩成(0,0)并获胜.

应当注意,A 在他最后一步之前所达到的数偶(2,1)是获胜的关键,因为这时无论 B 在四种可能中如何抉择,A 总能在下一次获胜.

对于一般情况,我们定义数偶(a,b)对于玩者 A 来说是一个获胜位置,如果存在一个策略使得不论 B 如何从(a,b)中移走多少,A 总能在比赛中获胜(不一定在一次移动中取胜). 例如,上面的游戏中(2,1)就是获胜位置. 状态(2,1)的四种可能的移动,都是导致 B 的失败位置,也即导致他的对手能由此获胜的位置.

从最末一个获胜位置(0,0)开始,我们可以构造一张包含所有获胜位置的表. 例如,我们对于所有的数偶(x,y),其中 $x+y=1,2,\cdots$,进行逐个考查就能做到这一点. 用这种办法,可以证明任意一个数偶或者是获胜位置或者是失败位置. 然而,这种麻烦的手续是完全可以避免的. 威索夫自己给出了一个刻画所有获胜位置特征的公式. 在这篇短文余下的部分中,我们将给出所有获胜数偶的集合 W 的特征刻画,并将证明 W 中的每个元素确实是一个获胜位置,证明的办法是说明从 W 中的任意一个数偶出发,每次移动都将导致一个不属于 W 的数偶,而且存在一种移动把一个不在 W 中的数偶变成 W 中的一个.

定理 获胜位置是由下列数偶给出的:(0,0)和(a_n,b_n),$n=1,2,\cdots$,其中$\{a_n\}$与$\{b_n\}$是对应于无理数

$$X=\frac{-1+\sqrt{5}}{2} \qquad ①$$

的比特序列.

我们注意,这里的 X 就是著名的黄金中项①,并且

$$Y=\frac{1}{X}=\frac{2}{-1+\sqrt{5}}=\frac{1+\sqrt{5}}{2}=1+X$$

我们令

$$\tau=1+X=\frac{1+\sqrt{5}}{2}=Y$$

并有

$$1+Y=\frac{3+\sqrt{5}}{2}=\tau^2=1+\tau$$

---

① 所谓黄金中项就是黄金矩形的较短边与较长边之比. 等价地说,它是方程式

$$\frac{1-x}{x}=\frac{x}{1},\text{也即 } x^2+x-1=0$$

的正数解.

而相应的比特序列【$n(1+X)$】,【$n(1+Y)$】是

$$a_n=【n\tau】,\quad b_n=【n\tau^2】,\quad n=1,2,\cdots \tag{②}$$

若(x,y)是W中的一个数偶,那么(y,x)也是W中的一个数偶,因为我们所指定的火柴堆的次序与讨论的问题没有关系. 这样,为方便起见,我们把较小的数记作a_n,并把数偶写成(a_n,b_n),即以a_n作为第一个数.

定理的证明 首先我们证明数偶

$$(a_n,b_n)=(【n\tau】,【n\tau^2】) \tag{③}$$

有性质:

(1)$b_n-a_n=n$,当$n=1,2,\cdots,(a_0,b_0)=(0,0)$;

(2)第n个数偶的较小数a_n是任何前面数偶没有用过的最小整数;并且反过来,满足性质(1)与(2)的数偶一定是(3)的形式.

为了建立性质(1),我们写

$$b_n-a_n=【n\tau^2】-【n\tau】$$

回顾$\tau^2=1+\tau$,我们有

$$b_n-a_n=【n(1+\tau)】-【n\tau】=【n+n\tau】-【n\tau】$$

并因为n是正整数,【$n+n\tau$】$=n+$【$n\tau$】,所以

$$b_n-a_n=n+【n\tau】-【n\tau】=n$$

为了建立性质(2),我们回顾比特序列是互补的. 这意味着对于所有正整数i,j都有$a_i\neq b_j$,并且每一个正整数属于集合$\{a_i\}$或$\{b_i\}$之一. 现在设c是对于$k=1,2,\cdots,n-1$时既不在$\{a_k\}$也不在$\{b_k\}$之中的最小正整数. 这时,它必定要么在$\{a_k\}$之中,要么在$\{b_k\}$之中,其中$k\geqslant n$. 但是,在这些集合中最小正整数是a_n,因为两个序列都是严格递增的,且$a_j>b_j$对所有的$j>0$. 因此,$c=a_n$.

为了证明反过来也对,我们应该注意到性质(1)与(2)可以作为一种办法来递归地构造数偶. 第n个数偶是$(p,p+n)$,其中p是前面没有用过的最小正整数. 因为这种办法导致唯一确定的数偶序列,所以我们可以断定,上述的比特序列是唯一能形成具有性质(1)与(2)的数偶的序列.

其次我们证明,形如(3)式的数偶(a_n,b_n)集合W包含全部获胜位置,亦即每移动一次都使这样的一个数偶变成不在W之中的一个数偶,而对给定的一个不在W之中的数偶,总存在一种移动使得它变成W之中的一个数偶.

设(a_n,b_n)是W中一个给定的数偶. 在经过一次允许移动之后,可能导致下列结果之一:

①(a_n-t,b_n); ②(a_n,b_n-t); ③(a_n-t,b_n-t)

形如①与②的数偶不在W之中,因为它们之中的每一个都包含有属于第n个数偶的一个数,而每一个正整数都在W中的一个而且只有一个数偶中出现;例如,如果b_n出现于(a_n,b_n),那么它不能再出现于其他获胜位置之中. 一个形如

③的数偶也是不能在 W 之中的，因为 W 中只有在(0,0)之后的第 n 个数偶才有差为 n 的元素. 但(a_n-t,b_n-t)不是第 n 个数偶($t\neq 0$)，而它的元素差为 n. 这样，我们断言，从 W 中一个数偶出发，经过一次允许移动所能得到的所有数偶必在 W 之外.

其次，假定一个数偶(c,d)不在 W 之中，我们来证明，我们可以决定一个数 s 使得下列数偶之中至少有一个在 W 之中：

①$(c-s,d)$； ②$(c,d-s)$； ③$(c-s,d-s)$

在 $c=d$ 的情况，选取 $s=c=d$，这样经过一次移动：$(c-s,d-s)=(0,0)$，就能达到最后获胜位置.

假定 $c\neq d$；这时不妨设 $c<d$，因为我们总可以把较大的数叫 d. 现在，因为每一个正整数都恰好只在一个比特序列之中，所以对于整数 c，要么Ⅰ：$c=a_k$，对于某个 k；要么Ⅱ：$c=b_l$，对于某个 l；亦即 c 是下列获胜数偶中的一个数：

Ⅰ：$(c,b_k)=(a_k,b_k)$或Ⅱ：$(a_l,c)=(a_l,b_l)$.

情况Ⅰ 若 $b_k<d$，令 $s=d-b_k$ 并移动成 W 中的数偶

$$(c,d-s)=(a_k,b_k)$$

如果 $d<b_k$，则由 $c<d<b_k$ 推出 $0<d-c<b_k-c=k$. 计算正整数 $n=d-c$，并由最后一个不等式得出 $n<k$，令

$$\begin{aligned} s&=c-a_n && (s>0,\text{因为 } a_k>a_n)\\ &=c-(b_n-n) && (\text{性质(1)})\\ &=c-b_n+(d-c) && (n\text{ 的定义})\\ &=d-b_n \end{aligned}$$

这样，移动成$(c-s,d-s)=(a_n,b_n)$，成为 W 中的数偶.

情况Ⅱ 在这种情况下，我们得出 $a_l<d$，因为对所有 l，$a_l<b_l$，而由假设 $b_l=c<d$. 令 $s=d-a_l$，这时就移动成$(c,d-s)=(b_l,a_l)$，进入 W 之中.

这就最后证明了，总存在一个允许移动，它把一个非获胜数偶变成一个获胜数偶.

火柴发明简史

附录四

火柴的问世得益于磷的发现,这是德国一位名叫布朗特的金匠的功劳.

17 世纪末,布朗特在汉堡从事金属冶炼,目的是炼出黄金,但他意外地从人尿中分离出一种易燃物质:磷. 他将此秘密以 1 000 英镑高价卖给了一位英国富商克莱夫德.

1677 年,克莱夫德把磷的秘密带回英国,经过著名化学家波义耳研究后,于 1680 年制造世界上最早的火柴——取火棒:即在木质细棒上涂上硫黄,粗纸上涂上磷,取火时将细棒在粗纸上摩擦硫黄被点燃得到火种.

此后大约 100 年后一位德国人制造出一种"磷火虫"的火柴. 之后五年,意大利人制造出"磷盒"火柴——它们均系借助磷在空气中会燃烧的原理.

1805 年,法国人发明了"带燃火盒",这种火盒用到了硫酸(涂有氯酸钾,糖和树脂的细棒,放入硫酸液中便会燃烧),它的安全性受到质疑.

1827 年,一位英国药剂师华尔克用氯酸钾、硫化锑和树胶混合物作为火柴头,制成了摩擦火柴,只需将涂有混合物的火柴棒在砂纸上摩擦便可制造火源.

1834 年,以白磷为原料制作的火柴逐渐流行,但白磷易自燃,在空气中稍一受热便会燃烧.

1845 年,德国人施罗德发现红磷,且将其用于火柴制造,红磷安全且无毒.

稍后,瑞典制造商伦特罗姆将红磷与其他易燃成分分开,且将红磷涂在火柴盒表面,其他成分涂在火柴上(火柴头),火柴头只有在磷面上摩擦才能将它点燃,这便是“安全火柴”.

这种火柴由于安全、方便,故一直沿用至今.

顺便讲一句,公元前2世纪,西汉淮南王刘安手下炼丹术士曾发明“发烛”,在麻片上蘸上熔融的硫黄,当它遇到火种(比如打火石,其实打火石即用钢口好的石镰打击火石亦为最早的引火工具)便会燃烧起来,这也可视为人类历史上最早的火柴.

◎ 缀 言

火柴盒(雅称"火花")上图案的设计,是火柴厂家推销自己的一项展示美的工程.经年,图案从简到繁,从粗犷到细腻,从单色到彩印,有风景、建筑、人物,……,因而火柴盒也被一些收藏家所爱(像邮票一样),它既见证了当年的历史人文,也是时代变迁的印刻和缩影.

这里遴选几枚,以飨读者.

NORVIC
SAFETY MATCH
SAFETY MATCHES
CRITERION
REGISTERED TRADE MARK

PAPER
FOOD BOXES
PACKAGING MOCK UP
COLLECTION

刘培杰数学工作室
已出版(即将出版)图书目录——初等数学

书　名	出版时间	定　价	编号
新编中学数学解题方法全书(高中版)上卷(第2版)	2018—08	58.00	951
新编中学数学解题方法全书(高中版)中卷(第2版)	2018—08	68.00	952
新编中学数学解题方法全书(高中版)下卷(一)(第2版)	2018—08	58.00	953
新编中学数学解题方法全书(高中版)下卷(二)(第2版)	2018—08	58.00	954
新编中学数学解题方法全书(高中版)下卷(三)(第2版)	2018—08	68.00	955
新编中学数学解题方法全书(初中版)上卷	2008—01	28.00	29
新编中学数学解题方法全书(初中版)中卷	2010—07	38.00	75
新编中学数学解题方法全书(高考复习卷)	2010—01	48.00	67
新编中学数学解题方法全书(高考真题卷)	2010—01	38.00	62
新编中学数学解题方法全书(高考精华卷)	2011—03	68.00	118
新编平面解析几何解题方法全书(专题讲座卷)	2010—01	18.00	61
新编中学数学解题方法全书(自主招生卷)	2013—08	88.00	261

数学奥林匹克与数学文化(第一辑)	2006—05	48.00	4
数学奥林匹克与数学文化(第二辑)(竞赛卷)	2008—01	48.00	19
数学奥林匹克与数学文化(第二辑)(文化卷)	2008—07	58.00	36
数学奥林匹克与数学文化(第三辑)(竞赛卷)	2010—01	48.00	59
数学奥林匹克与数学文化(第四辑)(竞赛卷)	2011—08	58.00	87
数学奥林匹克与数学文化(第五辑)	2015—06	98.00	370

世界著名平面几何经典著作钩沉——几何作图专题卷(共3卷)	2022—01	198.00	1460
世界著名平面几何经典著作钩沉(民国平面几何老课本)	2011—03	38.00	113
世界著名平面几何经典著作钩沉(建国初期平面三角老课本)	2015—08	38.00	507
世界著名解析几何经典著作钩沉——平面解析几何卷	2014—01	38.00	264
世界著名数论经典著作钩沉(算术卷)	2012—01	28.00	125
世界著名数学经典著作钩沉——立体几何卷	2011—02	28.00	88
世界著名三角学经典著作钩沉(平面三角卷Ⅰ)	2010—06	28.00	69
世界著名三角学经典著作钩沉(平面三角卷Ⅱ)	2011—01	38.00	78
世界著名初等数论经典著作钩沉(理论和实用算术卷)	2011—07	38.00	126

发展你的空间想象力(第3版)	2021—01	98.00	1464
空间想象力进阶	2019—05	68.00	1062
走向国际数学奥林匹克的平面几何试题诠释.第1卷	2019—07	88.00	1043
走向国际数学奥林匹克的平面几何试题诠释.第2卷	2019—09	78.00	1044
走向国际数学奥林匹克的平面几何试题诠释.第3卷	2019—03	78.00	1045
走向国际数学奥林匹克的平面几何试题诠释.第4卷	2019—09	98.00	1046
平面几何证明方法全书	2007—08	35.00	1
平面几何证明方法全书习题解答(第2版)	2006—12	18.00	10
平面几何天天练上卷·基础篇(直线型)	2013—01	58.00	208
平面几何天天练中卷·基础篇(涉及圆)	2013—01	28.00	234
平面几何天天练下卷·提高篇	2013—01	58.00	237
平面几何专题研究	2013—07	98.00	258
几何学习题集	2020—10	48.00	1217
通过解题学习代数几何	2021—04	88.00	1301

刘培杰数学工作室
已出版(即将出版)图书目录——初等数学

书　　名	出版时间	定　价	编号
最新世界各国数学奥林匹克中的平面几何试题	2007－09	38.00	14
数学竞赛平面几何典型题及新颖解	2010－07	48.00	74
初等数学复习及研究(平面几何)	2008－09	68.00	38
初等数学复习及研究(立体几何)	2010－06	38.00	71
初等数学复习及研究(平面几何)习题解答	2009－01	58.00	42
几何学教程(平面几何卷)	2011－03	68.00	90
几何学教程(立体几何卷)	2011－07	68.00	130
几何变换与几何证题	2010－06	88.00	70
计算方法与几何证题	2011－06	28.00	129
立体几何技巧与方法	2014－04	88.00	293
几何瑰宝——平面几何 500 名题暨 1500 条定理(上、下)	2021－07	168.00	1358
三角形的解法与应用	2012－07	18.00	183
近代的三角形几何学	2012－07	48.00	184
一般折线几何学	2015－08	48.00	503
三角形的五心	2009－06	28.00	51
三角形的六心及其应用	2015－10	68.00	542
三角形趣谈	2012－08	28.00	212
解三角形	2014－01	28.00	265
探秘三角形:一次数学旅行	2021－10	68.00	1387
三角学专门教程	2014－09	28.00	387
图天下几何新题试卷.初中(第 2 版)	2017－11	58.00	855
圆锥曲线习题集(上册)	2013－06	68.00	255
圆锥曲线习题集(中册)	2015－01	78.00	434
圆锥曲线习题集(下册・第 1 卷)	2016－10	78.00	683
圆锥曲线习题集(下册・第 2 卷)	2018－01	98.00	853
圆锥曲线习题集(下册・第 3 卷)	2019－10	128.00	1113
圆锥曲线的思想方法	2021－08	48.00	1379
圆锥曲线的八个主要问题	2021－10	48.00	1415
论九点圆	2015－05	88.00	645
近代欧氏几何学	2012－03	48.00	162
罗巴切夫斯基几何学及几何基础概要	2012－07	28.00	188
罗巴切夫斯基几何学初步	2015－06	28.00	474
用三角、解析几何、复数、向量计算解数学竞赛几何题	2015－03	48.00	455
美国中学几何教程	2015－04	88.00	458
三线坐标与三角形特征点	2015－04	98.00	460
坐标几何学基础.第 1 卷,笛卡儿坐标	2021－08	48.00	1398
坐标几何学基础.第 2 卷,三线坐标	2021－09	28.00	1399
平面解析几何方法与研究(第 1 卷)	2015－05	18.00	471
平面解析几何方法与研究(第 2 卷)	2015－06	18.00	472
平面解析几何方法与研究(第 3 卷)	2015－07	18.00	473
解析几何研究	2015－01	38.00	425
解析几何学教程.上	2016－01	38.00	574
解析几何学教程.下	2016－01	38.00	575
几何学基础	2016－01	58.00	581
初等几何研究	2015－02	58.00	444
十九和二十世纪欧氏几何学中的片段	2017－01	58.00	696
平面几何中考.高考.奥数一本通	2017－07	28.00	820
几何学简史	2017－08	28.00	833
四面体	2018－01	48.00	880
平面几何证明方法思路	2018－12	68.00	913

刘培杰数学工作室
已出版(即将出版)图书目录——初等数学

书　　名	出版时间	定　价	编号
平面几何图形特性新析.上篇	2019—01	68.00	911
平面几何图形特性新析.下篇	2018—06	88.00	912
平面几何范例多解探究.上篇	2018—04	48.00	910
平面几何范例多解探究.下篇	2018—12	68.00	914
从分析解题过程学解题:竞赛中的几何问题研究	2018—07	68.00	946
从分析解题过程学解题:竞赛中的向量几何与不等式研究(全2册)	2019—06	138.00	1090
从分析解题过程学解题:竞赛中的不等式问题	2021—01	48.00	1249
二维、三维欧氏几何的对偶原理	2018—12	38.00	990
星形大观及闭折线论	2019—03	68.00	1020
立体几何的问题和方法	2019—11	58.00	1127
三角代换论	2021—05	58.00	1313
俄罗斯平面几何问题集	2009—08	88.00	55
俄罗斯立体几何问题集	2014—03	58.00	283
俄罗斯几何大师——沙雷金论数学及其他	2014—01	48.00	271
来自俄罗斯的5000道几何习题及解答	2011—03	58.00	89
俄罗斯初等数学问题集	2012—05	38.00	177
俄罗斯函数问题集	2011—03	38.00	103
俄罗斯组合分析问题集	2011—01	48.00	79
俄罗斯初等数学万题选——三角卷	2012—11	38.00	222
俄罗斯初等数学万题选——代数卷	2013—08	68.00	225
俄罗斯初等数学万题选——几何卷	2014—01	68.00	226
俄罗斯《量子》杂志数学征解问题100题选	2018—08	48.00	969
俄罗斯《量子》杂志数学征解问题又100题选	2018—08	48.00	970
俄罗斯《量子》杂志数学征解问题	2020—05	48.00	1138
463个俄罗斯几何老问题	2012—01	28.00	152
《量子》数学短文精粹	2018—09	38.00	972
用三角、解析几何等计算解来自俄罗斯的几何题	2019—11	88.00	1119
基谢廖夫平面几何	2022—01	48.00	1461
数学:代数、数学分析和几何(10—11年级)	2021—01	48.00	1250
立体几何.10—11年级	2022—01	58.00	1472

谈谈素数	2011—03	18.00	91
平方和	2011—03	18.00	92
整数论	2011—05	38.00	120
从整数谈起	2015—10	28.00	538
数与多项式	2016—01	38.00	558
谈谈不定方程	2011—05	28.00	119

解析不等式新论	2009—06	68.00	48
建立不等式的方法	2011—03	98.00	104
数学奥林匹克不等式研究(第2版)	2020—07	68.00	1181
不等式研究(第二辑)	2012—02	68.00	153
不等式的秘密(第一卷)(第2版)	2014—02	38.00	286
不等式的秘密(第二卷)	2014—01	38.00	268
初等不等式的证明方法	2010—06	38.00	123
初等不等式的证明方法(第二版)	2014—11	38.00	407
不等式·理论·方法(基础卷)	2015—07	38.00	496
不等式·理论·方法(经典不等式卷)	2015—07	38.00	497
不等式·理论·方法(特殊类型不等式卷)	2015—07	48.00	498
不等式探究	2016—03	38.00	582
不等式探秘	2017—01	88.00	689
四面体不等式	2017—01	68.00	715
数学奥林匹克中常见重要不等式	2017—09	38.00	845

刘培杰数学工作室
已出版(即将出版)图书目录——初等数学

书　　名	出版时间	定　价	编号
三正弦不等式	2018—09	98.00	974
函数方程与不等式:解法与稳定性结果	2019—04	68.00	1058
数学不等式.第1卷,对称多项式不等式	2022—01	78.00	1455
数学不等式.第2卷,对称有理不等式与对称无理不等式	2022—01	88.00	1456
数学不等式.第3卷,循环不等式与非循环不等式	2022—01	88.00	1457
数学不等式.第4卷,Jensen不等式的扩展与加细	即将出版	88.00	1458
数学不等式.第5卷,创建不等式与解不等式的其他方法	即将出版	88.00	1459
同余理论	2012—05	38.00	163
[x]与{x}	2015—04	48.00	476
极值与最值.上卷	2015—06	28.00	486
极值与最值.中卷	2015—06	38.00	487
极值与最值.下卷	2015—06	28.00	488
整数的性质	2012—11	38.00	192
完全平方数及其应用	2015—08	78.00	506
多项式理论	2015—10	88.00	541
奇数、偶数、奇偶分析法	2018—01	98.00	876
不定方程及其应用.上	2018—12	58.00	992
不定方程及其应用.中	2019—01	78.00	993
不定方程及其应用.下	2019—02	98.00	994
历届美国中学生数学竞赛试题及解答(第一卷)1950—1954	2014—07	18.00	277
历届美国中学生数学竞赛试题及解答(第二卷)1955—1959	2014—04	18.00	278
历届美国中学生数学竞赛试题及解答(第三卷)1960—1964	2014—06	18.00	279
历届美国中学生数学竞赛试题及解答(第四卷)1965—1969	2014—04	28.00	280
历届美国中学生数学竞赛试题及解答(第五卷)1970—1972	2014—06	18.00	281
历届美国中学生数学竞赛试题及解答(第六卷)1973—1980	2017—07	18.00	768
历届美国中学生数学竞赛试题及解答(第七卷)1981—1986	2015—01	18.00	424
历届美国中学生数学竞赛试题及解答(第八卷)1987—1990	2017—05	18.00	769
历届中国数学奥林匹克试题集(第3版)	2021—10	58.00	1440
历届加拿大数学奥林匹克试题集	2012—08	38.00	215
历届美国数学奥林匹克试题集:1972～2019	2020—04	88.00	1135
历届波兰数学竞赛试题集.第1卷,1949～1963	2015—03	18.00	453
历届波兰数学竞赛试题集.第2卷,1964～1976	2015—03	18.00	454
历届巴尔干数学奥林匹克试题集	2015—05	38.00	466
保加利亚数学奥林匹克	2014—10	38.00	393
圣彼得堡数学奥林匹克试题集	2015—01	38.00	429
匈牙利奥林匹克数学竞赛题解.第1卷	2016—05	28.00	593
匈牙利奥林匹克数学竞赛题解.第2卷	2016—05	28.00	594
历届美国数学邀请赛试题集(第2版)	2017—10	78.00	851
普林斯顿大学数学竞赛	2016—06	38.00	669
亚太地区数学奥林匹克竞赛题	2015—07	18.00	492
日本历届(初级)广中杯数学竞赛试题及解答.第1卷(2000～2007)	2016—05	28.00	641
日本历届(初级)广中杯数学竞赛试题及解答.第2卷(2008～2015)	2016—05	38.00	642
越南数学奥林匹克题选:1962—2009	2021—07	48.00	1370
360个数学竞赛问题	2016—08	58.00	677
奥数最佳实战题.上卷	2017—06	38.00	760
奥数最佳实战题.下卷	2017—05	58.00	761
哈尔滨市早期中学数学竞赛试题汇编	2016—07	28.00	672
全国高中数学联赛试题及解答:1981—2019(第4版)	2020—07	138.00	1176
2021年全国高中数学联合竞赛模拟题集	2021—04	30.00	1302
20世纪50年代全国部分城市数学竞赛试题汇编	2017—07	28.00	797

刘培杰数学工作室
已出版(即将出版)图书目录——初等数学

书　　名	出版时间	定　价	编号
国内外数学竞赛题及精解:2018～2019	2020－08	45.00	1192
国内外数学竞赛题及精解:2019～2020	2021－11	58.00	1439
许康华竞赛优学精选集.第一辑	2018－08	68.00	949
天问叶班数学问题征解 100 题. Ⅰ,2016－2018	2019－05	88.00	1075
天问叶班数学问题征解 100 题. Ⅱ,2017－2019	2020－07	98.00	1177
美国初中数学竞赛:AMC8 准备(共 6 卷)	2019－07	138.00	1089
美国高中数学竞赛:AMC10 准备(共 6 卷)	2019－08	158.00	1105
王连笑教你怎样学数学:高考选择题解题策略与客观题实用训练	2014－01	48.00	262
王连笑教你怎样学数学:高考数学高层次讲座	2015－02	48.00	432
高考数学的理论与实践	2009－08	38.00	53
高考数学核心题型解题方法与技巧	2010－01	28.00	86
高考思维新平台	2014－03	38.00	259
高考数学压轴题解题诀窍(上)(第 2 版)	2018－01	58.00	874
高考数学压轴题解题诀窍(下)(第 2 版)	2018－01	48.00	875
北京市五区文科数学三年高考模拟题详解:2013～2015	2015－08	48.00	500
北京市五区理科数学三年高考模拟题详解:2013～2015	2015－09	68.00	505
向量法巧解数学高考题	2009－08	28.00	54
高中数学课堂教学的实践与反思	2021－11	48.00	791
数学高考参考	2016－01	78.00	589
新课程标准高考数学解答题各种题型解法指导	2020－08	78.00	1196
全国及各省市高考数学试题审题要津与解法研究	2015－02	48.00	450
高中数学章节起始课的教学研究与案例设计	2019－05	28.00	1064
新课标高考数学——五年试题分章详解(2007～2011)(上、下)	2011－10	78.00	140,141
全国中考数学压轴题审题要津与解法研究	2013－04	78.00	248
新编全国及各省市中考数学压轴题审题要津与解法研究	2014－05	58.00	342
全国及各省市 5 年中考数学压轴题审题要津与解法研究(2015 版)	2015－04	58.00	462
中考数学专题总复习	2007－04	28.00	6
中考数学较难题常考题型解题方法与技巧	2016－09	48.00	681
中考数学难题常考题型解题方法与技巧	2016－09	48.00	682
中考数学中档题常考题型解题方法与技巧	2017－08	68.00	835
中考数学选择填空压轴好题妙解 365	2017－05	38.00	759
中考数学:三类重点考题的解法例析与习题	2020－04	48.00	1140
中小学数学的历史文化	2019－11	48.00	1124
初中平面几何百题多思创新解	2020－01	58.00	1125
初中数学中考备考	2020－01	58.00	1126
高考数学之九章演义	2019－08	68.00	1044
化学可以这样学:高中化学知识方法智慧感悟疑难辨析	2019－07	58.00	1103
如何成为学习高手	2019－09	58.00	1107
高考数学:经典真题分类解析	2020－04	78.00	1134
高考数学解答题破解策略	2020－11	58.00	1221
从分析解题过程学解题:高考压轴题与竞赛题之关系探究	2020－08	88.00	1179
教学新思考:单元整体视角下的初中数学教学设计	2021－03	58.00	1278
思维再拓展:2020 年经典几何题的多解探究与思考	即将出版		1279
中考数学小压轴汇编初讲	2017－07	48.00	788
中考数学大压轴专题微言	2017－09	48.00	846
怎么解中考平面几何探索题	2019－06	48.00	1093
北京中考数学压轴题解题方法突破(第 7 版)	2021－11	68.00	1442
助你高考成功的数学解题智慧:知识是智慧的基础	2016－01	58.00	596
助你高考成功的数学解题智慧:错误是智慧的试金石	2016－04	58.00	643
助你高考成功的数学解题智慧:方法是智慧的推手	2016－04	68.00	657
高考数学奇思妙解	2016－04	38.00	610
高考数学解题策略	2016－05	48.00	670
数学解题泄天机(第 2 版)	2017－10	48.00	850

刘培杰数学工作室
已出版(即将出版)图书目录——初等数学

书　　名	出版时间	定　价	编号
高考物理压轴题全解	2017—04	58.00	746
高中物理经典问题 25 讲	2017—05	28.00	764
高中物理教学讲义	2018—01	48.00	871
高中物理答疑解惑 65 篇	2021—11	48.00	1462
中学物理基础问题解析	2020—08	48.00	1183
2016 年高考文科数学真题研究	2017—04	58.00	754
2016 年高考理科数学真题研究	2017—04	78.00	755
2017 年高考理科数学真题研究	2018—01	58.00	867
2017 年高考文科数学真题研究	2018—01	48.00	868
初中数学、高中数学脱节知识补缺教材	2017—06	48.00	766
高考数学小题抢分必练	2017—10	48.00	834
高考数学核心素养解读	2017—09	38.00	839
高考数学客观题解题方法和技巧	2017—10	38.00	847
十年高考数学精品试题审题要津与解法研究	2021—10	98.00	1427
中国历届高考数学试题及解答.1949—1979	2018—01	38.00	877
历届中国高考数学试题及解答.第二卷,1980—1989	2018—10	28.00	975
历届中国高考数学试题及解答.第三卷,1990—1999	2018—10	48.00	976
数学文化与高考研究	2018—03	48.00	882
跟我学解高中数学题	2018—07	58.00	926
中学数学研究的方法及案例	2018—05	58.00	869
高考数学抢分技能	2018—07	68.00	934
高一新生常用数学方法和重要数学思想提升教材	2018—06	38.00	921
2018 年高考数学真题研究	2019—01	68.00	1000
2019 年高考数学真题研究	2020—05	88.00	1137
高考数学全国卷六道解答题常考题型解题诀窍:理科(全 2 册)	2019—07	78.00	1101
高考数学全国卷 16 道选择、填空题常考题型解题诀窍.理科	2018—09	88.00	971
高考数学全国卷 16 道选择、填空题常考题型解题诀窍.文科	2020—01	88.00	1123
新课程标准高中数学各种题型解法大全.必修一分册	2021—06	58.00	1315
高中数学一题多解	2019—06	58.00	1087
历届中国高考数学试题及解答:1917—1999	2021—08	98.00	1371
突破高原:高中数学解题思维探究	2021—08	48.00	1375
高考数学中的"取值范围"	2021—10	48.00	1429
新课程标准高中数学各种题型解法大全.必修二分册	2022—01	68.00	1471

新编 640 个世界著名数学智力趣题	2014—01	88.00	242
500 个最新世界著名数学智力趣题	2008—06	48.00	3
400 个最新世界著名数学最值问题	2008—09	48.00	36
500 个世界著名数学征解问题	2009—06	48.00	52
400 个中国最佳初等数学征解老问题	2010—01	48.00	60
500 个俄罗斯数学经典老题	2011—01	28.00	81
1000 个国外中学物理好题	2012—04	48.00	174
300 个日本高考数学题	2012—05	38.00	142
700 个早期日本高考数学试题	2017—02	88.00	752
500 个前苏联早期高考数学试题及解答	2012—05	28.00	185
546 个早期俄罗斯大学生数学竞赛题	2014—03	38.00	285
548 个来自美苏的数学好问题	2014—11	28.00	396
20 所苏联著名大学早期入学试题	2015—02	18.00	452
161 道德国工科大学生必做的微分方程习题	2015—05	28.00	469
500 个德国工科大学生必做的高数习题	2015—06	28.00	478
360 个数学竞赛问题	2016—08	58.00	677
200 个趣味数学故事	2018—02	48.00	857
470 个数学奥林匹克中的最值问题	2018—10	88.00	985
德国讲义日本考题.微积分卷	2015—04	48.00	456
德国讲义日本考题.微分方程卷	2015—04	38.00	457
二十世纪中叶中、英、美、日、法、俄高考数学试题精选	2017—06	38.00	783

刘培杰数学工作室
已出版(即将出版)图书目录——初等数学

书　名	出版时间	定　价	编号
中国初等数学研究　2009 卷(第 1 辑)	2009－05	20.00	45
中国初等数学研究　2010 卷(第 2 辑)	2010－05	30.00	68
中国初等数学研究　2011 卷(第 3 辑)	2011－07	60.00	127
中国初等数学研究　2012 卷(第 4 辑)	2012－07	48.00	190
中国初等数学研究　2014 卷(第 5 辑)	2014－02	48.00	288
中国初等数学研究　2015 卷(第 6 辑)	2015－06	68.00	493
中国初等数学研究　2016 卷(第 7 辑)	2016－04	68.00	609
中国初等数学研究　2017 卷(第 8 辑)	2017－01	98.00	712
初等数学研究在中国. 第 1 辑	2019－03	158.00	1024
初等数学研究在中国. 第 2 辑	2019－10	158.00	1116
初等数学研究在中国. 第 3 辑	2021－05	158.00	1306
几何变换(Ⅰ)	2014－07	28.00	353
几何变换(Ⅱ)	2015－06	28.00	354
几何变换(Ⅲ)	2015－01	38.00	355
几何变换(Ⅳ)	2015－12	38.00	356
初等数论难题集(第一卷)	2009－05	68.00	44
初等数论难题集(第二卷)(上、下)	2011－02	128.00	82,83
数论概貌	2011－03	18.00	93
代数数论(第二版)	2013－08	58.00	94
代数多项式	2014－06	38.00	289
初等数论的知识与问题	2011－02	28.00	95
超越数论基础	2011－03	28.00	96
数论初等教程	2011－03	28.00	97
数论基础	2011－03	18.00	98
数论基础与维诺格拉多夫	2014－03	18.00	292
解析数论基础	2012－08	28.00	216
解析数论基础(第二版)	2014－01	48.00	287
解析数论问题集(第二版)(原版引进)	2014－05	88.00	343
解析数论问题集(第二版)(中译本)	2016－04	88.00	607
解析数论基础(潘承洞,潘承彪著)	2016－07	98.00	673
解析数论导引	2016－07	58.00	674
数论入门	2011－03	38.00	99
代数数论入门	2015－03	38.00	448
数论开篇	2012－07	28.00	194
解析数论引论	2011－03	48.00	100
Barban Davenport Halberstam 均值和	2009－01	40.00	33
基础数论	2011－03	28.00	101
初等数论 100 例	2011－05	18.00	122
初等数论经典例题	2012－07	18.00	204
最新世界各国数学奥林匹克中的初等数论试题(上、下)	2012－01	138.00	144,145
初等数论(Ⅰ)	2012－01	18.00	156
初等数论(Ⅱ)	2012－01	18.00	157
初等数论(Ⅲ)	2012－01	28.00	158

刘培杰数学工作室
已出版(即将出版)图书目录——初等数学

书　　名	出版时间	定　价	编号
平面几何与数论中未解决的新老问题	2013－01	68.00	229
代数数论简史	2014－11	28.00	408
代数数论	2015－09	88.00	532
代数、数论及分析习题集	2016－11	98.00	695
数论导引提要及习题解答	2016－01	48.00	559
素数定理的初等证明.第2版	2016－09	48.00	686
数论中的模函数与狄利克雷级数(第二版)	2017－11	78.00	837
数论:数学导引	2018－01	68.00	849
范氏大代数	2019－02	98.00	1016
解析数学讲义.第一卷,导来式及微分、积分、级数	2019－04	88.00	1021
解析数学讲义.第二卷,关于几何的应用	2019－04	68.00	1022
解析数学讲义.第三卷,解析函数论	2019－04	78.00	1023
分析・组合・数论纵横谈	2019－04	58.00	1039
Hall代数:民国时期的中学数学课本:英文	2019－08	88.00	1106
数学精神巡礼	2019－01	58.00	731
数学眼光透视(第2版)	2017－06	78.00	732
数学思想领悟(第2版)	2018－01	68.00	733
数学方法溯源(第2版)	2018－08	68.00	734
数学解题引论	2017－05	58.00	735
数学史话览胜(第2版)	2017－01	48.00	736
数学应用展观(第2版)	2017－08	68.00	737
数学建模尝试	2018－04	48.00	738
数学竞赛采风	2018－01	68.00	739
数学测评探营	2019－05	58.00	740
数学技能操握	2018－03	48.00	741
数学欣赏拾趣	2018－02	48.00	742
从毕达哥拉斯到怀尔斯	2007－10	48.00	9
从迪利克雷到维斯卡尔迪	2008－01	48.00	21
从哥德巴赫到陈景润	2008－05	98.00	35
从庞加莱到佩雷尔曼	2011－08	138.00	136
博弈论精粹	2008－03	58.00	30
博弈论精粹.第二版(精装)	2015－01	88.00	461
数学 我爱你	2008－01	28.00	20
精神的圣徒　别样的人生——60位中国数学家成长的历程	2008－09	48.00	39
数学史概论	2009－06	78.00	50
数学史概论(精装)	2013－03	158.00	272
数学史选讲	2016－01	48.00	544
斐波那契数列	2010－02	28.00	65
数学拼盘和斐波那契魔方	2010－07	38.00	72
斐波那契数列欣赏(第2版)	2018－08	58.00	948
Fibonacci数列中的明珠	2018－06	58.00	928
数学的创造	2011－02	48.00	85
数学美与创造力	2016－01	48.00	595
数海拾贝	2016－01	48.00	590
数学中的美(第2版)	2019－04	68.00	1057
数论中的美学	2014－12	38.00	351

刘培杰数学工作室
已出版(即将出版)图书目录——初等数学

书　　名	出版时间	定　价	编号
数学王者　科学巨人——高斯	2015－01	28.00	428
振兴祖国数学的圆梦之旅:中国初等数学研究史话	2015－06	98.00	490
二十世纪中国数学史料研究	2015－10	48.00	536
数字谜、数阵图与棋盘覆盖	2016－01	58.00	298
时间的形状	2016－01	38.00	556
数学发现的艺术:数学探索中的合情推理	2016－07	58.00	671
活跃在数学中的参数	2016－07	48.00	675
数海趣史	2021－05	98.00	1314
数学解题——靠数学思想给力(上)	2011－07	38.00	131
数学解题——靠数学思想给力(中)	2011－07	48.00	132
数学解题——靠数学思想给力(下)	2011－07	38.00	133
我怎样解题	2013－01	48.00	227
数学解题中的物理方法	2011－06	28.00	114
数学解题的特殊方法	2011－06	48.00	115
中学数学计算技巧(第2版)	2020－10	48.00	1220
中学数学证明方法	2012－01	58.00	117
数学趣题巧解	2012－03	28.00	128
高中数学教学通鉴	2015－05	58.00	479
和高中生漫谈:数学与哲学的故事	2014－08	28.00	369
算术问题集	2017－03	38.00	789
张教授讲数学	2018－07	38.00	933
陈永明实话实说数学教学	2020－04	68.00	1132
中学数学学科知识与教学能力	2020－06	58.00	1155
怎样把课讲好:大罕数学教学随笔	2022－03	58.00	1484
中国高考评价体系下高考数学探秘	2022－03	48.00	1487
自主招生考试中的参数方程问题	2015－01	28.00	435
自主招生考试中的极坐标问题	2015－04	28.00	463
近年全国重点大学自主招生数学试题全解及研究.华约卷	2015－02	38.00	441
近年全国重点大学自主招生数学试题全解及研究.北约卷	2016－05	38.00	619
自主招生数学解证宝典	2015－09	48.00	535
中国科学技术大学创新班数学真题解析	2022－03	48.00	1488
格点和面积	2012－07	18.00	191
射影几何趣谈	2012－04	28.00	175
斯潘纳尔引理——从一道加拿大数学奥林匹克试题谈起	2014－01	28.00	228
李普希兹条件——从几道近年高考数学试题谈起	2012－10	18.00	221
拉格朗日中值定理——从一道北京高考试题的解法谈起	2015－10	18.00	197
闵科夫斯基定理——从一道清华大学自主招生试题谈起	2014－01	28.00	198
哈尔测度——从一道冬令营试题的背景谈起	2012－08	28.00	202
切比雪夫逼近问题——从一道中国台北数学奥林匹克试题谈起	2013－04	38.00	238
伯恩斯坦多项式与贝齐尔曲面——从一道全国高中数学联赛试题谈起	2013－03	38.00	236
卡塔兰猜想——从一道普特南竞赛试题谈起	2013－06	18.00	256
麦卡锡函数和阿克曼函数——从一道前南斯拉夫数学奥林匹克试题谈起	2012－08	18.00	201
贝蒂定理与拉姆贝克莫斯尔定理——从一个拣石子游戏谈起	2012－08	18.00	217
皮亚诺曲线和豪斯道夫分球定理——从无限集谈起	2012－08	18.00	211
平面凸图形与凸多面体	2012－10	28.00	218
斯坦因豪斯问题——从一道二十五省市自治区中学数学竞赛试题谈起	2012－07	18.00	196

刘培杰数学工作室
已出版(即将出版)图书目录——初等数学

书　　名	出版时间	定　价	编号
纽结理论中的亚历山大多项式与琼斯多项式——从一道北京市高一数学竞赛试题谈起	2012－07	28.00	195
原则与策略——从波利亚"解题表"谈起	2013－04	38.00	244
转化与化归——从三大尺规作图不能问题谈起	2012－08	28.00	214
代数几何中的贝祖定理(第一版)——从一道 IMO 试题的解法谈起	2013－08	18.00	193
成功连贯理论与约当块理论——从一道比利时数学竞赛试题谈起	2012－04	18.00	180
素数判定与大数分解	2014－08	18.00	199
置换多项式及其应用	2012－10	18.00	220
椭圆函数与模函数——从一道美国加州大学洛杉矶分校(UCLA)博士资格考题谈起	2012－10	28.00	219
差分方程的拉格朗日方法——从一道 2011 年全国高考理科试题的解法谈起	2012－08	28.00	200
力学在几何中的一些应用	2013－01	38.00	240
从根式解到伽罗华理论	2020－01	48.00	1121
康托洛维奇不等式——从一道全国高中联赛试题谈起	2013－03	28.00	337
西格尔引理——从一道第 18 届 IMO 试题的解法谈起	即将出版		
罗斯定理——从一道前苏联数学竞赛试题谈起	即将出版		
拉克斯定理和阿廷定理——从一道 IMO 试题的解法谈起	2014－01	58.00	246
毕卡大定理——从一道美国大学数学竞赛试题谈起	2014－07	18.00	350
贝齐尔曲线——从一道全国高中联赛试题谈起	即将出版		
拉格朗日乘子定理——从一道 2005 年全国高中联赛试题的高等数学解法谈起	2015－05	28.00	480
雅可比定理——从一道日本数学奥林匹克试题谈起	2013－04	48.00	249
李天岩一约克定理——从一道波兰数学竞赛试题谈起	2014－06	28.00	349
整系数多项式因式分解的一般方法——从克朗耐克算法谈起	即将出版		
布劳维不动点定理——从一道前苏联数学奥林匹克试题谈起	2014－01	38.00	273
伯恩赛德定理——从一道英国数学奥林匹克试题谈起	即将出版		
布查特－莫斯特定理——从一道上海市初中竞赛试题谈起	即将出版		
数论中的同余数问题——从一道普特南竞赛试题谈起	即将出版		
范·德蒙行列式——从一道美国数学奥林匹克试题谈起	即将出版		
中国剩余定理:总数法构建中国历史年表	2015－01	28.00	430
牛顿程序与方程求根——从一道全国高考试题解法谈起	即将出版		
库默尔定理——从一道 IMO 预选试题谈起	即将出版		
卢丁定理——从一道冬令营试题的解法谈起	即将出版		
沃斯滕霍姆定理——从一道 IMO 预选试题谈起	即将出版		
卡尔松不等式——从一道莫斯科数学奥林匹克试题谈起	即将出版		
信息论中的香农熵——从一道近年高考压轴题谈起	即将出版		
约当不等式——从一道希望杯竞赛试题谈起	即将出版		
拉比诺维奇定理	即将出版		
刘维尔定理——从一道《美国数学月刊》征解问题的解法谈起	即将出版		
卡塔兰恒等式与级数求和——从一道 IMO 试题的解法谈起	即将出版		
勒让德猜想与素数分布——从一道爱尔兰竞赛试题谈起	即将出版		
天平称重与信息论——从一道基辅市数学奥林匹克试题谈起	即将出版		
哈密尔顿一凯莱定理:从一道高中数学联赛试题的解法谈起	2014－09	18.00	376
艾思特曼定理——从一道 CMO 试题的解法谈起	即将出版		

刘培杰数学工作室
已出版(即将出版)图书目录——初等数学

书　　名	出版时间	定　价	编号
阿贝尔恒等式与经典不等式及应用	2018－06	98.00	923
迪利克雷除数问题	2018－07	48.00	930
幻方、幻立方与拉丁方	2019－08	48.00	1092
帕斯卡三角形	2014－03	18.00	294
蒲丰投针问题——从2009年清华大学的一道自主招生试题谈起	2014－01	38.00	295
斯图姆定理——从一道“华约”自主招生试题的解法谈起	2014－01	18.00	296
许瓦兹引理——从一道加利福尼亚大学伯克利分校数学系博士生试题谈起	2014－08	18.00	297
拉姆塞定理——从王诗宬院士的一个问题谈起	2016－04	48.00	299
坐标法	2013－12	28.00	332
数论三角形	2014－04	38.00	341
毕克定理	2014－07	18.00	352
数林掠影	2014－09	48.00	389
我们周围的概率	2014－10	38.00	390
凸函数最值定理:从一道华约自主招生题的解法谈起	2014－10	28.00	391
易学与数学奥林匹克	2014－10	38.00	392
生物数学趣谈	2015－01	18.00	409
反演	2015－01	28.00	420
因式分解与圆锥曲线	2015－01	18.00	426
轨迹	2015－01	28.00	427
面积原理:从常庚哲命的一道CMO试题的积分解法谈起	2015－01	48.00	431
形形色色的不动点定理:从一道28届IMO试题谈起	2015－01	38.00	439
柯西函数方程:从一道上海交大自主招生的试题谈起	2015－02	28.00	440
三角恒等式	2015－02	28.00	442
无理性判定:从一道2014年“北约”自主招生试题谈起	2015－01	38.00	443
数学归纳法	2015－03	18.00	451
极端原理与解题	2015－04	28.00	464
法雷级数	2014－08	18.00	367
摆线族	2015－01	38.00	438
函数方程及其解法	2015－05	38.00	470
含参数的方程和不等式	2012－09	28.00	213
希尔伯特第十问题	2016－01	38.00	543
无穷小量的求和	2016－01	28.00	545
切比雪夫多项式:从一道清华大学金秋营试题谈起	2016－01	38.00	583
泽肯多夫定理	2016－03	38.00	599
代数等式证题法	2016－01	28.00	600
三角等式证题法	2016－01	28.00	601
吴大任教授藏书中的一个因式分解公式:从一道美国数学邀请赛试题的解法谈起	2016－06	28.00	656
易卦——类万物的数学模型	2017－08	68.00	838
“不可思议”的数与数系可持续发展	2018－01	38.00	878
最短线	2018－01	38.00	879
幻方和魔方(第一卷)	2012－05	68.00	173
尘封的经典——初等数学经典文献选读(第一卷)	2012－07	48.00	205
尘封的经典——初等数学经典文献选读(第二卷)	2012－07	38.00	206
初级方程式论	2011－03	28.00	106
初等数学研究(Ⅰ)	2008－09	68.00	37
初等数学研究(Ⅱ)(上、下)	2009－05	118.00	46,47

刘培杰数学工作室
已出版(即将出版)图书目录——初等数学

书　　名	出版时间	定　价	编号
趣味初等方程妙题集锦	2014－09	48.00	388
趣味初等数论选美与欣赏	2015－02	48.00	445
耕读笔记(上卷):一位农民数学爱好者的初数探索	2015－04	28.00	459
耕读笔记(中卷):一位农民数学爱好者的初数探索	2015－05	28.00	483
耕读笔记(下卷):一位农民数学爱好者的初数探索	2015－05	28.00	484
几何不等式研究与欣赏.上卷	2016－01	88.00	547
几何不等式研究与欣赏.下卷	2016－01	48.00	552
初等数列研究与欣赏·上	2016－01	48.00	570
初等数列研究与欣赏·下	2016－01	48.00	571
趣味初等函数研究与欣赏.上	2016－09	48.00	684
趣味初等函数研究与欣赏.下	2018－09	48.00	685
三角不等式研究与欣赏	2020－10	68.00	1197
新编平面解析几何解题方法研究与欣赏	2021－10	78.00	1426
火柴游戏	2016－05	38.00	612
智力解谜.第1卷	2017－07	38.00	613
智力解谜.第2卷	2017－07	38.00	614
故事智力	2016－07	48.00	615
名人们喜欢的智力问题	2020－01	48.00	616
数学大师的发现、创造与失误	2018－01	48.00	617
异曲同工	2018－09	48.00	618
数学的味道	2018－01	58.00	798
数学千字文	2018－10	68.00	977
数贝偶拾——高考数学题研究	2014－04	28.00	274
数贝偶拾——初等数学研究	2014－04	38.00	275
数贝偶拾——奥数题研究	2014－04	48.00	276
钱昌本教你快乐学数学(上)	2011－12	48.00	155
钱昌本教你快乐学数学(下)	2012－03	58.00	171
集合、函数与方程	2014－01	28.00	300
数列与不等式	2014－01	38.00	301
三角与平面向量	2014－01	28.00	302
平面解析几何	2014－01	38.00	303
立体几何与组合	2014－01	28.00	304
极限与导数、数学归纳法	2014－01	38.00	305
趣味数学	2014－03	28.00	306
教材教法	2014－04	68.00	307
自主招生	2014－05	58.00	308
高考压轴题(上)	2015－01	48.00	309
高考压轴题(下)	2014－10	68.00	310
从费马到怀尔斯——费马大定理的历史	2013－10	198.00	Ⅰ
从庞加莱到佩雷尔曼——庞加莱猜想的历史	2013－10	298.00	Ⅱ
从切比雪夫到爱尔特希(上)——素数定理的初等证明	2013－07	48.00	Ⅲ
从切比雪夫到爱尔特希(下)——素数定理100年	2012－12	98.00	Ⅲ
从高斯到盖尔方特——二次域的高斯猜想	2013－10	198.00	Ⅳ
从库默尔到朗兰兹——朗兰兹猜想的历史	2014－01	98.00	Ⅴ
从比勃巴赫到德布朗斯——比勃巴赫猜想的历史	2014－02	298.00	Ⅵ
从麦比乌斯到陈省身——麦比乌斯变换与麦比乌斯带	2014－02	298.00	Ⅶ
从布尔到豪斯道夫——布尔方程与格论漫谈	2013－10	198.00	Ⅷ
从开普勒到阿诺德——三体问题的历史	2014－05	298.00	Ⅸ
从华林到华罗庚——华林问题的历史	2013－10	298.00	Ⅹ

刘培杰数学工作室
已出版(即将出版)图书目录——初等数学

书　　名	出版时间	定　价	编号
美国高中数学竞赛五十讲.第1卷(英文)	2014－08	28.00	357
美国高中数学竞赛五十讲.第2卷(英文)	2014－08	28.00	358
美国高中数学竞赛五十讲.第3卷(英文)	2014－09	28.00	359
美国高中数学竞赛五十讲.第4卷(英文)	2014－09	28.00	360
美国高中数学竞赛五十讲.第5卷(英文)	2014－10	28.00	361
美国高中数学竞赛五十讲.第6卷(英文)	2014－11	28.00	362
美国高中数学竞赛五十讲.第7卷(英文)	2014－12	28.00	363
美国高中数学竞赛五十讲.第8卷(英文)	2015－01	28.00	364
美国高中数学竞赛五十讲.第9卷(英文)	2015－01	28.00	365
美国高中数学竞赛五十讲.第10卷(英文)	2015－02	38.00	366
三角函数(第2版)	2017－04	38.00	626
不等式	2014－01	38.00	312
数列	2014－01	38.00	313
方程(第2版)	2017－04	38.00	624
排列和组合	2014－01	28.00	315
极限与导数(第2版)	2016－04	38.00	635
向量(第2版)	2018－08	58.00	627
复数及其应用	2014－08	28.00	318
函数	2014－01	38.00	319
集合	2020－01	48.00	320
直线与平面	2014－01	28.00	321
立体几何(第2版)	2016－04	38.00	629
解三角形	即将出版		323
直线与圆(第2版)	2016－11	38.00	631
圆锥曲线(第2版)	2016－09	48.00	632
解题通法(一)	2014－07	38.00	326
解题通法(二)	2014－07	38.00	327
解题通法(三)	2014－05	38.00	328
概率与统计	2014－01	28.00	329
信息迁移与算法	即将出版		330
IMO 50年.第1卷(1959－1963)	2014－11	28.00	377
IMO 50年.第2卷(1964－1968)	2014－11	28.00	378
IMO 50年.第3卷(1969－1973)	2014－09	28.00	379
IMO 50年.第4卷(1974－1978)	2016－04	38.00	380
IMO 50年.第5卷(1979－1984)	2015－04	38.00	381
IMO 50年.第6卷(1985－1989)	2015－04	58.00	382
IMO 50年.第7卷(1990－1994)	2016－01	48.00	383
IMO 50年.第8卷(1995－1999)	2016－06	38.00	384
IMO 50年.第9卷(2000－2004)	2015－04	58.00	385
IMO 50年.第10卷(2005－2009)	2016－01	48.00	386
IMO 50年.第11卷(2010－2015)	2017－03	48.00	646

刘培杰数学工作室
已出版(即将出版)图书目录——初等数学

书　　名	出版时间	定　价	编号
数学反思(2006—2007)	2020—09	88.00	915
数学反思(2008—2009)	2019—01	68.00	917
数学反思(2010—2011)	2018—05	58.00	916
数学反思(2012—2013)	2019—01	58.00	918
数学反思(2014—2015)	2019—03	78.00	919
数学反思(2016—2017)	2021—03	58.00	1286
历届美国大学生数学竞赛试题集.第一卷(1938—1949)	2015—01	28.00	397
历届美国大学生数学竞赛试题集.第二卷(1950—1959)	2015—01	28.00	398
历届美国大学生数学竞赛试题集.第三卷(1960—1969)	2015—01	28.00	399
历届美国大学生数学竞赛试题集.第四卷(1970—1979)	2015—01	18.00	400
历届美国大学生数学竞赛试题集.第五卷(1980—1989)	2015—01	28.00	401
历届美国大学生数学竞赛试题集.第六卷(1990—1999)	2015—01	28.00	402
历届美国大学生数学竞赛试题集.第七卷(2000—2009)	2015—08	18.00	403
历届美国大学生数学竞赛试题集.第八卷(2010—2012)	2015—01	18.00	404
新课标高考数学创新题解题诀窍:总论	2014—09	28.00	372
新课标高考数学创新题解题诀窍:必修1～5分册	2014—08	38.00	373
新课标高考数学创新题解题诀窍:选修2—1,2—2,1—1,1—2分册	2014—09	38.00	374
新课标高考数学创新题解题诀窍:选修2—3,4—4,4—5分册	2014—09	18.00	375
全国重点大学自主招生英文数学试题全攻略:词汇卷	2015—07	48.00	410
全国重点大学自主招生英文数学试题全攻略:概念卷	2015—01	28.00	411
全国重点大学自主招生英文数学试题全攻略:文章选读卷(上)	2016—09	38.00	412
全国重点大学自主招生英文数学试题全攻略:文章选读卷(下)	2017—01	58.00	413
全国重点大学自主招生英文数学试题全攻略:试题卷	2015—07	38.00	414
全国重点大学自主招生英文数学试题全攻略:名著欣赏卷	2017—03	48.00	415
劳埃德数学趣题大全.题目卷.1:英文	2016—01	18.00	516
劳埃德数学趣题大全.题目卷.2:英文	2016—01	18.00	517
劳埃德数学趣题大全.题目卷.3:英文	2016—01	18.00	518
劳埃德数学趣题大全.题目卷.4:英文	2016—01	18.00	519
劳埃德数学趣题大全.题目卷.5:英文	2016—01	18.00	520
劳埃德数学趣题大全.答案卷:英文	2016—01	18.00	521
李成章教练奥数笔记.第1卷	2016—01	48.00	522
李成章教练奥数笔记.第2卷	2016—01	48.00	523
李成章教练奥数笔记.第3卷	2016—01	38.00	524
李成章教练奥数笔记.第4卷	2016—01	38.00	525
李成章教练奥数笔记.第5卷	2016—01	38.00	526
李成章教练奥数笔记.第6卷	2016—01	38.00	527
李成章教练奥数笔记.第7卷	2016—01	38.00	528
李成章教练奥数笔记.第8卷	2016—01	48.00	529
李成章教练奥数笔记.第9卷	2016—01	28.00	530

刘培杰数学工作室
已出版(即将出版)图书目录——初等数学

书　　名	出版时间	定　价	编号
第19～23届"希望杯"全国数学邀请赛试题审题要津详细评注(初一版)	2014－03	28.00	333
第19～23届"希望杯"全国数学邀请赛试题审题要津详细评注(初二、初三版)	2014－03	38.00	334
第19～23届"希望杯"全国数学邀请赛试题审题要津详细评注(高一版)	2014－03	28.00	335
第19～23届"希望杯"全国数学邀请赛试题审题要津详细评注(高二版)	2014－03	38.00	336
第19～25届"希望杯"全国数学邀请赛试题审题要津详细评注(初一版)	2015－01	38.00	416
第19～25届"希望杯"全国数学邀请赛试题审题要津详细评注(初二、初三版)	2015－01	58.00	417
第19～25届"希望杯"全国数学邀请赛试题审题要津详细评注(高一版)	2015－01	48.00	418
第19～25届"希望杯"全国数学邀请赛试题审题要津详细评注(高二版)	2015－01	48.00	419
物理奥林匹克竞赛大题典——力学卷	2014－11	48.00	405
物理奥林匹克竞赛大题典——热学卷	2014－04	28.00	339
物理奥林匹克竞赛大题典——电磁学卷	2015－07	48.00	406
物理奥林匹克竞赛大题典——光学与近代物理卷	2014－06	28.00	345
历届中国东南地区数学奥林匹克试题集(2004～2012)	2014－06	18.00	346
历届中国西部地区数学奥林匹克试题集(2001～2012)	2014－07	18.00	347
历届中国女子数学奥林匹克试题集(2002～2012)	2014－08	18.00	348
数学奥林匹克在中国	2014－06	98.00	344
数学奥林匹克问题集	2014－01	38.00	267
数学奥林匹克不等式散论	2010－06	38.00	124
数学奥林匹克不等式欣赏	2011－09	38.00	138
数学奥林匹克超级题库(初中卷上)	2010－01	58.00	66
数学奥林匹克不等式证明方法和技巧(上、下)	2011－08	158.00	134,135
他们学什么：原民主德国中学数学课本	2016－09	38.00	658
他们学什么：英国中学数学课本	2016－09	38.00	659
他们学什么：法国中学数学课本.1	2016－09	38.00	660
他们学什么：法国中学数学课本.2	2016－09	28.00	661
他们学什么：法国中学数学课本.3	2016－09	38.00	662
他们学什么：苏联中学数学课本	2016－09	28.00	679
高中数学题典——集合与简易逻辑・函数	2016－07	48.00	647
高中数学题典——导数	2016－07	48.00	648
高中数学题典——三角函数・平面向量	2016－07	48.00	649
高中数学题典——数列	2016－07	58.00	650
高中数学题典——不等式・推理与证明	2016－07	38.00	651
高中数学题典——立体几何	2016－07	48.00	652
高中数学题典——平面解析几何	2016－07	78.00	653
高中数学题典——计数原理・统计・概率・复数	2016－07	48.00	654
高中数学题典——算法・平面几何・初等数论・组合数学・其他	2016－07	68.00	655

刘培杰数学工作室
已出版(即将出版)图书目录——初等数学

书　　名	出版时间	定　价	编号
台湾地区奥林匹克数学竞赛试题.小学一年级	2017－03	38.00	722
台湾地区奥林匹克数学竞赛试题.小学二年级	2017－03	38.00	723
台湾地区奥林匹克数学竞赛试题.小学三年级	2017－03	38.00	724
台湾地区奥林匹克数学竞赛试题.小学四年级	2017－03	38.00	725
台湾地区奥林匹克数学竞赛试题.小学五年级	2017－03	38.00	726
台湾地区奥林匹克数学竞赛试题.小学六年级	2017－03	38.00	727
台湾地区奥林匹克数学竞赛试题.初中一年级	2017－03	38.00	728
台湾地区奥林匹克数学竞赛试题.初中二年级	2017－03	38.00	729
台湾地区奥林匹克数学竞赛试题.初中三年级	2017－03	28.00	730
不等式证题法	2017－04	28.00	747
平面几何培优教程	2019－08	88.00	748
奥数鼎级培优教程.高一分册	2018－09	88.00	749
奥数鼎级培优教程.高二分册.上	2018－04	68.00	750
奥数鼎级培优教程.高二分册.下	2018－04	68.00	751
高中数学竞赛冲刺宝典	2019－04	68.00	883
初中尖子生数学超级题典.实数	2017－07	58.00	792
初中尖子生数学超级题典.式、方程与不等式	2017－08	58.00	793
初中尖子生数学超级题典.圆、面积	2017－08	38.00	794
初中尖子生数学超级题典.函数、逻辑推理	2017－08	48.00	795
初中尖子生数学超级题典.角、线段、三角形与多边形	2017－07	58.00	796
数学王子——高斯	2018－01	48.00	858
坎坷奇星——阿贝尔	2018－01	48.00	859
闪烁奇星——伽罗瓦	2018－01	58.00	860
无穷统帅——康托尔	2018－01	48.00	861
科学公主——柯瓦列夫斯卡娅	2018－01	48.00	862
抽象代数之母——埃米·诺特	2018－01	48.00	863
电脑先驱——图灵	2018－01	58.00	864
昔日神童——维纳	2018－01	48.00	865
数坛怪侠——爱尔特希	2018－01	68.00	866
传奇数学家徐利治	2019－09	88.00	1110
当代世界中的数学.数学思想与数学基础	2019－01	38.00	892
当代世界中的数学.数学问题	2019－01	38.00	893
当代世界中的数学.应用数学与数学应用	2019－01	38.00	894
当代世界中的数学.数学王国的新疆域(一)	2019－01	38.00	895
当代世界中的数学.数学王国的新疆域(二)	2019－01	38.00	896
当代世界中的数学.数林撷英(一)	2019－01	38.00	897
当代世界中的数学.数林撷英(二)	2019－01	48.00	898
当代世界中的数学.数学之路	2019－01	38.00	899

刘培杰数学工作室

已出版(即将出版)图书目录——初等数学

书　　名	出版时间	定　价	编号
105 个代数问题:来自 AwesomeMath 夏季课程	2019－02	58.00	956
106 个几何问题:来自 AwesomeMath 夏季课程	2020－07	58.00	957
107 个几何问题:来自 AwesomeMath 全年课程	2020－07	58.00	958
108 个代数问题:来自 AwesomeMath 全年课程	2019－01	68.00	959
109 个不等式:来自 AwesomeMath 夏季课程	2019－04	58.00	960
国际数学奥林匹克中的 110 个几何问题	即将出版		961
111 个代数和数论问题	2019－05	58.00	962
112 个组合问题:来自 AwesomeMath 夏季课程	2019－05	58.00	963
113 个几何不等式:来自 AwesomeMath 夏季课程	2020－08	58.00	964
114 个指数和对数问题:来自 AwesomeMath 夏季课程	2019－09	48.00	965
115 个三角问题:来自 AwesomeMath 夏季课程	2019－09	58.00	966
116 个代数不等式:来自 AwesomeMath 全年课程	2019－04	58.00	967
117 个多项式问题:来自 AwesomeMath 夏季课程	2021－09	58.00	1409
紫色彗星国际数学竞赛试题	2019－02	58.00	999
数学竞赛中的数学:为数学爱好者、父母、教师和教练准备的丰富资源.第一部	2020－04	58.00	1141
数学竞赛中的数学:为数学爱好者、父母、教师和教练准备的丰富资源.第二部	2020－07	48.00	1142
和与积	2020－10	38.00	1219
数论:概念和问题	2020－12	68.00	1257
初等数学问题研究	2021－03	48.00	1270
数学奥林匹克中的欧几里得几何	2021－10	68.00	1413
数学奥林匹克题解新编	2022－01	58.00	1430
澳大利亚中学数学竞赛试题及解答(初级卷)1978～1984	2019－02	28.00	1002
澳大利亚中学数学竞赛试题及解答(初级卷)1985～1991	2019－02	28.00	1003
澳大利亚中学数学竞赛试题及解答(初级卷)1992～1998	2019－02	28.00	1004
澳大利亚中学数学竞赛试题及解答(初级卷)1999～2005	2019－02	28.00	1005
澳大利亚中学数学竞赛试题及解答(中级卷)1978～1984	2019－03	28.00	1006
澳大利亚中学数学竞赛试题及解答(中级卷)1985～1991	2019－03	28.00	1007
澳大利亚中学数学竞赛试题及解答(中级卷)1992～1998	2019－03	28.00	1008
澳大利亚中学数学竞赛试题及解答(中级卷)1999～2005	2019－03	28.00	1009
澳大利亚中学数学竞赛试题及解答(高级卷)1978～1984	2019－05	28.00	1010
澳大利亚中学数学竞赛试题及解答(高级卷)1985～1991	2019－05	28.00	1011
澳大利亚中学数学竞赛试题及解答(高级卷)1992～1998	2019－05	28.00	1012
澳大利亚中学数学竞赛试题及解答(高级卷)1999～2005	2019－05	28.00	1013
天才中小学生智力测验题.第一卷	2019－03	38.00	1026
天才中小学生智力测验题.第二卷	2019－03	38.00	1027
天才中小学生智力测验题.第三卷	2019－03	38.00	1028
天才中小学生智力测验题.第四卷	2019－03	38.00	1029
天才中小学生智力测验题.第五卷	2019－03	38.00	1030
天才中小学生智力测验题.第六卷	2019－03	38.00	1031
天才中小学生智力测验题.第七卷	2019－03	38.00	1032
天才中小学生智力测验题.第八卷	2019－03	38.00	1033
天才中小学生智力测验题.第九卷	2019－03	38.00	1034
天才中小学生智力测验题.第十卷	2019－03	38.00	1035
天才中小学生智力测验题.第十一卷	2019－03	38.00	1036
天才中小学生智力测验题.第十二卷	2019－03	38.00	1037
天才中小学生智力测验题.第十三卷	2019－03	38.00	1038

刘培杰数学工作室
已出版(即将出版)图书目录——初等数学

书　名	出版时间	定　价	编号
重点大学自主招生数学备考全书:函数	2020－05	48.00	1047
重点大学自主招生数学备考全书:导数	2020－08	48.00	1048
重点大学自主招生数学备考全书:数列与不等式	2019－10	78.00	1049
重点大学自主招生数学备考全书:三角函数与平面向量	2020－08	68.00	1050
重点大学自主招生数学备考全书:平面解析几何	2020－07	58.00	1051
重点大学自主招生数学备考全书:立体几何与平面几何	2019－08	48.00	1052
重点大学自主招生数学备考全书:排列组合·概率统计·复数	2019－09	48.00	1053
重点大学自主招生数学备考全书:初等数论与组合数学	2019－08	48.00	1054
重点大学自主招生数学备考全书:重点大学自主招生真题.上	2019－04	68.00	1055
重点大学自主招生数学备考全书:重点大学自主招生真题.下	2019－04	58.00	1056
高中数学竞赛培训教程:平面几何问题的求解方法与策略.上	2018－05	68.00	906
高中数学竞赛培训教程:平面几何问题的求解方法与策略.下	2018－06	78.00	907
高中数学竞赛培训教程:整除与同余以及不定方程	2018－01	88.00	908
高中数学竞赛培训教程:组合计数与组合极值	2018－04	48.00	909
高中数学竞赛培训教程:初等代数	2019－04	78.00	1042
高中数学讲座:数学竞赛基础教程(第一册)	2019－06	48.00	1094
高中数学讲座:数学竞赛基础教程(第二册)	即将出版		1095
高中数学讲座:数学竞赛基础教程(第三册)	即将出版		1096
高中数学讲座:数学竞赛基础教程(第四册)	即将出版		1097
新编中学数学解题方法 1000 招丛书.实数(初中版)	即将出版		1291
新编中学数学解题方法 1000 招丛书.式(初中版)	即将出版		1292
新编中学数学解题方法 1000 招丛书.方程与不等式(初中版)	2021－04	58.00	1293
新编中学数学解题方法 1000 招丛书.函数(初中版)	即将出版		1294
新编中学数学解题方法 1000 招丛书.角(初中版)	即将出版		1295
新编中学数学解题方法 1000 招丛书.线段(初中版)	即将出版		1296
新编中学数学解题方法 1000 招丛书.三角形与多边形(初中版)	2021－04	48.00	1297
新编中学数学解题方法 1000 招丛书.圆(初中版)	即将出版		1298
新编中学数学解题方法 1000 招丛书.面积(初中版)	2021－07	28.00	1299
高中数学题典精编.第一辑.函数	2022－01	58.00	1444
高中数学题典精编.第一辑.导数	2022－01	68.00	1445
高中数学题典精编.第一辑.三角函数·平面向量	2022－01	68.00	1446
高中数学题典精编.第一辑.数列	2022－01	58.00	1447
高中数学题典精编.第一辑.不等式·推理与证明	2022－01	58.00	1448
高中数学题典精编.第一辑.立体几何	2022－01	58.00	1449
高中数学题典精编.第一辑.平面解析几何	2022－01	68.00	1450
高中数学题典精编.第一辑.统计·概率·平面几何	2022－01	58.00	1451
高中数学题典精编.第一辑.初等数论·组合数学·数学文化·解题方法	2022－01	58.00	1452

联系地址:哈尔滨市南岗区复华四道街 10 号　哈尔滨工业大学出版社刘培杰数学工作室

网　　址:http://lpj.hit.edu.cn/

邮　　编:150006

联系电话:0451－86281378　　13904613167

E-mail:lpj1378@163.com